武汉大学百年名典
社会科学类编审委员会

主任委员　顾海良

副主任委员　胡德坤　黄　进　周茂荣

委员　（以姓氏笔画为序）

丁俊萍　马费成　邓大松　冯天瑜

汪信砚　沈壮海　陈庆辉　陈传夫

尚永亮　罗以澄　罗国祥　周茂荣

於可训　胡德坤　郭齐勇　顾海良

黄　进　曾令良　谭力文

秘书长　沈壮海

彭迪先(1908—1991年),原名彭伟烈,经济学家,1908年生于四川省眉山县。历任西北联大法商学院政治经济系教授,武汉大学经济系教授,四川大学经济系教授、系主任,积极参加民主运动。新中国成立后,历任川西行署监察委员会主任,西南军政委员会文教委员会委员,四川省人民政府委员兼文教委员会副主任,新中国成立后第一任四川大学校长,后任四川省副省长,省政协副主席等职。1951年加入民盟。是第一至第五、第七届全国人大代表,第六届全国人大常委,第五届全国政协常委。1979年10月、1983年12月先后当选为民盟第四、第五届中央副主席。1984年加入中国共产党。1988年10月当选为民盟中央参议委员会副主任。著有《世界经济史纲》、《货币信用论大纲》。

武汉大学
百年名典

货币信用论大纲

彭迪先 何高箸 著

武汉大学出版社

图书在版编目(CIP)数据

货币信用论大纲/彭迪先,何高箸著.—武汉:武汉大学出版社,2012.11
武汉大学百年名典
ISBN 978-7-307-10053-4

Ⅰ.货… Ⅱ.①彭… ②何… Ⅲ.货币信用学—研究 Ⅳ.F820.4

中国版本图书馆 CIP 数据核字(2012)第 175019 号

责任编辑:朱凌云　　　责任校对:刘　欣　　　版式设计:支　笛

出版发行:**武汉大学出版社**　(430072　武昌　珞珈山)
（电子邮件: cbs22@whu.edu.cn　网址: www.wdp.com.cn)
印刷:武汉中远印务有限公司
开本:720×1000　1/16　印张:21　字数:298 千字　插页:4
版次:2012 年 11 月第 1 版　　2012 年 11 月第 1 次印刷
ISBN 978-7-307-10053-4/F·1699　　定价:48.00 元

版权所有,不得翻印;凡购我社的图书,如有质量问题,请与当地图书销售部门联系调换。

《武汉大学百年名典》出版前言

百年武汉大学,走过的是学术传承、学术发展和学术创新的辉煌路程;世纪珞珈山水,承沐的是学者大师们学术风范、学术精神和学术风格的润泽。在武汉大学发展的不同年代,一批批著名学者和学术大师在这里辛勤耕耘,教书育人,著书立说。他们在学术上精品、上品纷呈,有的在继承传统中开创新论,有的集众家之说而独成一派,也有的学贯中西而独领风骚,还有的因顺应时代发展潮流而开学术学科先河。所有这些,构成了武汉大学百年学府最深厚、最深刻的学术底蕴。

武汉大学历年累积的学术精品、上品,不仅凸现了武汉大学"自强、弘毅、求是、拓新"的学术风格和学术风范,而且也丰富了武汉大学"自强、弘毅、求是、拓新"的学术气派和学术精神;不仅深刻反映了武汉大学有过的人文社会科学和自然科学的辉煌的学术成就,而且也从多方面映现了20世纪中国人文社会科学和自然科学发展的最具代表性的学术成就。高等学府,自当以学者为敬,以学术为尊,以学风为重;自当在尊重不同学术成就中增进学术繁荣,在包容不同学术观点中提升学术品质。为此,我们纵览武汉大学百年学术源流,取其上品,掬其精华,结集出版,是为《武汉大学百年名典》。

"根深叶茂,实大声洪。山高水长,流风甚美。"这是董必武同志1963年11月为武汉大学校庆题写的诗句,长期以来为武汉大学师生传颂。我们以此诗句为《武汉大学百年名典》的封面题词,实是希望武汉大学留存的那些泽被当时、惠及后人的学术精品、上品,能在现时代得到更为广泛的发扬和传承;实是希望《武汉大学百年名典》这一恢宏的出版工程,能为中华优秀文化的积累和当代中国学术的繁荣有所建树。

《武汉大学百年名典》编审委员会

出版说明

《货币信用论大纲》为彭迪先、何高箸两位先生所著,完成于1955年3月,现根据三联书店版本,将本书列入《武汉大学百年名典》出版,以资纪念。本书反映了上世纪50年代初作者的认识水平,带有时代痕迹,审读加工中只做了少量的文字修改,其余尽量保持原版原貌,引文版本亦依原样。

武汉大学出版社
2012年4月

序　言

　　货币，在资本主义社会，是"最迷人视觉"的一个"谜"。货币不仅有金银条块、金属铸币（金币、银币、铜币、镍币等）、纸币、银行券、票据、支票等各式各样种类的形态，而且在经济机能上，货币是在生产者们背后计算社会劳动的一种手段，它既是衡量一切商品价值大小的价值尺度，又是媒介商品交换的流通手段，是贮藏财富、支付债务的工具。在资本主义条件下，货币更常常作为剥削剩余价值的资本，是一种社会的力量，是剥削和压制劳动人民的工具。这样，货币的权力又产生了资本的权力，货币变为君临于人类及其他各种商品之上的、具有支配机能的特殊商品。

　　在资本主义社会，商品的生产与流通以及物的运动，隐蔽了人与人之间的生产关系，隐蔽了人剥削人的阶级关系。这种商品生产与商品流通，通过资本主义价值法则进行自发的盲目的"调整"，而价值法则又通过货币的运动才发生作用。这样，人与人之间的生产联系，便通过货币、通过货币的运动而实现，资本主义社会的生产关系，就变成了"镀了金的生产关系"；自发的社会关系的统治，带着黄金的超自然权力形式，更加迷惑人们的视觉了。

　　但是，所谓"货币的谜"，决不是神秘而不可解的。只要我们掌握科学的马克思列宁主义，懂得研究方法，"……论证这个货币形态的发生，探寻在商品价值关系中包含的价值表现，是怎样从它的最简单最平凡的姿态，发展到迷人视觉的货币形态。由此，货币的谜会同时消灭"①。因此，本书即根据马克思的货币理论，联系历史的事实，

---

① 马克思：《资本论》，第一卷，人民出版社1954年版，第22页。

比较详细地分析了从商品演变到货币的发展过程。在说明了货币的发生及其本质之后，又说明了货币的职能和资本主义国家的货币制度（第一、第二、第三章）。

跟随资本主义商品生产的发展，货币也不断发展。金币渐次被本身没有什么价值的纸币所代替，纸币成为代表黄金的符号。

纸币的通用，为资产阶级提供了一种更加残酷地剥削劳动人民的工具。通货膨胀，强化了资本对劳动的攻势，助长了资产阶级的剥削。本书第四章的具体任务，就在于说明纸币的本质、流通法则和通货膨胀的阶级性及其对于国民经济的影响。最后更指出资本主义总危机条件下资产阶级的通货膨胀政策，不但不能挽救它的危机，恰恰相反，更促进了资本主义的经济危机。

在资本主义经济中，借贷资本的运动体现了资本主义的信用关系。信用一方面促进了资本主义的发展；另一方面也加深了资本主义经济的内在矛盾。在第五、第六两章中，论述了信用及其形式与作用、信用货币等问题。

随着商品生产与交换的发展，商品交易渐次突破了国境，发展为国际贸易，货币也跟着发展为世界货币。世界货币主要是清算国与国之间的支付差额的工具。第七章所谈的，就是支付差额与外汇的问题。

自从苏联十月社会主义革命取得了伟大的胜利之后，世界上开始确立了社会主义制度，而资本主义再也不是唯一的经济制度了。这就是资本主义总危机阶段的基本特点。在资本主义总危机条件下，资本主义的货币信用制度也发生了许多新的情况，在第八章中，分别阐述了货币流通和信用以及国际信用等方面的问题。同时，在这一章中对于资本主义货币信用危机，也作了扼要的说明。所以，从以上这些内容看来，在第一篇中，这一章是比较具有现实意义的。

为了进一步掌握马克思货币理论，为了更明白资本主义国家货币的本质与职能，为了彻底批判资产阶级的各式各样的货币"学说"，特别是为了粉碎风靡资本主义世界、为资产阶级辩护的"货币数量说"与凯恩斯的"就业、利息和货币通论"，本书第九章，在理论上与实践上，都有其存在的意义。从这章的分析与叙述，我们可以知道：资产阶级的代言人是怎样无耻地歪曲事实，来为资产阶级的利益辩护；而这些辩护又是怎样地违反科学真理。

以上第一章至第九章，构成为本书的第一篇，这完全是以资本主义体系的货币流通与信用为分析与叙述的对象。

第二篇所叙述的，是社会主义体系的苏联和新中国的货币流通与信用。

在社会主义条件下，由于生产资料的社会主义所有制，消灭了人剥削人的阶级关系，因而苏联货币就根本没有可能转变为资本作为剥削和压制的工具。苏联经济组织的计划性与剥削阶级的消灭，使社会劳动发展为直接的社会劳动，从而货币也成为劳动的社会性质的直接表现。苏联货币乃是社会主义的计算与管理的一般工具，是胜利建设社会主义的不可缺少的重要工具。跟随苏联经济的飞跃发展，苏联货币已成为世界上最稳定的货币。

旧中国的货币，如银元、法币、金元券、银元券等，掌握在反动统治阶级手里，是用以剥削和压制中国人民的工具。但是，货币这一经济杠杆，一旦掌握在人民的手里，它的本质就起了变化，它由剥削人民的工具，变成为人民服务的工具。人民币的成长和发展，跟中国人民革命的发展是分不开的。人民币是在革命斗争中成长壮大起来的。它曾是人民革命政权对敌伪货币进行斗争的有力武器。配合着军事、政治和经济各个战线上的斗争，它首先打败了日寇的军票和汉奸汪逆的伪币，其次又粉碎了"蒋币"和美元，它有力地支持了人民革命战争在全国取得胜利。全国解放后，国家配合其他财政经济工作，运用人民币这个武器迅速消灭了"蒋币"，禁止了黄金、银元在市场上计价行使，排除了外币在我国市场上的流通。它帮助了减租减息，土地改革，稳定物价，发展了生产，改善了人民的生活。人民币乃是工人阶级领导的国家手中所掌握的、用来发展和壮大社会主义经济的有力工具。

以上略述之点，就是本书第一篇和第二篇的主要内容。

本书初稿完成较早，编辑部方面看过之后，建议是否可以添写有关苏联货币和中华人民共和国货币问题的专章。我因忙于其他工作，挤不出时间执笔，拖了很久，乃商请四川财经学院教师何高箸同志根据我的意见撰写第八、第十二、第十三、第十四、第十五各章，由我做最后修改整理，最近并征得何高箸同志同意用合著名义出版。

由于时间和能力的限制，本书在内容结构上，在文句表达方面，都是一本没有成熟的著作，我诚恳地盼望着读者们的批评指正。

彭迪先
一九五五年三月

目 录

第一篇 资本主义体系的货币流通与信用

第一章 货币的发生及其本质 ………………………………… (3)
第一节 商品交换与价值 ……………………………………… (3)
 第一项 如何把握货币的本质 …………………………… (3)
 第二项 商品和交换 ……………………………………… (5)
 第三项 商品价值 ………………………………………… (10)
第二节 价值形态的发展和货币的发生 ……………………… (15)
 第一项 价值形态 ………………………………………… (15)
 第二项 价值形态的发展 ………………………………… (16)
第三节 货币的本质 …………………………………………… (28)

第二章 货币的职能 …………………………………………… (33)
第一节 价值尺度 ……………………………………………… (33)
第二节 流通手段 ……………………………………………… (42)
 第一项 商品的形态变化——商品流通 ………………… (43)
 第二项 货币的运动 ……………………………………… (45)
 第三项 铸币——价值记号 ……………………………… (48)
第三节 贮藏手段 ……………………………………………… (50)
第四节 支付手段 ……………………………………………… (52)
第五节 世界货币 ……………………………………………… (55)
第六节 货币的各种职能之历史的发展 ……………………… (59)

第三章　货币制度 ……………………………………………（63）
第一节　前资本主义时期的货币流通 ……………………（63）
第二节　货币的种类与货币制度 …………………………（65）
第一项　金属货币的种类 ……………………………（65）
第二项　货币制度 ……………………………………（69）
第三节　帝国主义时期的货币制度 ………………………（76）

第四章　纸币与通货膨胀 …………………………………（81）
第一节　纸币 ………………………………………………（81）
第一项　纸币的本质 …………………………………（81）
第二项　纸币流通的法则 ……………………………（83）
第三项　纸币的价值 …………………………………（86）
第四项　评所谓"纸币本位" ………………………（88）
第二节　通货膨胀及其阶级本质 …………………………（90）
第三节　通货膨胀过程及其对于国民经济的影响 ………（93）
第四节　通货稳定 …………………………………………（96）
第五节　资本主义总危机时期通货膨胀的尖锐化 ………（98）

第五章　信用及其形式与作用 ……………………………（105）
第一节　借贷资本的发生及其本质 ………………………（105）
第二节　借贷利息与利息率 ………………………………（109）
第三节　资本主义信用的形式 ……………………………（112）
第四节　信用在资本主义经济中的作用 …………………（115）

第六章　信用货币 …………………………………………（120）
第一节　信用货币的性质和种类 …………………………（120）
第二节　票据与票据流通 …………………………………（121）
第三节　银行券与银行券流通 ……………………………（123）
第四节　支票与支票流通 …………………………………（128）

第七章 支付差额、国际结算和国际信用 ……………… (132)
  第一节 支付差额 ………………………………………… (132)
  第二节 国际结算与外汇 ………………………………… (135)
  第三节 国际信用 ………………………………………… (139)

第八章 资本主义货币信用危机及货币信用制度危机 ……… (143)
  第一节 资本主义货币信用危机及其主要表现 ………… (143)
  第二节 什么是资本主义货币信用制度的危机? ……… (147)
  第三节 货币信用制度危机在货币流通方面的主要表现 … (150)
  第四节 货币信用制度危机在信用制度与国际信用方面的
        主要表现 ………………………………………… (154)

第九章 资产阶级货币学说批判 ……………………………… (160)
  第一节 货币金属学说,单纯的货币商品学说 ………… (160)
  第二节 货币国定学说,货币职能学说,货币票券学说 … (162)
  第三节 货币数量学说 …………………………………… (166)
    第一项 美国派 ……………………………………… (168)
    第二项 英国派 ……………………………………… (170)
    第三项 批判 ………………………………………… (173)
  第四节 购买力平价学说 ………………………………… (176)
  第五节 凯恩斯货币学说批判 …………………………… (178)
    第一项 凯恩斯的货币学说 ………………………… (178)
    第二项 凯恩斯货币学说的阶级本质及其批判 …… (181)

第二篇 社会主义体系的货币流通与信用

第十章 苏联货币之必要性、本质和职能 ………………… (193)
  第一节 货币在社会主义经济中的必要性 ……………… (193)
  第二节 苏联货币的本质和作用 ………………………… (199)
  第三节 苏联货币的职能 ………………………………… (205)
    第一项 作为价值尺度的职能 ……………………… (205)

第二项　作为流通手段的职能 ………………………… (211)
　　　第三项　作为支付手段的职能 ………………………… (215)
　　　第四项　作为社会主义积累与劳动者储蓄手段的
　　　　　　　职能 …………………………………………… (217)
　　　第五项　作为国际清算手段的职能 …………………… (219)
　　第四节　苏联货币是世界上最稳固的货币 ……………… (220)

第十一章　苏联信用和银行之本质与职能 ……………………… (225)
　　第一节　马克思列宁主义关于信用与银行在社会主义中的
　　　　　　作用的学说 ……………………………………… (225)
　　第二节　信用在社会主义经济中的必要性、本质与作用 … (228)
　　第三节　苏联利息的本质和作用 ………………………… (238)
　　第四节　苏联信用系统的结构与职能 …………………… (240)
　　　第一项　国家银行 ……………………………………… (241)
　　　第二项　长期投资银行 ………………………………… (243)
　　　第三项　储蓄银行 ……………………………………… (245)

第十二章　苏联货币流通制度与货币流通的计划工作 ………… (247)
　　第一节　货币流通的计划基础 …………………………… (247)
　　第二节　国家银行的现金计划及其结构 ………………… (250)
　　第三节　现金计划的编制和执行 ………………………… (255)
　　第四节　流通中货币的种类和货币发行的程序 ………… (258)

第十三章　苏联的结算制度 ……………………………………… (260)
　　第一节　社会主义经济中的货币结算 …………………… (260)
　　第二节　苏联组织非现金结算的一般原则 ……………… (264)
　　第三节　苏联非现金结算的主要方式 …………………… (268)
　　　第一项　承兑结算方式 ………………………………… (268)
　　　第二项　信用证及特种账户结算方式 ………………… (270)
　　　第三项　缴款通知书和计划付款 ……………………… (272)

第四项　相互结算方式 ………………………………（273）

第十四章　苏联的短期贷款制度和国家银行的信贷计划 ……（275）
　第一节　短期贷款的组织原则 …………………………（275）
　第二节　短期贷款的主要种类 …………………………（280）
　　第一项　商品及物资超定额储备贷款 …………………（280）
　　第二项　季节性开支的贷款 ……………………………（281）
　　第三项　工业企业的按周转额的贷款 …………………（282）
　　第四项　商业机关的日常商品流通贷款 ………………（283）
　　第五项　结算贷款 ………………………………………（284）
　　第六项　临时需要的贷款 ………………………………（285）
　第三节　国家银行的信贷计划 …………………………（285）

第十五章　中华人民共和国的货币流通与信用 ……………（290）
　第一节　中华人民共和国货币信用制度的建立与发展 ……（290）
　第二节　人民币的本质与作用 …………………………（302）
　第三节　中国人民银行及其在国民经济中的作用 ………（309）

第一篇 资本主义体系的货币流通与信用

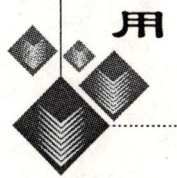

第一章 货币的发生及其本质

第一节 商品交换与价值

第一项 如何把握货币的本质

在资本主义社会里,货币表现出各种各样的、错综复杂的现象。人们日常生活上所必需的一切物质资料,都要用货币去购买,有了货币,就能够换得一切物质。不仅如此,甚至像人格、名誉、良心等非物质的对象,也都能够用货币去换取。物价跌了,同样多的货币就能换得更多的物品;物价涨了,要购买同样多的物品就得支付更多的货币。我们看见一些人的手里掌握了很多的货币,而另一些人却因缺乏货币而挨饿受冻……总之,货币现象之复杂性,掩蔽了货币的本质。

马克思列宁主义的政治经济学,阐明了社会经济生活的各方面,同时包括了货币与信用的现象在内。它指示出:货币同所有一切经济范畴一样,反映着一定历史阶段上的人类社会生产关系。也就是说,货币是在一定的经济发展的历史阶段上产生的;在不同的经济发展阶段,不同的社会生产方式的条件下,货币的性质也就不同;而到了社会经济发展的一定阶段(例如共产主义社会),货币就会逐渐消灭。

决定社会制度性质的,是物质资料的生产方式。货币依存于生产方式。例如在资本主义社会,货币成为资本家剥削工资劳动者的工具,乃是以生产资料私有和剥削雇佣劳动者的资本主义生产方式为基础的。不过,另一方面,货币对于生产方面也发生一定的反作用,例如通货膨胀对于国民经济生产破坏的影响。关于这个问题，要在研究过以下各部分的内容之后，才能更详细的了解。这里所要说明的，就是研究货币理论时，必须和一定历史条件下的生产方式联系起来研究。

马克思在发现了资本主义社会经济发展规律时，分析了商品生产及其发展，同时阐明了货币的发生、发展及其本质的一系列问题。马克思的货币理论，是和他的有关资本主义商品生产制度的完整学说，有机地联系在一起的。

马克思从资本主义经济的细胞——商品开始研究，因为商品生产乃是资本主义制度中普遍的、统治的生产形式。

从商品的分析中，发现了商品的二重属性：使用价值与价值。进一步又发现了生产商品的劳动的二重性：创造使用价值的具体劳动和创造商品价值的抽象的人类劳动，即"一般的人类劳动"。但是，并非任何一般人类劳动都是抽象劳动，而只是在一定的历史条件下，当私有权的存在把生产者相互间的联系隔开，以致由社会分工所造成的生产者间的相互依存性不得不通过交换来维持着的时候，"一般的人类劳动"才具有抽象劳动的性质。这样，便揭露出商品生产的基本矛盾——社会劳动与私人劳动之间的矛盾。

固存于商品中的价值实体，以及决定于社会必要劳动量的价值量，均需通过商品与商品的交换来表现。这样，在交换过程中用它种商品表现出来的某种商品的价值，就是交换价值或价值形态。

当交换还是偶然发生的时候，商品的价值形态对于生产者还没有重要的意义，此时的价值形态尚停留在低级阶段上，还不能得到怎样的发展。随着生产力和社会分工的发展，特别是野蛮时期的中级阶段所发生的第一次社会大分工——游牧部落从其余的野蛮人中分化出来，交换已经变成较为经常的事情时，价值形态才得到很大的发展。因为，商品交换的发展，意味着个别的生产者对于其他生产者的相互依存性之加强，商品生产者能否用自己的商品换得别人的商品，对他来说有着更重大的意义，这样逐渐要求一种商品从全部商品中分化出来，表演一般的价值形态的机能，而最后终于过渡到货币的价值形态或货币形态。

由上述可知，货币乃是商品经济发展的产物，但要达到这个结论，是要经过探本溯源地分析价值形态的发展和总结大量的历史材料，才能获得的。所以马克思说：

　　"……我们现在要做一种资产阶级经济学从未尝试过的工作。那就是论证这个货币形态的发生，探寻在商品价值关系中包含的价值表现，是怎样从它的最简单最平凡的姿态，发展到迷人视觉的货币形态，由此，货币的谜会同时消灭。"①

　　又说："货币的根源是在于商品本身，只要理解了这一点，货币分析上的主要困难就已经克服了。"②

　　在本书第一章，就是遵循这样的理论体系来说明货币的发生及其本质。为易于了解起见，在本章第一节里先简单地分析一下商品生产、商品交换以及商品的价值诸问题。当这些问题明了以后，才易于分析价值形态的发展，以及货币的发生与本质等问题。这些问题将分别在第二节、第三节论述之。

　　第二项　商品和交换

　　资本主义社会是以工资劳动制为基础，以追求利润为目标的商品生产制度。在资本主义社会，除了极少数的例外，生产的直接目的，都是为了营利，因而一切劳动生产物，都不是生产者为了供自己或其家族的消费，而是为了跟别的生产物相交换和为了获取利润而生产的。此种投于市场、以交换为目的之生产物，便称为商品。因此之故，资本主义的第一特征为：商品生产是生产之一般的形态，而生产物的商品形态，只有在资本主义的生产上，才不是例外的、孤立的、偶然的，而是一般的。所以"把资本主义生产方式的特征指示出来的，自始就是如下两个特征：第一，它把它的生产物当作商品来生产"③。然而"生

---

① 马克思：《资本论》，第一卷，人民出版社1954年版，第22页。
② 马克思：《政治经济学批判》，人民出版社版，第35页。
③ 马克思：《资本论》，第三卷，人民出版社1954年版，第1152页。

产商品，不是它和别种生产方式所借以互相区别的事情"①。因为资本主义经济虽是一个商品经济，但一切的商品经济不一定都是资本主义。"但成为商品是它的生产物的支配的和决定的性质这件事，却使它和其他生产方式区别开来。首先，这包含这个意思：劳动者自己也只是当作商品售卖者，从而当作自由的工资劳动者出现。"②因此之故，资本主义的第二特征是：不仅劳动生产物是商品，甚至劳动力本身亦已变为商品，所以马克思又说："资本主义时期的特征是，劳动力对于劳动者自己，取得他所有的商品的形态；他的劳动，也取得工资劳动的形态。另一方面，劳动生产物的商品形态就是从这时起普遍化的。"③这样，在"资本主义生产方式支配着的社会的财富，表现为'一个惊人庞大的商品堆积'，一个一个的商品表现为它的原素形态。所以，我们的研究，要从商品的分析开始"。④

前已说明，商品是为了跟别的生产物相交换的生产物。但是要使生产物必然转化为商品，要使商品变为生产物之必然的形态，就必须把生产物投于市场，实行交换；而生产者相互交换其生产物，又必须具备这两个条件：一、生产物私有制度的确立；二、社会分工的发达。

先就第一个条件来说。"商品不能自己走到市场上去自己交换。因此，我们必须找寻它们的监护人，商品所有者。商品是物，是不能反抗人的。如果它们不顺从，他就可以行使强力，那就是可以将它占有。要使这种物能当作商品来相互发生关系，商品监护人必须当作是有自己的意志存在这种物内的人，来相互发生关系，以致一方必须得他方同意，从而，依双方共同的意志行为，才在让渡自己的商品时，占有他方的商品。他们必须互相承认是私有者。"⑤就是说，要实行交

---

① 马克思：《资本论》，第三卷，人民出版社1954年版，第1152页。
② 马克思：《资本论》，第三卷，人民出版社1954年版，第1152页。
③ 马克思：《资本论》，第一卷，人民出版社1954年版，第180页，第41注。
④ 马克思：《资本论》，第一卷，人民出版社1954年版，第1页。
⑤ 马克思：《资本论》，第一卷，人民出版社1954年版，第69页。

换，就必须交换的当事者彼此互相承认其有权处理自己的生产物。如果彼此互不尊重其对生产物的私有权，那就用不着以相当物品去交换别人的生产物，干脆地强取豪夺就行了。所以商品交换，是以生产物的私有、所有的私人化为其前提的。这也就是商品生产社会必然的要和私有财产制度联系不可分的理由。

其次，就第二个条件来说。任何一个人，如果他生活上所必需的一切物品，均能自己制作，能够过一种自给自足的生活，那么，他就用不着交换，无需依赖市场。但随着社会生产力的发展，社会分工与专业化的趋势也日渐发展，一个人仅能担任社会生产的一小部分，其大部分生活，须仰息于他人的劳动生产物，即一切人都要依赖交换而生活，于是，商品交换因之扩大而频繁，商品生产亦随之愈见发达和普及，而形成现在的商品经济社会。

生产物的私有与社会的分工，虽是商品生产之不可缺少的两大条件，但此二者却是对立的、互相矛盾着的。此种矛盾在资本主义条件下达到最尖锐的程度。因为在资本主义社会，生产资料是各个生产者的私产，各人利用其私产以营利，是他的权利，是他的自由，谁也不能干涉。(资本主义国家的宪法上，总要订立尊重私有财产的条文。)于此，掌握着生产资料的各个生产者，基于各人的自私的追求利润的立场，便自由竞争地从事于各种商品的生产。生产的商品的种类、品质与数量，均由生产者自行决定，国家或政府不能事前加以干涉或统制。于此，生产是无统制的、无计划的、无政府状态的。生产成为各人的私事，其损益由各人自行负责。这样一来，生产和劳动，就表现为个别的私人的行为，表现为私人的劳动。

但是从另一方面看来，社会的分工却要求个别的生产者彼此分工合作，这意味着生产的相互依存关系。因为在分工早已高度发达的条件下，每个人仅能担当生产的一小部分，他无法包办一切。任何一种生产物，都不是仅仅一个人或一部分人的劳动所能制造的。任何一种商品，都要综合全社会的各种劳动力才能够完成。例如以一本书来说，在制造书的过程中，首先必须有造纸的、做油墨的、排版的、印刷的、装订的，等等，这些各式各样的劳动者，各人都费了一部分劳动力。在把书运输到市场的途中，又要经过飞机、轮船、火车、汽车、板车等劳动，要这样才可运来一本完成的书。但是，纸张、油墨、铅字、印刷机等，是怎样来的呢？飞机、轮船、火车、汽车、板车是怎样制造的呢？各种各样的劳动者，又怎样能有工夫气力来各尽各职、合力完成并运输这一书本呢？这样一来，我们就不得不推算到社会上其他许多人们，有的劳动者造纸、做油墨、采铅矿，有的造飞机、火车、铁路、轮船、汽车、板车等，而农人则种五谷、棉花、蔬菜以供给这些人的消费，培养其劳动力……这样不断的推演下去，我们从一本书出发，结局可以把全社会的人都网罗在这一本书的关系里面了。所以从表面上看来，好像一本书的完成，只有很少的几种人使用了劳动力，但若加以仔细研究，即可发现全社会的人都在这上面花费一部分或多或少的劳动力了。书这一商品是这样，其他任何一种商品也莫不如此。所以我们说：资本主义社会的商品生产，不是私人的生产，而是社会的生产，任何个人的特殊生产，都不能脱离社会而孤立地生产，他们必须彼此互助合作，因而社会的分工，就意味着生产的相互依存关系。任何个人的劳动，必须是社会劳动的一部分，任何人的生产，均为社会生产的一部分。这就是生产的社会化，或社会化的生产①。

---

① 什么叫做生产的社会化，或社会化的生产呢？在资本主义生产方式之下，"手纺车、手织机、手用槌，被纺纱机、机器织机、蒸汽槌所代替；需要数百人、数千人的协力的大工场，代替了个人的工场而出现。和生产资料一样，生产本身，也从个人分散行动的系列，转变成社会行为的系列。生产品也从个人的生产品，转为社会的生产品。现在工场所出产的纱、布、金属品等等，是许多劳动者的共同产品，这些生产品，在完成之前，先再顺次经过他们许多人的手。没有一个劳动者能够说：这是我做的，这是我的生产品"（恩格斯：《反杜林论》，参看三联书店版，第345～346页）。（见下页）

在高度的社会分工的条件下,既然任何一种商品都是由于社会全体生产出来的,那么,一切商品就该归社会全体所公有,按照一定的比例(按照每人出力贡献的多少,或每人需要的多少),分配给每一个人才算合理。然而建基于私有财产制度上的资本主义社会,并不能够这样做。商品一经生产出来,就被掌握着制造这商品的生产资料的阶级(例如资本家、地主等)所占有。这就是所有的私人化。于是生产的社会性(社会的分工),与资本主义的私人占有之间发生矛盾。也就是说,社会劳动与私人劳动之间发生矛盾。

本来,在社会的分工之下,从事劳动的各个人,彼此都是为别人而劳动,他们在生产上也是相互依存着的。如果社会的生产是有统制、有计划的,在分工合作之下的各个人的私人劳动,以其种种不同的特殊的具体形态(例如:造纸工的劳动、排字工的劳动、印刷工的劳动、农人的劳动等),带着社会的性质和意义,直接表现为社会的

(接上页)社会的生产,不单是在各个工场内,而且在全部资本家相互之间,也在进行。"资本主义生产使劳动社会化,这并不是说人们在一个场所内工作(这只是过程底一小部分),而是说资本愈集中,社会劳动也愈专门化,每个一定工业部门里的资本家人数也愈减少,而特别工业部门底数目则愈增多;——就是说,许多零碎的生产过程溶合为一个社会生产过程。例如,在手工纺织业时代,各个小生产者既然独自纺纱并用自己纺出来的纱来织布,于是工业部门也就为数不多(纺纱业和织布业是溶合在一起的)。而当资本主义已把生产社会化了时,于是特别工业部门底数目也就增加起来:纱是单独纺着,布也是单独织着;而这个生产单独化和生产集中化过程,也就使一些新部门——机器制造业,煤炭采掘业等等——相继出现。在每个现时已成为更专门化的工业部门里,资本家人数日益减少。这就是说,各生产者间的社会联系日益巩固,各生产者都团结为一个整体。"(《列宁文选》两卷集,第一卷,苏联外国文书籍出版局1950年中文版,第132页)

这样,因为:(一)生产资料是只有由社会全体才能使用的社会的生产资料;(二)生产过程本身,表现为各依计划而组织了起来的社会的行为,所以资本主义的生产,不能不成为社会的生产。(彭迪先:《世界经济史纲》,三联书店版,第321页)

劳动。各个人的私人劳动，直接构成为社会劳动的一部分。在这里，便没有任何矛盾。但在基于私有财产制的商品生产社会则不然。在这里，生产是无统制、无计划的，掌握着生产资料而形式上独立的各个生产者，都从各人自私自利的立场从事生产。由于生产是各人的私事，使本来应当具有社会的意义与性质的各种具体劳动，直接地只表现为私人劳动，而不表现为任何社会劳动。但是各种各样的私人劳动，无论如何必须是全部社会劳动的一部分。各个人的私人劳动，倘若没有具备着社会劳动的性质与意义，那么，它即使是当作私人劳动，也是不能存在的。这种情形，恰像人是社会的动物，任何个人都不能脱离社会而生存，同样，不在一定的社会里，没有具备着社会的性质与意义的个人，当作个人也是不能存在的。

综上所述，可知在资本主义社会，基于生产资料与生产物之资本主义的私有制，使任何人的劳动，不能不带着个别的私人劳动的性质。同时，在高度的社会分工条件下，任何人的生产，均须依存于别人的生产；任何人的劳动，均须依靠别人的劳动，因而任何人的劳动，都不能不带着社会劳动的性质。这表明在资本主义社会商品生产的基本矛盾——私人劳动与社会劳动之间的矛盾，已达到最尖锐的程度。

第三项　商品价值

在商品生产的条件下，要解决社会的劳动与私人的劳动之间的矛盾，决不能彼此互相直接交换劳动，相互工作，由此使各个人的私人劳动转化为社会劳动。其唯一的办法，是互相交换各人的生产物，交换各人劳动的结晶。只有这样，他们事实上才能够相互交换劳动；人们在生产上相依存的关系才会建立起来，各种各样的私人劳动，才会转化为社会劳动。

任何一种劳动生产物，要能够跟别的劳动生产物相交换，第一，它必须能满足别人的欲望，即对于别人有使用价值、是有用物，因为对于别人没有使用价值，没有用处的物品，根本就不能换得别人的物品①；第二，从使用价值这点看来，其性能完全不同的各种生产物，必须在分量上能够彼此互相比较秤量，否则，交换的两方不能弄来相等，即一方面吃亏而另方面占便宜时，那么，从自私自利的立场出发的交换的当事者，就会不愿意交换。

不用说，商品的相互交换，是以其使用价值不同为前提的。因为我们从来没有看见过以同样的布去换取同样的布，以同样的米去交换同样的米的怪事。但是，"不同物的大小在还原为同一单位以前，不能有量的比较。不同物的大小，当作同一单位的表现，才是同名称的，可以公约的量"②。就是说，属性各不相同的物品，不能彼此作数量上的比较和秤量；要比较和秤量它们，就必须先还原或转化为同一属性的东西。例如我们不能把峨眉山的高度和今日的热度相比较，不能把一百斤煤和一丈布相比较。因为那是属性完全不同的东西。然而我们却可以比较煤的重量与铁的重量，因为煤也好，铁也好，彼此都有重量，重量是此二物的共通物。因此之故，使用价值不同即性能完全不同的各种商品，要在一定的数量上彼此互相交换，要能够相互比较和秤量，在其间必然要有一共通物才行。这好像在数学上，比较各种分数的大小，必须先求得一公分母一样。那么，各种商品之间的共通物是什么呢？它们要转化还原为怎样同一属性的东西，才可能互相比较呢？这同一属性的东西，"这共通物，不能是商品之几何学的，物理学的，化学的，或任何他种自然的属性"③。因此，要寻出各种商品交换时彼此比较和秤量的共通物，必须先除开或抽去使用价

---

① "物的效用，使它成为一个使用价值。但这个效用，不是浮在空中的。它是由商品体的属性限制着，离开商品体就不存在。所以，铁、小麦或金刚石之类的商品体自身，是一个使用价值，一种财货。……使用价值只在使用或消费中实现。无论富的社会形态是怎样，使用价值总是形成富的物质内容。在我们现今考察的社会形态中，使用价值同时又是交换价值之物质的担负物。"（马克思：《资本论》，第一卷，人民出版社1954年版，第6~7页）。

② 马克思：《资本论》，第一卷，人民出版社1954年版，第24~25页。

③ 马克思：《资本论》，第一卷，人民出版社1954年版，第8页。

值。如果"把商品体的使用价值丢开来看，它们就还只留下一种属性。那就是劳动生产物的属性。但连劳动生产物也在我们手中变化了。我们把它的使用价值抽去，同时也就把它成为使用价值的物质成分和形态抽去了；它不复是桌子，不复是房子，不复是纱，不复是任何别的有用物。一切可感觉的属性都消失了。它不能视为是木匠劳动的生产物，泥水匠劳动的生产物，纺纱劳动的生产物，或任何一种确定的生产劳动的生产物。劳动生产物的有用性质不见了，表现在此等生产物内的劳动的有用性质不见了，劳动的不同的具体形态也不见了。它们不复彼此区分，但全都还原为同一的人类劳动，抽象的人类劳动"①。此种抽象的一般的人类劳动，就是品质各异的各种商品相互交换时，比较秤量所必需的共通物②。

于此，我们必须注意，"这种折合（折合即还原，就是由各种性质不同的私人的具体劳动，还原为同质的抽象的一般的人类劳动——彭）似乎是一个抽象，但这个抽象却是社会生产过程中，每天都在实行的"③。因此，所谓抽象的一般的人类劳动，决不是头脑中的抽象，不是想像的思维的产物，而是跟人类意识无关，从生产和交换的社会形态里产生的。"人把他们的劳动生产物看做价值，使它们相互发生关系，不是因为这些物在他们看来不过是同种的人类劳动之物质的外壳。全然相反。是因为他们在交换中，把他们的不同的生产物看做价

---

① 马克思：《资本论》，第一卷，人民出版社 1954 年版，第 9 页。

② 要用商品中包含的劳动量——劳动量的尺度为劳动时间——来测定诸商品，则商品中所包含的不同种的劳动，不能不还原为相等的单纯的劳动、平均劳动、普通的不熟练劳动。要这样，诸商品中所包含的劳动量，才能用时间、用相等的尺度来测定。要使劳动成为单纯的分量上的大小不同，就不能不使它在质上是相等的。所以马克思又说：如果诸商品是依照各自代表相等劳动时间的比例互相交换，则当作对象化的劳动时间，它们的存在是代表它们的统一体，它们的同一的要素。

当作这样的东西，它们在质上是同一的，不过在量上还是殊异的；……为要能有量的比较，它们必须已经是同性质的量，是质上同一的。（参阅马克思：《剩余价值学说史》，第三卷，三联书店版，第 156～157 页）。

③ 马克思：《政治经济学批判》，人民出版社版，第 4 页。

值，而使其均等，他们才把他们的不同的劳动，看做人类劳动，而使其均等。他们虽然不知，但是这样做了。"①

在交换过程中，劳动生产物的相互交换，事实上就是各生产物的私人劳动的相互交换。其结果，各生产者的私人劳动，事实上就转变为社会一般的人类劳动的一部分；各生产者劳动的结果，变为社会一般的人类劳动的生产物，而按照本来的属性受相等的待遇。于是，各生产者私人劳动之社会的性质和意义，才能够显露出来。

总之，在交换过程中，各种劳动生产物，各种商品，不仅被表现为制造使用价值的、个人的、各种性质的具体劳动之结晶，而且又被表现为无差别而相等的、社会一般的、抽象的人类劳动之结晶。倘若把这些劳动生产物，"当作它们同有的社会实体的结晶，它们便是价值——商品价值"②。因此，所谓价值，不外是抽象的一般的人类劳动之物的对象化。商品的价值，是使品质各异的各种商品能够互相比较秤量的共通物。

综上所述，可知商品一方面有使用价值，有满足欲望的效用；而同时商品又有一定的价值，它包含着抽象的一般的人类劳动的一定

---

① 马克思：《资本论》，第一卷，人民出版社1954年版，第56页。在资本主义社会，和原始社会、自然经济的社会不同，谁从事于何种事业，实为偶然的事情，今日虽为熟练工人，明天的事情如何却不得而知。有特殊技巧的职工，可能因失业而沦为泥水工、石工等粗工。纺织业繁荣时，不知有多少人去从事纺织劳动；但若经济情况逆转，立刻不知有多少劳动者从纺织工场被驱逐出来。这样，社会的劳动力，不晓得被资本家的利益所左右来作何种劳动。因此，在资本主义社会，人们的劳动，一方面虽是性质各异的各种具体的私人的劳动；同时还具有无论什么时候都可以挪到任何地方使用的一般劳动的性质。现在的劳动，虽是由各种劳动而构成的，但由生产方面看来，一切的劳动是视作无差别的同质的人类劳动的。就是说，这些无差别的人类劳动体现于商品上，各种商品，无论在哪一个不同的性质中，都是相互被当作相等的价值而以一定的比率进行交换。所以，抽象劳动这个概念，决不是头脑中玄想的产物，而是在资本主义社会生产与交换条件之下，实践上的产物。只有在商品生产社会，劳动之社会的性质才表现为抽象劳动这个特别的形态。

② 马克思：《资本论》，第一卷，人民出版社1954年版，第10页。

量。商品生产者之个人的具体的劳动，生产商品的使用价值；商品生产者之社会一般的抽象的劳动，就形成商品的价值。商品是使用价值，同时又是价值，从而它是使用价值与价值之对立的统一体。这种二重性的矛盾，事实上就是商品生产社会中具体劳动与抽象劳动（劳动的二重性）的反映①。

商品的价值，既是使品质各异的各种商品，在彼此相交换时，互相比较秤量的共通物，那么，价值的大小，应如何测定呢？

价值的大小，是由包含在商品里的劳动的分量所决定的。就是说，这是由制造一定的商品所花费的社会的平均必要劳动量（劳动时间）所决定的。而"社会必要的劳动时间，是指在现有的社会标准的生产条件下，用社会平均的劳动熟练程度与强度，生产任一个使用价值所必要的劳动时间"②。劳动生产力如增长，则生产商品所必要的劳动时间为之缩短，价值亦随之减少；反之，则发生相反的结果。因此，价值的大小，是跟劳动生产力的大小成反比例的。

这个价值，决定商品的交换比率。商品的交换比率，就是商品的交换价值，也就是一个商品同别个商品相比较而表现出来的价值；是用别一商品的一定数量所反映出的一商品的价值。所以，交换价值是价值的现象形态，是价值形态（形式）；价值是交换价值的本质（内容）。

现在，让我们把上面的说明概括一下吧。

商品经济社会的根本矛盾，是私人劳动与社会劳动之间的矛盾，而在这个矛盾的基础上，发展为具体劳动与抽象劳动之间的矛盾。劳动的这种二重性，显现为商品的二重性，商品是使用价值，同时又是价值。倘若各个人的私人劳动，直接地成为社会劳动，那就不会发生劳动生产物彼此交换的现象，劳动生产物也就不会成为商品，于是在

---

① "一切劳动，从一方面看，都是人类劳动力生理学意味上的支出。当作同一的或抽象的人类劳动，它形成商品价值。一切劳动，从别方面看，都是人类劳动力在特殊的合目的的形态上的支出。当作具体的有用的劳动，它生产使用价值。"（马克思：《资本论》，第一卷，人民出版社1954年版，第20页）。

② 马克思：《资本论》，第一卷，人民出版社1954年版，第11页。

使用价值以外，就没有所谓价值。因此商品的价值是商品社会的表象，是其社会的存在形式。所以，商品的价值，表现着人类的一定的社会关系。价值的内容是抽象的劳动，是社会劳动之特殊的历史的发展形态。

第二节　价值形态的发展和货币的发生

第一项　价值形态

"流动状态中的人类劳动力或人类劳动，是形成价值的，但不是价值。它在凝结状态中，在对象化的形态中，方才成为价值。"① 就是说，劳动本身，决不是价值；劳动唯有体现于一定的对象，制造出一定的商品，它才成为价值。但是，体现于（或包含于）商品内的人类劳动（抽象的劳动），以及由此所形成的价值，看也看不见，摸也摸不着，嗅也嗅不出，那么，商品的价值，要怎样才能把握呢？

商品的价值，是由生产这个商品所耗费的社会平均必要劳动量（劳动时间）来决定的，这在前节已经说明了。但在资本主义无政府状态的商品生产之下，体现于商品内的社会平均必要劳动量，是无法直接计算的。（关于此点，详见本书第二章第一节。）那么，它要怎样才能够测知呢？

总之，商品价值的本质及其大小，是无法直接把握和测知的，这恰像任何人都不能自己看见自己的脸面一样。人们必须用镜子一类的东西，才能照见自己的脸面。同样，商品的价值，也要用别的东西来和它相对照，才能表现出来。利用别的商品为媒介所表现出的一个商品的价值，称为交换价值，或价值的现象形态（简称为价值形态）。所以，马克思说，"商品的价值对象性"，"和商品体的可感的粗糙的对象性正相反对，没有一个自然物质原子，会加到它的价值对象性中

---

① 马克思：《资本论》，第一卷，人民出版社 1954 年版，第 27 页。

去。无论我们怎样翻阅转动一个商品，它，当作价值物，仍是不能把握的。让我们记着，商品在它是同一的社会单位（即人类劳动）的表现时，方才有价值对象性，所以它们的价值对象性纯然是社会的，所以，不待说，这个对象性也只能表现在商品与商品的社会关系上。我们要探索这背后隐藏着的价值，实际也要从商品的交换价值或交换关系出发。现在，我们必须回来讨论价值的这个现象形态"[1]。

第二项 价值形态的发展

最初的交换是在原始共同体之间发生的，而且是带有偶然性的，与此一阶段相适应的，就是：

(一)简单的个别的或偶然的价值形态

这是在社会生产多半还带自给自足的性质，而商品交换还带偶然性质时所表现出来的价值形态。例如：一疋布＝五斗米；或者说，一疋布值五斗米。这就是简单的价值形态。但一切价值形态的秘密，"货币的谜"，就潜伏在这个形态内，故须详加分析。

在这简单的价值形态内，布与米两种不同的商品，各起着不同的作用。包含在一疋布里面的价值，是抽象的劳动，不能直接把握，现在却表现在五斗米上，而五斗米则当作表现或反映出价值的材料。就是说，布要表现出自己的价值，就不能不借助于米的使用价值。布起主动的作用，米起被动的作用。布的价值，表现为相对的价值，或者说，出现在相对的价值形态上，因为它的价值，须与别的商品相对照，相比较，才能表现得出的缘故。米是被当作等价，或者说，出现在等价形态上，因为它是以其本身数量（使用价值）的多少，显示出布的价值的大小，它好像是测度重量的砝码似的。

相对的价值形态与等价形态，是同一价值表现内的两种极端。一方面，这两者相互依赖，互为条件，不可分离，因为前者须以后者的存在为前提，而后者亦须以前者为前提。另一方面，这两者又互相排斥，互相反对的，因为在相对的价值形态上的布，不能同时又出现在

---

[1] 马克思：《资本论》，第一卷，人民出版社1954年版，第22页。

等价形态上；在等价形态上的米，也不能同时出现在相对的价值形态上。"所以，同一商品在同一价值表现中，不能同时以两种形态出现。它们宁说是当作对极互相排斥的。一种商品，是在相对价值形态，还是在对面的等价形态，完全看它当时在价值表现中的位置而定。那就是，看它是价值被表现的商品，还是价值赖以表现的商品。"①于此，让我们分别说明一下相对的价值形态与等价形态。

（甲）相对的价值形态 在"一疋布＝五斗米"这种简单的价值形态上，即在米是布的等价物的价值关系中，米的形态是当作价值形态用的。商品布的价值，是表现在商品米的物体上。一种商品的价值，表现在别种商品的使用价值上。"以价值关系为媒介，商品 B（这相当于米——彭）的自然形态，成了商品 A（这相当于布——彭）的价值形态，或者说，商品 B 的物体，成了商品 A 的价值镜。商品 A，在与当作价值体，当作人类劳动体化物的商品 B 发生关系时，是把使用价值 B，当作它自己的价值表现的材料。这样表现在商品 B 使用价值上的商品 A 的价值，便有相对价值的形态。"②这是关于相对价值的形态之内容的质的分析。

"价值形态不仅要表现价值一般，而且要表现定量的价值或价值量。"③现在让我们看一看劳动的生产力的变化，对于价值量的相对表现，会发生怎样的影响（下面仍根据"一疋布＝五斗米"的例证来说明）。

（一）假定米的价值不变，而布的价值变动时：则商品布的相对价值，即表现在商品米上面的商品布的价值，在商品米的价值不变时，随商品布的价值涨落，而发生正比例的变化。

（二）假定布的价值不变，而米的价值变动时：则商品布的价值虽不变，但其相对价值，即其相对地表现在商品米上面的价值，是与商品米的价值变化成反比例而涨落。

---

① 马克思：《资本论》，第一卷，人民出版社 1945 年版，第 24 页。
② 马克思：《资本论》，第一卷，人民出版社 1954 年版，第 28~29 页。
③ 马克思：《资本论》，第一卷，人民出版社 1954 年版，第 29 页。

（三）生产布和米所必要的劳动量，可同时依同一方向、按同一比例变化。于此，无论双方价值如何变化，在变化之后，总是和变化之前一样，是一疋布＝五斗米。

（四）生产布和米各自所必要的劳动时间，从而它们的价值，可同时依同一方向、但依不同程度发生变化，或依相反方向发生变化等。其影响如何，由一、二、三项便可以推知。

"价值量的现实变化，不能明确地，也不能毫无遗漏地，反映在它们的相对表现或相对价值量上。一商品的相对价值可以发生变化，虽然它的价值不变。它的相对价值可以保持不变，虽然它的价值发生了变化。最后，它的价值量和这个价值量的相对表现同时发生的变化，又无论如何不必是相符的。"①

上述分析，指示我们："价值的大小与劳动生产力成反比例"这个法则，实际表现出来时，是要变形的。这是关于相对的价值形态之量的分析。

（乙）等价形态 "因为任何商品都不能把自身当作等价物来发生关系，也不能以自身的自然形态来表现它自身的价值，所以，它必须以别种商品当作等价物来发生关系，或把别一种商品的自然容貌，当作它自己的价值形态。"②这恰像任何人都不能自己看见自己的脸面，都必须用镜子来照一样。

在一疋布＝五斗米的价值形态中，布的价值，好像脸面，五斗米就好像一面镜子，一疋布的价值用五斗米来表现，这对米给予了一种新的意义和形态。商品米以其自然的形态，以其使用价值，用来表现出布的价值；米是表现布的价值的一面镜子（价值镜），米是表现出布的价值的等价物。"使用价值成为它的反对物——价值——的现象形态。"③这是等价形态的第一个特征。

---

① 马克思：《资本论》，第一卷，人民出版社1954年版，第31～32页。
② 马克思：《资本论》，第一卷，人民出版社1954年版，第33～34页。
③ 马克思：《资本论》，第一卷，人民出版社1954年版，第33页。

倘若使用价值的米是价值的表现形态,那么,生产米的农民的具体劳动,就成为抽象劳动的表现形态。为要当作这样一个价值镜,农民劳动所必须反映的,只是它成为人类劳动的抽象的属性。"当作等价用的商品体,总是当作抽象人类劳动的体化物,并且总是某种有用具体劳动的生产物。所以,具体的劳动,就成了抽象人类劳动的表现了。"①所以等价形态的第二个特征是:"具体劳动成为它的反对物——抽象人类劳动——的现象形态。"②

因为农民的具体劳动,是抽象的人类劳动的表现形态,被视为无差别的人类劳动之表现,故与别种劳动,便具有等一性的形态。从而,虽然它和一切其他生产商品的劳动一样是私人劳动,但它是在直接社会形态上的劳动。所以,等价形态的第三个特征是:"私的劳动,采取它的反对物的形态,成为直接社会形态上的劳动。"③

综上所述,可知:"商品 A(布——彭)对商品 B(米——彭)的价值关系,包含着商品 A 的价值表现。更详细地考察一下这种价值表现,就知道在这个关系内,商品 A 的自然形态,仅当作使用价值的姿态,商品 B 的自然形态仅当作价值形态或价值姿态。所以,包含在商品内的使用价值与价值的内部的对立,由一个外部的对立(即由二商品的关系)来表示了。在这关系上,价值被表现的商品,只直接当作使用价值;而价值依以被表现的别种商品,只直接当作交换价值。所以,一个商品的简单的价值形态,便是该商品内部包含着的使用价值和价值的对立之简单的现象形态。"④换言之,包含于一个商品内部的使用价值与价值的矛盾,从而,造成具体劳动与抽象劳动的矛盾,私人劳动与社会劳动的矛盾:这种内在的矛盾,在一个商品的简单的价值形态上,就表现为相对的价值形态与等价形态之外在的

---

① 马克思:《资本论》,第一卷,人民出版社 1954 年版,第 35 页。
② 马克思:《资本论》,第一卷,人民出版社 1954 年版,第 36 页。
③ 马克思:《资本论》,第一卷,人民出版社 1954 年版,第 37 页。
④ 马克思:《资本论》,第一卷,人民出版社 1954 年版,第 39~40 页。

矛盾。

总之，商品是使用价值与价值这两个对立物的统一体，商品的这个内在矛盾，一方面因交换而转化为外在的矛盾，同时，也就因为交换，其矛盾得以暂告解决。

在简单的价值形态中，一疋布换五斗米，这种以物易物的直接交换方法，是非常的呆笨而又麻烦。第一，必须是相交换的当事人，同时而又在同地相遇，否则他们便没有相交换的机会；第二，必须是交换当事人用以交换的物品的品质与数量，恰能投合彼此所希望的条件，否则他们便不愿交换。要想使交换的时间、场所、数量、品质，都能恰好一致，这是一件非常困难的事情。因此，这种呆笨地以物易物的直接交换方法，因生产与交换的渐次发展，而逐渐改良和消灭了。

简单的价值形态是不充分的。这是胚胎形态，必须通过下述一系列的形态变化，才成熟为价值形态，才能改良、消灭呆笨的直接交换方法。

到野蛮时期的中级阶段，发生了最初的社会大分工——游牧部落从其余的野蛮人中分化了出来。游牧部落的生产品在种类上和数量上都大大增加了（牛乳、肉类、兽皮、羊毛……），其数量超过了他们自己的消费，但他们需要农业部落的农产品；同时，农业部落则需要他们的畜产品。这样，交换发展了，而且不是偶然的，已经是经常的了。与此阶段相适应的，就是：

（二）扩大的或总和的价值形态

跟随社会生产力的发达，分工的发展，投于市场，参加交换的生产物逐渐增加了。在这里，不仅有两种商品对立而相互交换，而且有了许多种商品相对立、相交换。例如，那一疋布，不仅能交换五斗米，而且能与十双鞋，能与一袋麦，能与十斤油，能与二十斤糖……相交换。这样，简单的价值形态，扩大而为：一疋布＝五斗米，或＝十双鞋，或＝一袋麦，或＝十斤油，或＝二十斤糖……

$$一疋布 = \begin{cases} 五斗米 \\ 或十双鞋 \\ 或一袋麦 \\ 或十斤油 \\ 或二十斤糖 \\ 或\cdots\cdots \end{cases}$$

在这个扩大的价值形态上,站在相对的价值形态上的只有一种商品(布),而站在等价形态上的,却有米、鞋、麦、油、糖等商品。一商品(布)的价值,现在是表现在商品界无数其他的要素上。每一种其他的商品体,都成了布的价值的镜。布的价值,是第一次真正表现为无差别的人类劳动的凝结物。因为形成布的价值的劳动,现在是明白地当作劳动来表现,和每一种其他的人类劳动都相等,而不问它有何种自然形态,是鞋匠劳动,是农民劳动,是榨油劳动,或是制糖劳动。也不问它是对象化在米内,在鞋内,在麦内,在油内,在糖内,或在他种物品内。现在的布,就由它的价值形态,不只是与一异种商品发生社会关系,而是与商品界全体发生社会关系。

跟随此种社会关系的成立,换言之,即跟随以布为对象的种种交换关系之大量的出现,交换现象之偶然性渐减,而其必然性渐增。就是说,在简单的价值形态中,一疋布=五斗米,这两种商品按照一定量相交换,完全是一种偶然的事情。但在扩大的价值形态中,布的价值,无论是依米、依鞋、依麦、依油、依糖来表现,换言之,无论依任何人所有的任何商品来表现,总是一样大的。两个个别商品所有者间的偶然关系消灭了。很明白,不是交换规定商品的价值量,恰好相反,乃是商品的价值量,规定它的交换关系。

在扩大的价值形态中,一种商品(布)的价值,可以由各种不同的商品(米、鞋、麦、油、糖等)表现出来。商品内在的价值与使用价值的分离,更为扩大,从而,这两者的矛盾,更为明显露骨。

扩大的价值形态,虽是商品生产和商品交换发展的进一步的阶段,虽然也就是价值形态的进一步的发展,但仍是不完全的。第一,因为跟随新来的商品种类的数目增加,表现布的相对的价值之表现系列亦是无穷无尽的。例如：在等价形态上的商品，本来已有米、鞋、麦、油、糖，现刻如果又有新商品书、纸、墨……出场，用作布的等价物，则表现布的相对的价值的系列，自必随之是无穷无尽。第二，因为布的相对的价值的表现，没有统一于简单的一种物品上。例如一疋布的价值，或依五斗米、或依一双鞋、或依十斤油、或依二十斤糖来表现，因此，其价值表现的链锁，是"由许多不相关联且种类不同的价值表现，形成了一种错杂的镶嵌细工"①。最后，在扩大的价值形态中，布的相对的价值表现为：

一疋布＝五斗米，或＝十双鞋，或＝一袋麦，或＝十斤油，或＝二十斤糖……形成为一无限的系列。

同样，五斗米的相对的价值表现为：

五斗米＝十双鞋，或＝一袋麦，或＝十斤油，或＝二十斤糖……亦形成为一无限的系列。这样，"每一种商品的相对价值形态，都是一个无穷无尽的价值表现的系列，和任何别一种商品的相对价值形态都不相同"②。这就是扩大的相对价值形态的缺点。

扩大的相对价值形态的缺点，自会反映到和其相适应的等价形态上。我们已经知道，在扩大的价值形态中，当作等价物的商品，决不只是一个，而是一切商品，从而，在那里没有统一的一般的等价形态存在。在那里，无数的特殊的各等价物，是相互排斥而并存的。因此，每一种特殊商品等价物所包含的一定的具体的有用劳动，也只是人类劳动的特殊的有限的现象形态。统一的现象形态，还是没有的。同时，因为当作等价物的，决不只是一个商品，而是一切商品，各商品交替的充作等价物，于是，由使用价值来表现价值，由具体劳动来表现抽象劳动，由私人劳动来表现社会劳动，但依然还带有偶然的性质。

跟随社会生产力的发达，分工与交换的发展，即使扩大的价值形态，也不能解决前述的以物易物的直接交换的种种困难。例如我们有一疋布，要想和某种物品交换，那很容易，因为布是人人想换得的。

---

① 马克思：《资本论》，第一卷，人民出版社1954年版，第43页。
② 马克思：《资本论》，第一卷，人民出版社1954年版，第43页。

但是倘若我只有十双鞋,而鞋不一定是人人想要的。我虽然想把鞋拿去换别人的糖,而有糖的人不一定要我的鞋;也许偶然会遇着一个要我的鞋的,但我不一定需要他的物品。这样,撞来撞去,也许经过好几天仍不能做成交易。有了这许多经验的人,后来就想出办法了。因为从经验上知道布是大家都要的,所以不妨先把我的鞋换成布,我虽不使用布,但换得了布之后,再用布去换别人的物品,那就容易多了。这样,所有要交换的人,都会预先换布,然后用布来换别的商品。于此,商品布的任务完全为之一变。在上例米、鞋、麦、油、糖等一切物品,都曾经被当作布的等价物,用以表现布的价值的,而现在的布却担负着他种商品的等价物的任务;以前是在相对价值形态上的商品布,现在已转化为他种商品的共通的一般的等价物,这使扩大的价值形态,演变为一般的价值形态①。

(三)一般的价值形态

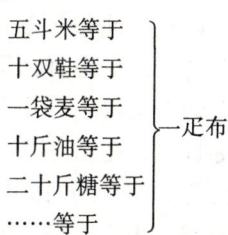

在一般的价值形态中,站在相对的价值形态上的商品有很多(米、鞋、麦、油、糖……),而站在等价形态上的商品,却只有一个(布)。于此,"商品的价值表现,(一)是简单的,因为是表现在唯一的商品上;(二)是统一的,因为是表现在同一的商品上。它的价值形态是简单的,统一的,所以是一般的"②。

---

① "事实上,有某人用他的麻布交换许多其他的商品,把它的价值表现在一序列其他的商品上时,这许多其他商品的所有者,必然也以他们的商品和麻布交换,把他们的商品的价值,表现在同一个第三种商品——麻布——上。把这个序列,二十码麻布=一件上衣、或=十磅茶、或=其他等等换位,那就是,把那个事实上已经在这个序列中包含的倒转关系表示出来,我们就得:……一般的价值形态。"(马克思:《资本论》,第一卷,人民出版社1954年版,第44页)。

② 马克思:《资本论》,第一卷,人民出版社1954年版,第45页。

在一般的等价形态中，一切商品都把自己的价值表现于同一的某一个商品(布)里。用来表现其他一切商品的价值的某一种商品(布)，乃是一般等价物，是一种测量一切商品价值的总衡量。某一种商品(布)的职能，就是表现其他一切商品的价值。整个的商品界，分裂而为两个相对立的部分：一部分只是一种测量价值的一般等价物(或货币)，是一切商品价值的总衡量，例如布便是；而另一部分是上述布以外的其他一切商品，此即单纯的商品。所以说，"这个新得的形态，是把商品界全体的价值表现在一种与它们分开的商品(例如麻布)上面，以致一切商品的价值，都由它们与麻布相等的事实表现出来。各种商品的价值，当做和麻布相等，现在不仅和它自身的使用价值相区别，而且与一切的使用价值相区别，并由此表现为它和一切商品共同的性质。这个形态，才使各种商品，实际当作价值相互发生关系，或相互当作交换价值来表现"①。这样，诸商品的全般的交换，才有可能，从而诸商品才可能现实地相互变为商品。

价值形态发展到了一般的价值形态时，是表示商品生产与交换已经相当发达了。但是，一般的等价形态，并不是把一般等价物固定在某种特定商品之上。一般等价物，是适应着市场交换的必要，不断地由甲商品变到乙商品，再由乙商品变到丙商品。在古代，牛、羊、皮革、米谷、珠玉、布帛、奴隶、小刀、茶、烟叶、盐等，都曾经被当作一般等价物使用过。在我们中国的历史上，曾经有过一个时期，用贝壳做一般人的通用货币———一般等价物。我们从古人刻在龟甲上、兽骨上的文字中，看出"天子"用贝壳赏赐大臣的一些把戏。我们看"货"字"财"字的写法，不是都连着"贝"字吗？

我们的祖先，也曾经把兽皮当作货币，当作一般等价物，他们把鹿皮当作最贵重的货币，好像现在的金圆、银圆。

古代希腊人曾经把家中的牡牛当作货币(一般等价物)，在他们著名的古代诗人的一首诗上，曾写着某将军的一件盔甲值九头牡牛的故事。拉丁文里货币(Pecunia)这个名词，就是家畜(Pecus)的意义。中国字里货物的"物"字，也带着一个牛字。因此我们想牛也许做过

---

① 马克思：《资本论》，第一卷，人民出版社1954年版，第45～46页。

我国古代的货币吧！

在17世纪的美国佛齐尼亚州，曾经把烟草当作货币。1732年美国的梅里凉特州，曾宣告过玉蜀黍为法定货币，南洋和蒙古的许多地方，不久前还把茶砖（茶叶加压力制成的）当作货币（一般等价物）使用着①。

总之，在最初，一般等价物，并未固定在某种特殊商品之上，任何商品，都有充作一般等价物的可能。

但是，随着社会生产力的发展，社会分工的范围愈形扩大，交换亦随之愈趋发展而频繁，于此，就渐次要求一个不变的等价物，特别是要求一种各部分的质相同而变化较少的一般等价物。带有这种性质的特殊商品，就渐次被公认确定为一般等价物，演变为取得货币的机能的"货币商品"。不用说，要怎样的商品才能取得货币的机能，被一般公认为"货币商品"，虽不是由商品所有者之主观的意图或愿望，而是由客观的社会历史的各种条件所决定，但它的自然属性总得能够与社会的机能相一致才行②。

---

① 关于此点，英国资产阶级古典学派经济学者亚当·斯密也曾说："未开化社会，曾用家畜作商业上的共通媒介。家畜是极不便的媒介物，那是无疑的，但我们却发现了当时往往以家畜头数作为交换的评价标准，亦即用家畜交换各种物品。荷马曾说：狄阿米德的铠甲，仅值牛九头；格罗卡斯的铠甲，却值牛一百头。据说，埃塞俄比亚以盐为商业交换的媒介。印度沿海某地，以某种贝壳为媒介；威基尼亚以烟草；纽芬兰以干鱼丁；我国西印度殖民地以砂糖；其他若干国则用兽皮或精制的鞣皮。据我所闻，今日苏格兰村民，犹不时以钉作媒介，购买麦酒面包。"（亚当·斯密：《国富论》，上卷，中华书局版，第28页）。

② 任何一种商品，都能取得一般的等价形态。"但一种商品只因为（并以此为限）当作等价物从其他各种商品排除出来了，所以才出现在一般等价形态（第三形态）上。自从这种排除是以特别一种商品为限的时候起，商品界之统一的相对价值形态，才取得客观的固定性和一般的社会效力。现在，等价形态是社会地附着在特种商品的自然形态上。这种特种商品因此成了货币商品，或当作货币来发生机能。从此以往，在商品世界充作一般等价物，就是这种商品的特有的社会机能，成为它的社会独占权了。"（马克思：《资本论》，第一卷，人民出版社1954年版，第50页）。

在各种商品之中，因为金属的自然的属性，最适合于发挥一般等价物的社会机能，故经过若干历史阶段、事实的考验，其他的各种商品渐被淘汰，金属才渐次被公认为一般等价物，才渐次固定为货币商品。在历史上，从家畜和其他商品过渡到金属货币，是在野蛮的高级阶段所发生的第二次社会大分工——手工业从农业分离出来。

在各种金属中，铜、青铜、铁、锡等卑金属类渐次被淘汰被排斥，只剩下贵金属的金银固定为一般等价物。金和银结局变成货币商品，决不是偶然的。这是因为金银的自然属性便于运输贮藏，品质纯匀耐久，不会生锈，分合容易，易于识别等等，适于充作一般等价物的社会机能的缘故。所以，"'金与银非天然为货币，但货币天然为金与银'，这句话，可以由这诸种金属适于充任货币机能的各种自然属性，证明是真的。……只有每一片都有一致性质的物质，能适合地成为价值的现象形态，或抽象的从而等一的人类劳动的体化物。又因为价值量的差别纯然是量的，所以，货币商品也必须能只有量的差别，必须能随意分割，又能随意再由它的各部分合并起来。金与银就是天然赋有这种属性的"。①

当金银贵金属变为固定的测量一切商品价值的总衡量时，一般的价值形态，就过渡到货币的价值形态。

（四）货币形态或货币的价值形态——货币的发生

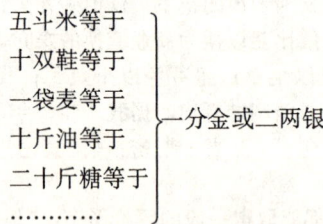

这和一般的价值形态，在本质上没有不同的地方。在形态上，唯一的差别只是：金（或银）此刻代替布而为一般的等价物。其进步之点，是"由于社会的习惯，直接一般交换可能性的形态，或一般等价

---

① 马克思：《资本论》，第一卷，人民出版社 1954 年版，第 76 页。

形态，结局，是和金这种商品的特殊的自然形态结成一体了"。①

在货币的价值形态中，某种一定的社会机能——即将一切商品的价值表现出来的机能，就固定到某种一定的商品之上。这种商品（就是金或银），就完全从商品界分化出来了。金银在未成为一般等价物之前，未成为货币之前，是一种商品。可是，在成了货币之后，金银就具有与货币所发挥的作用相联系的一些新的特质。金银成了货币之后，除了金银本身特有的使用价值之外，金银还充作一般等价物，带有货币的社会机能。所以，"货币商品的使用价值，是二重的。当作商品，它有特殊的使用价值（比方说，金可以镶牙，可以作奢侈品的材料等），但它又由这种特殊的社会机能，取得了一种形式上的使用价值。因为其他一切商品只是货币的特殊等价物，货币是它们的一般等价物，所以，它们就当作特殊商品，而与当作一般商品的货币发生关系。……货币形态只是其他一切商品的关系固着在一种商品上面的反映"。② 这种商品，就是金银。

这样，金银从其他一切商品中分化出来，当作一种特殊的商品，当作一般的等价物，跟其他一切商品相对立的时候，其他的一切商品就专门显现为使用价值，而金银就专门显现为价值的化身，或价值体。

我们已经知道，在商品生产社会，具体劳动与抽象劳动之间的矛盾，表现为商品内在的使用价值与价值之间的矛盾。跟随交换的发展，货币的发生，这个矛盾就更加扩大。在商品内部的使用价值与价值之对立与矛盾，扩大为商品与货币的对立。内部的对立与矛盾，演变为外部的对立与矛盾。商品世界分裂为二大阵营：一方面为商品，一方面为货币。

综上所述，可知"货币结晶，是交换过程的必然的产物。在这过程中，不同种劳动生产物实际被视为相等，并在事实上转化为商品。交换之历史的扩大与加深，又发展了在商品性质中睡眠着的使用价

---

① 马克思：《资本论》，第一卷，人民出版社1954年版，第51页。
② 马克思：《资本论》，第一卷，人民出版社1954年版，第76~77页。

值与价值的对立。为便于交易,把这种对立外部地表现出来的需要,要求有一个独立的商品价值形态,并不绝地进行,后来才由商品分化为商品与货币的过程,最后地把它取得。劳动生产物越是转化为商品,商品转化为货币的过程就依比例越是完成。"①所以,货币原是商品生产和商品交换发展到最高度的产物。因此,我们知道:货币的发生,起源于商品生产和商品交换的发展,它是商品生产社会的必然产物。

第三节 货币的本质

货币的本质,就在于它是特殊的商品,是起着一般等价物的作用的商品,是测量一切商品的价值的总衡量,是商品价值之一般的体化物。因为货币是商品价值的唯一的表现形式,价值又为人类抽象劳动的表现形式,而抽象劳动又为商品社会所固有的生产关系的内在表现,因此,货币是表现商品社会特有的生产关系的经济范畴。货币既不单纯是物,也不是物的属性,而是表现于物体上的商品生产者之间的生产关系,是商品生产者的社会关系之物的表现。

货币是由商品生产与商品交换的发达,经过长期的社会经济发展过程而演变成的,从而,它又是历史的产物,是属于一定历史的范畴。

由此可知,货币是带有一定的社会性与历史性的商品社会的必然产物。但是,许多资产阶级经济学者,却把货币误解为一种单纯的便于交换圆滑进行的(便利的)东西,而不认为它是商品社会必然的产物。例如:英国资产阶级古典学派的有名经济学家亚当·斯密就把货币比喻为增加便利的道路。他曾说:"流通国内的金币银币,宜与通商运货的通衢大道相比。通衢大道,不能生产稻麦,但运稻麦,却需有大道可通。"②其次,约翰密尔也说:货币是一种机械,其目的在使

---

① 马克思:《资本论》,第一卷,人民出版社 1954 年版,第 72~73 页。
② 亚当·斯密:《国富论》,上卷,中华书局版,第 361 页。

人做事迅速而便利；即使没有它，要做事情依然会做，不过更不迅速，更不便利而已。同样，"从这个非常浅薄的观点出发，有位聪明的英国经济学家（指荷治斯金——彭）说的好，他说货币不过是一种物质的手段，如同船舶或者蒸汽机一样，它不是一种社会生产关系的表现，因而也不是经济范畴。"① 好些庸俗经济学家，也认为货币这种东西，不过是使交换能够圆滑进行的技术上的工具而已。普通说到货币的发生时，都说直接的物物交换，使交换的发展扩大遭遇困难，所以必须有货币出现。

他们没有认识到：直接的物物交换的困难，乃是固存于商品经济中的种种矛盾——私人劳动与社会劳动，具体劳动与抽象劳动，使用价值与价值间的矛盾——之外在的表现。

现在来进一步分析货币的本质。

前面已经说过，货币是一种特殊的商品，这就是说，一方面，货币是一种商品，而不是一种名目性的符号；另一方面，货币不是普通商品，而是与其他商品相对立并起着一般等价物的作用的特殊商品。

从货币的起源看来，货币是盲目地自发地从商品世界中分化出来的，它仍保存着商品的属性，货币是劳动的生产物，具有内在的价值，而货币商品也具有使用价值。

但货币与一般商品有本质上的区别：第一，普通商品只直接表现为使用价值，而货币则为商品价值之一般的体化物，就是说，一般商品的价值需用货币来表现；第二，货币商品还有另外一种使用价值，即有和一切商品直接交换的能力，即一般的使用价值。

由于货币具有这样的属性，货币就成为商品中的使用价值与价值之间的矛盾的解决形式。对于每个商品生产者，自己的商品对自己没有使用价值，而只有交换价值，其他人所生产的种类繁多的商品，却正是他所必需的，对他说来都具有使用价值。例如织布者所生产的商品只有一种，就是布，这种布只要是商品，对他来说就没有使用价值；但是织布者却需要油、盐、米、炭、棉纱等物，这些商品是别人

---

① 马克思：《政治经济学批判》，人民出版社版，第24页。

生产出来的,对他来说则具有使用价值。马克思说:"他的商品,对于他,没有直接的使用价值。不然,它就不会被送到市场去。但它有对于别人的使用价值。对于他,它只直接有这种使用价值;那就是,它是交换价值的担负物,是交换手段。……一切商品,对于它的所有者,是非使用价值,但对于它的非所有者是使用价值。所以,凡是商品,都有换手的必要。"①

可是各种商品生产者,除非他的商品(代表特殊的使用价值的)成为一般等价物,他就不能用他的商品交换别人的(种类繁多的)商品。然而这又是不可能的,因为一切商品不能一方面是特殊的使用价值,同时又是一般等价物。织布者要想在任何时候都能用他的布去换得所需要的商品,除非他的布同时又是一般等价物,否则是不行的。假如生产米的人不需要他的布,他就不能换得米。可是跟织布者同样情形的所有其他商品生产者,除非他的商品同时成为一般等价物,他也不能在任何时候换得任何其他商品。假使把所有商品都当作等价物看等,结果等于没有一个等价物。

这个矛盾,由于货币从商品世界中分化出来而得以解决,由于这种分化,出现了这种作为一般等价物的特殊商品——货币,因而,一切商品对货币交换,使商品生产者通过货币就可能获得他所需要的任何商品。

前面已经说过,商品生产的基础是社会的分工和生产资料的私人占有,但二者是相互矛盾的。这种矛盾,表现为社会劳动与私人劳动、抽象劳动与具体劳动之间的矛盾。每一种商品,虽然本身固存着社会劳动、抽象劳动,然而却直接只表现为私人劳动、具体劳动的生产物。如上例中的织布者,他的织布劳动具有私人劳动的性质,因为他把生产是当作私人的事情,在那里单独的盲目的进行着;但在另一方面,他的劳动又必须是社会劳动的一部分,他才能够获得其他的商品来满足他的需要。这种矛盾,由于货币从商品中分化出来而得以解决,货币直接表现为社会劳动、抽象劳动的体化物,商品生产者的私

---

① 马克思:《资本论》,第一卷,人民出版社1954年版,第70~71页。

人劳动，经过商品与货币的交换，才能决定其是否具有社会劳动的性质，是否具有社会的意义。织布者把布卖成货币，这就证明他的织布劳动具有社会劳动的性质，他就可能从全部社会劳动的生产物中占得一分。列宁曾经说过：

"预计为别人消费而生产的个别商品生产者的生产品，只有在取得货币形态，就是说在质和量两方面都经过了社会的核算之后，才能达到消费者，才使生产者有权获得其他的社会生产品。这种核算是在生产者背后经过市场的波动来进行的。"①

综上所述，可知货币的本质，就在于货币是一种特殊的商品，它起着一般等价物的作用，即作为一切商品价值的体化物和有一般的使用价值，同时是对于商品中的社会劳动实行盲目核算的一种工具。

除以上所述，我们分析货币的本质时，不可不揭发货币的拜物教性质，以及货币的阶级性。

前面已经说过，在资本主义条件下商品生产是占统治的生产形式，所以在这个时候，一切生产物都变为商品，一切商品都和货币相交换。货币贯彻到人们生活中的每一环节。这就是说，人们生产关系的体化物，在货币中得到了一般的表现。而这种现象在人们的意识中获得了歪曲的反映。货币对其他一切商品之一般的交换性，本来是市场的盲目控制人们的权力之集中表现，但在人们的意识中就成了"金钱万能"的幻象。在这里，货币的社会属性就以超自然的姿态出现了。这种妄认货币具有超自然的能力并把它当作神来崇拜的观念，就是货币拜物教。

另一方面，黄金之作为货币，本来是货币在历史过程中发展的结果，但在人们看来，好像黄金从地心中出来就是货币。所以货币具有双重拜物教性质。

马克思揭示了商品拜物教，同时也提示了货币拜物教，马克思首先指出了货币不过是人们的生产关系的体现，在资本主义社会，此种人与人之间的关系为物的外壳所遮蔽。他又进而指出：金银并不是天生来就是货币。马克思说："自然并不出产货币，正如自然并不出产

---

① 《列宁全集》，第一卷，俄文第四版，第388页。

银行家或汇率一样。但是，资本主义的生产既然必须把财富在一种唯一之物的形式上当作物神结晶起来，金银就成了这种财富的相当的化身。金银天然并非货币，但货币天然是金银。"①

最后再来说明货币的阶级性。

在阶级敌对的社会里，货币是占有别人劳动的工具，是人剥削人的工具。

在前资本主义时代，货币就已经作为人剥削人的手段了。在古代和中世纪，已经发生了这些现象：商人和高利贷者在货币的媒介之下剥夺过小商品生产者；货币也成为奴隶主国家和封建国家剥削小生产者的工具，从劳动人民取得很大的贡税；在封建的最后阶段，货币渗入封建主与农奴的关系中而成为掠取剩余劳动的工具——货币地租。

但货币之作为最广泛、最深刻与最残酷的阶级剥削之工具，则是过渡到资本主义的阶段和资本主义社会。商品经济的高度发展——货币曾起了很大的作用，引起商品生产者的阶级的分化，市场的盲目波动，使一部分生产者破产了，而另一部分生产者手中积聚了大量的货币。货币逐渐变成资本，成了剥削剩余价值的工具。

在资本主义社会，货币作为剥削工具之阶级本质获得高度的发展。在前资本主义阶段，货币虽在某种程度上已作为剥削工具，但是前资本主义社会基本上是自然经济，剥削的方法是一种超经济的强制的方法，所以作为剥削工具的货币还没有充分发展。而在资本主义条件下，资本家都普遍地通过货币来进行剥削，资本家首先用货币来购买生产资料和劳动力，然后才开始生产过程，而在生产终了之后，他的资本的归流和剩余价值的实现也要通过货币。货币就这样替资本家剥削劳动者服务。

但是必须注意：货币虽是资本主义剥削的工具，但不是资本主义剥削的原因，造成资本主义剥削的原因乃是资本主义生产方式本身，并不在于货币。

---

① 马克思：《政治经济学批判》，人民出版社版，第117页。

第二章　货币的职能

第一节　价值尺度

货币的各种职能，是从货币的本质发展来的。货币是商品交换和商品生产发展的产物，它是测量一切商品价值的总衡量，是起着一般等价物作用的特殊商品。因此，货币的第一个职能，是测量价值大小的价值尺度，"是供商品界以价值表现的材料，或是把商品价值表现为同名称的量，使其在质的方面相等，在量的方面可以互相比较"①。但是，我们必须注意：不是因为先有货币，然后商品才能公约，它们才能在质的方面相等，在量的方面可以互相比较。"正好相反。是因为一切商品，当作价值，都是对象化的人类劳动，所以它们自身有公约的可能，所以它们的价值能由同一个特殊的商品来计量，所以这个特殊的商品能转化为它们的共同的价值尺度或货币。"②

因为一切商品，当作价值，都是对象化的人类劳动，都是人类劳动的结晶，所以"是诸商品内在的价值尺度——劳动时间——的必然的现象形态"③。

劳动时间既是一切商品的内在的价值尺度，为什么劳动时间之外还有一种外在的价值尺度呢？为什么我们不能够直接用劳动时间的长短来测量价值的大小呢？为什么我们不说这一定布值三十小时的劳动

---

① 马克思：《资本论》，第一卷，人民出版社1954年版，第81页。
② 马克思：《资本论》，第一卷，人民出版社1954年版，第81页。
③ 马克思：《资本论》，第一卷，人民出版社1954年版，第82页。

时间，而是说一疋布值四十元钱呢？为什么商品的价值要表现为货币（金银）呢？为什么交换价值必然发展为价格呢？

这个问题，"可以还原为这样的问题：在商品生产的基础上，为什么劳动生产物必须表现为商品？因为，商品的表现，已经包含商品分化为商品和货币商品的过程。或是说，私劳动为什么不能当作直接社会的劳动，当作它的反对物？"①关于这个问题，让我们在下面加以浅显的解释。

我们知道：资本主义社会，是以私有财产和社会的分工为基础的商品生产社会。在这种社会，各有各的生产资料，各有各的生产事业，生产是各干各的，无政府状态的；劳动是无计划的，而且各个人的劳动，在种类上，在难易上，在生产性质上，又是各不相同的。所以，任何一个精于计算的人，都不能把生产这种商品或那种商品所耗费的劳动量（劳动时间）计算得出来。

在现存的商品生产的各种条件下，我们既然不能直接计算出制造各种商品所耗费的社会必需的劳动量，因此，商品生产者不能直接而绝对的，用年、月、日、时等来计算包含于商品中的社会劳动量；他们只能用间接而相对的方法来与别种商品相比较，由于跟别种商品的相互关系，即由于彼此相比较，才知道商品中所包含的社会劳动量的多少。就是说，要通过商品跟货币相比较，各商品中所包含的社会劳动的相对的分量，才能够显明地表现出来。商品和金银的价值的真正尺度虽为劳动时间，但劳动时间不能直接测定或把握，不能直接表现出来。

倘若在商品经济社会，商品的价值可以直接表现为劳动时间，那么包含于商品中的私人劳动，便可直接成为社会劳动。不过，这样一来，商品便不成其为商品，用不着通过交换，即可直接成为社会劳动的生产物了。但在实际上，商品直接是各个私人劳动的生产物，这个生产物，须在交换中证明其本身带有社会劳动的性质，因此之故，我们不能把包含于商品中的私人劳动，直接地认为是社会劳动。倘若包

---

① 马克思：《资本论》，第一卷，人民出版社1954年版，第50页。

第二章 货币的职能

含于商品中的劳动时间,直接地便是社会的劳动时间,那根本就没有货币的必要了,换言之,货币商品,对于其他一切商品,就再也没有必要发挥社会劳动之直接体现物的作用了。

总之,在商品经济社会,要想知道某商品中所包含的劳动量,只有用别的商品来相对地、间接地表现它。只有这样,我们才能够证明这些商品含有同一分量的劳动。商品生产者,在不知不觉中使用着这种方法,使用着相对而间接地表现社会劳动量的方法。计算社会劳动量,因而测量价值大小的这种方法,虽是间接的、相对的、不充分的,但这也是没有办法的事。商品生产社会,不知道别的方法,也难于想出其他的方法,实际上也是不能有其他的方法。这种不用劳动时间而用货币来间接地、相对地测量商品价值的方法,是与商品生产社会相适应的,而且是不可缺少的。

然而空想的社会主义者格雷和欧文,都想直接用劳动时间的长短来计算商品的价值,所以格雷有"劳动货币"的计划,欧文有"劳动银行"的组织,以及直接表现劳动时间的"货币"的制造。依照格雷的计划,计算商品的价值,不能不是国立银行的任务。各生产者将商品提交银行,领取证明包含于商品中的劳动时间的证明书或许可状,使用这种文件,可以由银行换取与自己商品中同样劳动时间的其他商品。格雷的这个计划,足以证明他把包含于商品中的私人的劳动时间,不通过交换,就解作直接的社会的劳动时间。据格雷的想法,商品的价值,必须依据劳动时间来直接测量,但是假如遵照格雷的这个理论,那就会使一切的商品,都变成货币去了。他不分析商品为什么变为货币,又怎样才演变为货币。因此,他根本不了解货币的发生及其必然性,是因为商品生产社会中人们的实践而引起的。[①]

[①] 马克思曾批评格雷说:"既然劳动时间是价值的内在尺度,为什么在劳动时间之外又另外有一种外在的尺度呢?为什么交换价值发展成为价格呢?为什么一切商品都用一种特别提出于众商品之外的商品来计算自己的价值,因而使这唯一的商品变成交换价值的适当存在,变成货币呢?这是格雷应该予以解决的问题。他不去解决问题,倒去空想商品能够当作社会劳动生产物(见下页)

欧文曾把这种"货币"通过特殊的买卖市场来试用，但这种"买卖市场"立刻遇到破产的厄运。破产本身执行了实践的批判。这就证明了不通过交换，不用货币，而直接用劳动时间来计算商品价值，是一种违反现实的企图。

总之，劳动时间虽是一切商品内在的价值尺度，但在商品生产社会，劳动时间却不能用以直接测量价值，而必须用货币来间接测量。这在上面已经说明过了。

要使货币（金银）能够测量价值，则货币本身必须是商品，并且还要具有价值，因为我们不能拿没有重量的物品来衡量他物的重量；不能拿没有长度的物品来测度他物的长短。金银是商品，是人们劳动的产物，因而其本身具有价值，能够用以测量他物的价值。

商品的价值，用货币（金银）测量出来的、表现出来的，就是商品价值的货币形态，也就是价格。因此，货币本身只有价值而没有价格。

价格既是商品价值之外部的货币的表现，故价格决非价值的精密的表现，它不能反映出一切变化。就原则上说来，价格的变动，不仅

（接上页）而直接地相互发生关系。但是它们是什么，它们就只能以什么的资格来相互发生关系。商品直接是孤立的、各不相属的私人劳动的生产物，这种私人劳动，必须在私人交换过程中通过转移来证明是一般社会劳动；换句话说，在商品生产基础上的劳动，只有通过私人劳动的全面转移才变成社会劳动。但是，格雷既然把商品中所含劳动时间假定为直接就是社会劳动时间，他就是把这种劳动时间假定为共同的劳动时间，或者说直接联合起来的人们的劳动时间。这样一来，实际上，一种特殊的商品，如金银，就不会当作一般劳动的化身来同其他商品对立了，交换价值就不会变成价格了，但是，使用价值也就不会变成交换价值了，生产物也就不会变成商品了，因而资本主义生产的基础本身也就消灭了。但是，这一点决不是格雷的本意。生产物要当作商品来生产，却不当作商品来交换。格雷将这个虔诚的愿望之实行付托给一个国家银行。一方面，社会以银行为代表使个人不依赖私人交换的条件，另一方面，社会让个人在私人交换的基础上继续生产。因此，事物的内在逻辑逼住格雷一个又一个地废弃资本主义生产诸条件；虽然他只想把产生于商品交换的货币'改良'一下。"（马克思：《政治经济学批判》，人民出版社版，第53～54页）。

跟商品价值的变化成正比例,而且还跟货币(金银)的价值的变化成反比例。就是说,商品价值与货币价值是影响价格变动的两大因素。"商品价格只能在商品价值提高,货币价值不变,或货币价值跌落,商品价值不变时,一般提高起来。反之,商品价格也只能在商品价值跌落,货币价值不变,或货币价值提高,商品价值不变时,一般降落下来。所以,我们不能说,货币价值提高,一定会引起商品价格的比例的跌落,货币价值低落,一定会引起商品价格的比例的提高。这种说法,只适用于价值不变的商品。例如,一种商品,如其价值与货币价值同时并依同比例提高,就会保持不变的价格。如果它的价值比货币价值涨得更慢或涨得更快,它的价格的跌落或提高,就要看它的价值变动和货币的价值变动间的差额来决定。其余是可以类推的。"①总之,价格一般地腾贵或低落,有时是商品价值变化的结果,有时是货币(金银)价值变动的结果,有时是两方面在不同的方向上,在不同的程度上,所产生出来的结果。这就是价格变动的若干基本原则。

我们知道:"商品的价值量,表现一种必然的,内在于该商品形成过程中的,对于社会劳动时间的关系。价值量转化为价格时,这种必然的关系,会表现为一种商品和那在它外部存在着的货币商品的交换关系。但这种关系可以表现商品的价值量,也可以表现比这更大或更小的量。在一定情形下,该商品就会依这更大或更小的量来让渡的。价格和价值量发生量的不一致的可能性,从而价格和价值量相背离的可能性,是存在于价格形态之内的。但这不是这个形态的缺点,却宁说会使它成为一个适合于这样一个生产方式的形态。在这个生产方式内,规律只能当作无规律性的盲目发生作用的平均法则来贯彻。"②这就是说,在价格形态中,价值与价格(价格是价值的货币形态,是价值之外部的货币的表现)之不一致与背离,是跟资本主义生产方式相适应的必然的现象。

---

① 马克思:《资本论》,第一卷,人民出版社1954年版,第87~88页。
② 马克思:《资本论》,第一卷,人民出版社1954年版,第91~92页。

由此可知，价格与价值之量的不一致与背离，不仅不是价格形态的缺点，而且正因为如此，价值法则之支配力、控制力才能够贯彻。为什么呢？因为每当价格向着某个方向背离价值时，价值法则即发生作用，使生产商品的社会劳动重新分配，转换方向，经过商品的需要与供给，而使价格趋向价值、接近价值。例如某商品的价格高于其价值时，则人们必因有利可图而增加该商品的生产，这样，商品的供售就会超过需要，价格必随之跌落。反之，如该商品的价格低于其价值时，则人们必放弃该商品的生产，于是其供售减少，价格上升。这样，价格的上下波动，是以价值为中心的；价值总是价格变动的重心或其归趋点，价值仍然支配着价格。

还有，"价格形态不仅让价值量与价格（即价值量与其货币表现）有可能发生量的不一致，并且能够包藏一个质的矛盾，以致货币虽只是商品的价值形态，但价格可以完全不是价值表现。本身不是商品的东西，例如良心名誉等等，也可以由它们的所有者，拿来换取货币，并由它们的价格，取得商品形态。所以，一种东西虽然没有价值，但能在形式上有价格。在这场合，价格表现，就像数学上某几种量一样，是想像的。另一方面，想像的价格形态，又能够隐蔽现实的价值关系或由此派生出来的关系；例如，未被开垦的土地的价格。这种土地是没有价值的，因不曾有人类劳动在其内对象化"①这说明了在价格形态中，价值与价格之质的矛盾和质的不照应。不过，这种矛盾，还是可以说明的。②

总之，用一定量的金银货币所表现的商品的价值，我们称之为商品的价格，因而价格的高低，就被金银数量的多少表现出来。好像要量布的长短，我们得定出多少长为一尺来做单位，要秤煤的轻重，我们得定出多少重为一斤来做单位，同样我们要秤量金银的多少，也得把一定量的金银确定为"尺度的单位"。这种确定为"尺度的单位"的金银的一定量，就是货币的本位，价格的标度或本位。

---

① 马克思：《资本论》，第一卷，人民出版社1954年版，第92页。
② 《资本论》第三卷地租论中，即有说明。

第二章 货币的职能

于此，我们不要把价值尺度和价格标度混同不分。首先价值尺度是自发地发生的，反之，价格标度则是由国家以立法的程序规定的。"当作价值尺度和当作价格标度，货币是做了两种全异的机能。当作人类劳动之社会的体化物，它是价值尺度；当作确定的金属重量，它是价格标度。充作价值尺度，它的机能，是把极不同的商品的价值，转化为价格，为想像的金量；充作价格标度，它的机能是计量这各个金量。诸商品当作价值，是用价值尺度来计量的；反之，价格标度则是把各个金量测定在一个金量上面，不是把一个金量的价值，计量在别一个金量的重量上面。要使金成为价格标度，必须规定一定的金重量作为单位。……所以，当作价格标度，越是把同一个金量，不变地，充作尺度单位，就越是妥当。但金能当作价值尺度来用，只因为金本身也是劳动生产物，从而，在可能性上是一个可变的价值"①。

简言之，价值尺度是测量商品价值的，它使各种商品的价值，转化为想像的金银货币的一定量，转化为价格，它是一种社会的职能。反之，价格标度，却是为了测定当作价值尺度职能的金银（分量）的多少，在必要上由习惯或法律所规定的一定量的金银。所以，价格标度，纯粹是一种技术的职能，它不过是为了要完成金银当作价值尺度的职能之必要而产生的技术条件而已。

然而事实上，这两种职能不是分别地发生其作用，而是合在一起的。因为我们普通是以价格的标度或本位来表现商品的价值，例如说一件衣服值十元。

其次，当作货币的金银，其价值如有变动，第一对于价值尺度的职能，第二对于价格标度的职能，是否会有妨碍呢？

---

① 马克思：《资本论》，第一卷，人民出版社1954年版，第86页。"金，当作物化劳动时间，它是价值尺度，当作一定的金属分量，它是价格标度。当它当作交换价值与当作交换价值的商品发生关系的时候，它是价值尺度，在价格标度中，金的一定分量是对金的其他分量当作单位来用。金是价值尺度，因为它的价值是可变的，金是价格标度，因为它当作不变的重量单位而被固定。"（马克思：《政治经济学批判》，人民出版社版，第41页）。

第一,"金的价值变动,也不会妨碍它的价值尺度机能。那会同时影响于一切商品,所以,如果其他事情不变,它们相互间的相对价值也不会变动。虽然它们全体都将比以前表现为较高的或较低的金价格"①。

第二,"很明白,金的价值变动不会妨碍它的价格标度的机能。无论金的价值怎样变动,不同金量间的比价还是保持原状。哪怕金的价值跌落到十分之一,十二盎斯金依然有一盎斯金十二倍那样大的价值。在价格上,我们只考虑不同金量相互间的关系。一盎斯金价值的腾落,既然不能改变一盎斯金的重量,所以它的整除部分的重量也不会变动。无论它的价值怎样变动,金当作确定的价格标度,总是做相同的事"②。

最初,金银的重量单位,由于习惯而起着价格标度、尺度单位的作用,商品的价格,是用金银的重量名称来表现的。例如,一件衣服的价格值金一分或银二两。

但随着商品生产与交换的发展,货币的本位(或价格的标度),必须得到社会一般的公认,而且也有统一的必要,因而各国在法律上规定一定量的金或银为货币的本位(或价格的标度)而给予特别的名称。③ 例如:美国以金 1.50456 公分为价格标度(或本位),而称之为美元,英国以金 7.3224 公分为价格标度(或本位),而称之为镑,法国以金 0.29032 公分为价格标度(或本位),而称之为法郎,日本以金 2 分为价格标度(或本位),而称之为日圆,解放前的旧中国,则法定白银 7 钱 2 分为货币本位,而称之为"圆"。圆以下可细分为

---

① 马克思:《资本论》,第一卷,人民出版社 1954 年版,第 87 页。
② 马克思:《资本论》,第一卷,人民出版社 1954 年版,第 86~87 页。
③ 货币的本位,价格的标度,虽是由国家权力所制定,但若因此而认为货币的价值是由国家权力所创造出来的,则必然大错而特错。因为制定货币的本位,规定价格标度,是形式上或技术上的事情,而货币本身却是由于社会历史各种条件而必然产生的。如果把国家在法律上规定一定量的金或银为货币的本位的事实,误解为国家创造出那一定量的金或银的价值,即会犯"货币国定说"(详见本书第九章第二节)的错误。

"角"、"分"等，这些跟圆一样，都是价格的计算名称。这样，商品的价格，这时不是说值银几两几钱，而是说值多少元多少角多少分了。

倘若 7 钱 2 分的白银等于壹圆，它在观念上发挥着价格的标度的作用，那么，价格就转变为货币称呼，而在同一的称呼上，只有分量的差异；同时，充作价值尺度的货币，就转化为单纯的计算手段（或工具），转化为计算货币。①

计算货币跟金银一样，是商品经济发展的必然产物。为什么会发展到单纯的计算货币呢？因为金银货币，只要是在起着测量价值的价值尺度的作用，那么，它在观念上、想像上也能发挥这种作用。简言之，当作价值尺度的金（银），只是观念上的存在。我们可以估量大批商品的价值，虽然囊中莫名一文，而想像的货币也可以执行测量价值的职能；现实的金银，虽然一点不用，也可以使任何数量商品的价格表现出来。所以，"要确定它的价格，只需使它与想像的金相等。"②在这里，金银货币，只表现为想像的观念的金银货币。于是充作价值尺度的货币，就转化为头脑中的、纸上的、单纯地计算手段——计算纸币。这样，现实的货币数量的多少，对于这个职能是没有关系的。

最后，货币决不能仅有充作价值尺度的职能。因为货币仅有充作

---

① "一定重量部分的贵金属（例如一盎斯金），依法律被分成若干整除部分，被给以法定的名称，例如镑、台娄尔等等。这种整除部分，现在当作货币的真正的单位的，可再分为别样的整除部分，各有法定的名称，例如先令、便士等等，一样是以一定的金属重量作为金属货币的标度。所不同的，只是分割程度与命名。价格，或商品价值观念地转化成的金量，现在是表现在货币名称，或金标度的法定计算名称上。所以，我们在英格兰，不说一卡德小麦等于一盎斯金，却说一卡德小麦等于三镑十七先令十又二分之一便士。各种商品的价值都是这样表现为它们的货币名称。货币是当作计算货币，如果问题是要把一物当作价值，并在货币形态上确定下来。"（马克思：《资本论》，第一卷，人民出版社 1954 年版，第 89 页）。

② 马克思：《资本论》，第一卷，人民出版社 1954 年版，第 93 页。

价值尺度的职能，商品的价值只能是观念的价值形态，而实际上价值并未得到实现。要使价值实现，要解决商品社会的矛盾，就非实行交换不可。① 所以，在价值尺度的职能中，还潜藏着商品交换的职能。

第二节 流通手段

我们已经知道，金（银）之所以是货币，是因为它起着一般等价物的作用，也只有因为这个缘故，金（银）才能够发挥价值尺度的职能。而"金能充作想像的价值尺度，只因为金已经在交换过程中当作货币商品流转着"②。因此，金（银）货币在发挥价值尺度的职能的时候，同时还必须发挥别的一种职能，那就是当作商品交换的媒介物的职能，即流通手段或流通工具的职能。

商品生产者要想把他们的商品投于市场贩卖，要拿出来交换，必须先决定商品的价格。但是，只决定商品的价格，只对商品评价，还不能说是交换。被评价、被决定了一定价格的商品，早已向着一定量的货币"眉来眼去"，它追求货币，很想获得货币，但是它的"黄金之恋"还没有成功。商品必须卖出去；商品的价格，是必须实现的。例如：

（一）织布匠把他织好的一疋布定价为十元。在这里，货币是起着价值尺度的作用，而布获得其观念的价格形态。但这时布尚未卖出，故其价格尚未实现。

（二）织布匠把布卖出，获得了十元，这样，布的价值即转形（贩卖）为现实的货币形态，在商品所有者（贩卖者）方面经过商品——货币的转形过程；在货币所有者（购买者）方面则经过货币——商品的转形过程。商品（布）与货币（十元）便向两个相反的方向对流。

---

① "一个商品如要实际发生交换价值的作用，它就必须先放弃它的自然形体，由想像的金，转化为现实的金。"（马克思：《资本论》，第一卷，人民出版社1954年版，第92页）。

② 马克思：《资本论》，第一卷，人民出版社1954年版，第93页。

(三)获得了十元的织布匠,用此十元购买五斗米,这样,货币转形(购买)为第二个商品(米)。结局,织布匠以货币为媒介,完成了布一疋与米五斗之间的交换。在这里,货币(十元)起着商品交换的媒介物——即流通手段的职能。

第一项 商品的形态变化——商品流通

这个交换过程,总括起来是:商品A(布)——货币(十元),货币(十元)——商品B(米);或者略为商品A(布)——货币(十元)——商品B(米)。"这样,商品的交换过程,就分明是由两个互相反对又互相补足的形态变化——由商品转化为货币,又由货币转化为商品——来完成了。商品形态变化的诸要素,同时就是商品所有者的行为——卖,以商品交换货币;买,以货币交换商品。"[①]

第一,以商品的形态变化的第一段来说,即以商品——货币的转化过程,以商品交换货币的过程来说,这是商品贩卖的过程,这是"商品价值由商品体到金体的跳跃"[②],是商品的"致命的飞跃"。这个飞跃如果失败,即商品如不能卖出,商品本身虽不受打击,商品的所有者却会受很大打击。商品必须卖出,"商品是恋着货币的,但'真的恋爱的路',从来不是平坦的"[③]。在商品未卖出之前,商品生产者根本不会知道他投于商品内的私人劳动,是否能构成为社会必要劳动量的一部分,他不知道该商品的使用价值,是否在市场上,在社会上,有适当的使用价值。因为决定这些事实的因素,是在他背后的诸生产条件及需要条件上所有的变化。所有这一些,他都无法预测,都只有等到他的商品转化为货币时才能明白。

这样,在商品——货币的贩卖阶段,有相当的困难与不安,因而潜伏着因商品不能卖出而引起经济危机的可能性。

第二,"一个商品的第一形态变化(即由商品形态到货币的转

---

① 马克思:《资本论》,第一卷,人民出版社1954年版,第95页。
② 马克思:《资本论》,第一卷,人民出版社1954年版,第96页。
③ 马克思:《资本论》,第一卷,人民出版社1954年版,第98页。

化），同时是别一个商品相反的第二形态变化（即由货币形态到商品的转化）。"①

以商品的形态变化的第二段来说，即以货币——商品转化过程、以货币交换商品的过程来说，这是购买的过程。在这里，商品价格业已实现，商品已转化为货币。现在商品生产者手里有了货币，货币可以跟任何商品相交换。正好因为这个理由，货币就变为一切商品的"黄金之恋"的对象。商品生产者的商品既能换得货币，这就证明了他的商品，在市场上、在社会上具有必要的使用价值，他的私人劳动是社会的必要劳动。

在商品的形态变化中，在商品——货币（贩卖）与货币——商品（购买）的不同之中，商品社会的矛盾，更向前发展。贩卖的困难，就是实现生产的社会性（社会的生产）的困难。贩卖以后，商品价格实现为货币，而货币归诸生产商品者所有，这表现着所有的私人性（私人的所有）。贩卖后所得的货币，可换取任何商品。于是，贩卖的困难与购买的容易，遥相对立。这就是在商品社会中内在的矛盾，从而，"内在于商品之内的使用价值与价值的对立，私劳动必须同时表现为直接社会劳动，特殊具体劳动同时只当作抽象一般劳动来发生作用，物的人格化与人格的物化——这种内在的矛盾，是在商品形态变化的各种对立中，取得它的发展了的运动形态②。所以其矛盾对立愈形扩大。

综合上述商品形态变化的第一段与第二段，可知"商品形态变化的两个相反的运动阶段，形成一个循环；商品形态，商品形态的脱弃，商品形态的复归。确实的，商品自体在此是对立地规定的。在始点上，它对于它的所有者是非使用价值，在终点上则是使用价值"③。每一种商品在形态变化中形成的循环，又与其他商品的循环联结交错。"这全部过程表现为商品流通。"④

---

① 马克思：《资本论》，第一卷，人民出版社1954年版，第101页。
② 马克思：《资本论》，第一卷，人民出版社1954年版，第106页。
③ 马克思：《资本论》，第一卷，人民出版社1954年版，第103页。
④ 马克思：《资本论》，第一卷，人民出版社1954年版，第104页。

第二章 货币的职能

商品流通,不仅在形式上,即在实质上,也与商品的直接交换(即以物易物)有区别。在商品直接交换的时候,贩卖就是购买,购买就是贩卖。但在商品流通上,即以货币为媒介的商品交换上,在贩卖之后就不一定立即跟着购买,在两个阶段之间,多少总有些时间上的距离。商品的直接交换,"不是由使用价值的换位或换手而终了。货币不会消灭,因为它最后会从一种商品的形态变化系列脱出。它会随时在商品空出来的流通位置上,沉淀下来。……流通不断地把货币渗出来"①。如果不了解商品的直接交换与商品流通二者之间的差别,就会误解每一次卖都是买,每一次买都是卖,误解买卖之间是均衡的,误以为贩卖之后立即就是购买,从而也就会根本抹杀因商品不能卖出而引起经济危机的可能性②。

第二项 货币的运动

我们知道,一切运动均由商品而起,货币的循环运动,不过是商品运动的结果。因为流通中的货币,是当作商品运动的媒介,当作商

---

① 马克思:《资本论》,第一卷,人民出版社1954年版,第104~105页。

② 例如庸俗经济学者舍益曾误解贩卖之后立即就是购买,买卖之间是均衡的,而否认了由一般地生产过剩所引起的经济危机的可能性。舍益以为"在市场上要实行交换,则某商品必须与其他商品交换。普通以为交换的媒介物是货币。但实际考察起来决不是这样的。提供于市场的各商品、各价值,要有可能与其他的价值相交换,则此价值必须与其他的价值对置起来。所以,某商品要想在市场上卖出去,求得其消费者,则此消费者,同时不能不生产出某种商品。'对生产物开拓市场的是生产','生产物与生产物相交换',这就是舍益的说法。即照他看来,'货币只是价值传递的媒介',商品是与商品交换的。交换过程,好像不是货币等价物的交换过程,而是一生产物与他生产物的交换,各个贩卖者,就是购买者。于此即产生所谓'购买者与贩卖者之形而上学的均衡'"。贩卖既与购买均衡,则一般的生产过剩,根本是不可能的,这就是舍益的见解。(详见彭迪先:《经济思想史》,四川大学印行,上卷,第177~178页)此外,英国资产阶级古典学派经济学者马尔萨斯、李嘉图、约翰密尔等,与舍益同样,也否认一般的生产过剩的可能性,而陷于同样的错误(详见上书,第127~129页)。

品形态变化的媒介而出现的。只有在商品形态变化,商品运动时,才能够把货币从所有者(购买者)之手移转到商品所有者(贩卖者)之手,没有商品的运动,货币本身是一步也不动的。所以,货币运动只是商品流通的表现,"货币充作流通手段的运动,实际只是商品自身的形态运动"①。就是说,商品流通是货币运动的原因,货币运动是商品流通的结果。因此之故,伴随着商品的流通,货币也跟着"川流不息"的流通着。任何一种商品,经过一定的流通过程之后,总要脱离流通过程被人们所消费,因为决没有穷年累月永久在市场上转来转去而不被人消费的商品。简言之,商品迟早总归要脱离流通过程的。反之,货币就不是这样。只要货币是起着流通手段的作用,它始终是充作交换的媒介物,在市场上转来转去,永久不会脱离流通过程。所以,"它会随时在商品空出来的流通位置上,沉淀下来。……流通不断地把货币渗出来"②。这样,货币越不断地在流通,则距离出发点就越远了。

货币要执行流通手段的职能,就需要一定的数量。要出卖一千元的商品,不多不少,恰好需要一千元的货币。所以,商品流通所必要的货币数量,需依当时流通商品之价格的总和为转移;而这价格总和,又随商品数量及个别商品的价格为转移。

但是,倘若市场上有总价格一千元的商品存在,要使这一千元的商品从贩卖者的手中转到购买者手中,要作一千元的商品的交换的媒介,却不一定需要十足的一千元的货币。因为一元的货币,在一日之间,可以流通好几次,可以作若干次交换的媒介,可以使价格一元以上的商品流通。例如:甲用一元买了五尺布,布店主人即可用这一元买米,米店主人可以用这一元买菜,菜店主人可以用这一元买盐……这样的"川流不息",一元的货币,不仅可以使价格一元的商品流通,并且还可以使商品流转五次、十次、百次……也就可以购买五元、十

---

① 马克思:《资本论》,第一卷,人民出版社1954年版,第109页。
② 马克思:《资本论》,第一卷,人民出版社1954年版,第105页。

元、百元……的商品，因此，一元的货币，就可以发挥五元、十元、百元……的商品的交换媒介的作用。当然，市场上一切的一元货币，决不是以同一的速度来流通的，有的转手次数不多，而有的流转很快，但总有一个平均的流通速度。这样，流通所必需的货币数量，等于以同名称的货币的平均流通次数，除市场上的全部商品价格之商。这用公式表示，就有如下式：

$$商品流通所必需的货币数量 = \frac{商品的价格总额}{同名称货币的平均流通次数}$$

照上例，市场上共有一千元的商品，倘若每个一元的货币每天平均流通五次，则流通所必需的货币数量，不是一千元，而是以五除一千元之商的二百元。上列公式，说明了"流通手段的量由待流通的商品的价格总额与货币流通的平均速度决定这一个法则"①。

价格变动，待流通的商品量，货币的流通速度，是左右流通所必需的货币数量的三个因素，这三者可以依不同的方向和不同的比例来变动，影响于流通手段的数量。例如：

（一）"在商品价格不变的场合，流通手段量可因待流通的商品量增加，或因货币流通速度减小，或在二者的影响下增加。反之，流通手段量可因商品量减少或流通速度增加而减少。"②

（二）"在商品价格一般提高的场合，如果待流通的商品量的减少，与商品价格的增加成比例，或货币流通速度在待流通的商品量不变时，与价格的提高同样迅速地增加，流通手段的量就可以依然不变。流通手段的量还可以减少，因为商品量的减少，或货币流通速度的增加，会比价格的提高更迅速。"③

（三）"在商品价格一般下降的场合，如果商品量的增加，与商品价格的跌落成比例，或货币流通速度的减少，与价格的跌落成比例，流通手段的量就可以依然不变。它能够增加起来，如果商品量的增加

---

① 马克思：《资本论》，第一卷，人民出版社1954年版，第117页。
② 马克思：《资本论》，第一卷，人民出版社1954年版，第116页。
③ 马克思：《资本论》，第一卷，人民出版社1954年版，第116页。

或流通速度的减少,比商品价格的跌落更迅速。"①

总之,"流通手段的量由待流通的商品的价格总额与货币流通的平均速度决定这一个法则。可以表示如下:已知商品的价格总额,与商品形态变化的平均速度,流通的货币或货币材料的量,是依存于它自身的价值"②。但决不要陷于"商品价格是由流通手段的量,流通手段的量是由国内现存的货币材料的量来决定这样一个幻想"③。这是货币数量学说④的错误的幻想,这个幻想,"就是建筑在这个背理的假设上:在加入流通过程之际,商品是没有价格,货币也没有价值;然后在流通过程之内,商品总和一个整除的部分,会与贵金属总和一个整除的部分相交换"⑤。

第三项　铸币——价值记号

货币的铸币形态,是由货币充作流通手段的职能而产生的。

在货币发展到金银货币的初期,日常使用的货币是金条或银块。每根金条,每个银块,成色和重量,是不一致的,因此,在每次买卖的时候,总得要考查它们的成色,秤出一定的重量,这是很麻烦的工作。为了免除日常生活中的这种麻烦,为了技术上的必要,国家就来做铸造货币的工作。例如中国过去是银本位国,以白银七钱二分铸成银元,就以此作为价格的标度(或本位),在银元上面,刻印着"壹圆"的字样,每次交易时,用不着再检验成色,秤量重量,这就使流通过程便利得多了。

但是银元在许多人手中,在柜台上、箱子里、衣袋里,出出进进地流通着,在一天之内,不知要经过多少次的摩擦,年代稍久,银元外面的花纹、字样,就渐次磨平了,因而银元内的白银成分就随之逐

---

① 马克思:《资本论》,第一卷,人民出版社1954年版,第116页。
② 马克思:《资本论》,第一卷,人民出版社1954年版,第117~118页。
③ 马克思:《资本论》,第一卷,人民出版社1954年版,第118页。
④ 关于货币数量学说的评述,详见本书第九章第三节。
⑤ 马克思:《资本论》,第一卷,人民出版社1954年版,第118页。

渐磨损，本来含有白银7钱2分的银元，经过了若干年的流通之后，说不定只剩7钱1分甚至7钱了。①

然而，即使磨损到只有7钱1分或甚至7钱的银元，我们在市场上使用它的时候，仍然是当作7钱2分来使用的。因为是国家铸造的银元，可以用来买布，而卖布的老板也可以用这银元来买其他的商品，所以即使欠缺了一分二分的白银，也没有什么关系。因为卖主卖出商品得到货币，并不是要享受货币本身的价值，而是为了要拿它来购买别的商品。货币当作交易工具(流通手段)时，不是停搁在某些人的衣袋里，而是继续不断地向着与商品运动相反的方向流动着；所以货币在这里只有瞬息间的作用，只是一时的媒介物，这样，"货币的流通，使铸币的实在内容与名义内容(即铸币的金属存在和它的机能存在)相分离。这事实，隐含着一种可能：在铸币机能上，金属货币可以用由别种材料造成的记号或象征来代替"②。在商品的流通过程中，"商品交换价值的独立表现，在此，只是一个很快就归于消灭的阶段。它会立即再由别的商品代替。所以，在这个使货币不绝由一个人手里转到别个人手里的过程内，单有货币的象征的存在，已经很够。……货币，当作商品价格之暂时的客观的反映，本来不过是当作它自己的记号来发生机能，所以能够由记号代替"③。因此之故，足价的金银铸币，可以用一种代替品，用一种记号来代行其职能。不足价的铜币、纸币④等，就是金银的代替品。这些金银的代替品(或价值的代表)，它们本身的价值，较之它们所代表的价值，要少得多(即其实质价值少于其额面价值或名目价值)，或者它们本身完全没有价值。这些金银的代替品，是代表或反映实际货币(金银)的价值的，犹如月亮假借太阳的反光一样。所以，纸币等虽然可以和金银货

---

① "雅可布估计过，一八〇九年欧洲有三亿八千万金镑，其中，到一八二九年，即经二十年后，有一千九百万金镑因为磨损完全消失了。"(马克思：《政治经济学批判》，人民出版社版，第75页)。

② 马克思：《资本论》，第一卷，人民出版社1954年版，第121页。

③ 马克思：《资本论》，第一卷，人民出版社1954年版，第124～125页。

④ 关于纸币的详细说明，可参阅本书第四章第一节。

币同样的买得商品，但它们终究还是金银货币的代表。这好比金银是太阳。纸币等是月亮，月亮没有太阳，自己不会发出光来；纸币如果没有金银作后台，叫它充作代表，它就和普通的废纸一样。

第三节 贮藏手段

在本章第二节已经说过：商品的流通过程（商品 A——货币——商品 B），可以分为贩卖（商品 A——货币）与购买（货币——商品 B）两个阶段。第一阶段之后，不一定紧接着就是第二阶段，这是说，商品所有者出卖了自己的商品之后，不一定立刻就买别的东西，他可能把卖得的货币存放起来。在这里，货币就停留在商品贩卖者手里不动，流通过程为之中断，因而货币就停止执行流通手段的职能，而执行别种职能，即执行当作贮藏的手段或蓄积的工具的职能。因此之故，货币充作贮藏手段的职能，是由货币停止其充作流通手段的职能时才显现出来的。同一货币，不能在当作流通手段时，同时又当作贮藏的手段。货币的这两种职能，是互相对立的，两者不能同时发挥作用。

货币的这两种职能，虽然是相反对相排斥的，但在别一方面，又是相依存相辅助的。在金属货币流通的条件下，假若流通中的货币数量过多，则货币会变为贮藏货币而暂时退出流通界；倘若流通中的货币数量过少，则贮藏货币会出动到市场上去。贮藏货币又是货币流通的后备军。因为有贮藏货币的存在，货币的流通数量才多少可以伸缩自如，才可能适应商品流通的要求。①

货币执行贮藏手段的职能，不仅因在流通上有调节货币数量之必

---

① "如果实际流通的货币量，要不断适应于流通领域的饱和程度，国内现存的金银量就必须比铸币机能所包含的金银量更大。这条件是由货币贮藏形态而具备的。货币贮藏的蓄水池，同时就是流通的货币依以流入和溢出的水路，它使货币的流通水路不至于泛滥。"（马克思：《资本论》，第一卷，人民出版社1954年版，第 131～132 页）。

第二章 货币的职能

要,而且还因为有生产上的以及其他的必要。

跟随着商品生产的发展,各商品生产者大都只生产几种甚至一种商品,而在消费方面却需要许多商品。其次,生产和贩卖必须经过一定的时间,而消费生活又不能停止,故在其生产物未制造、未出卖之前,就已有购买的必要。要满足不贩卖而先购买的必要,即需要贮藏货币。①

在生产过程上,资本家要扩大生产规模,就需要先有一定数量的货币,以备必要时使用。这一定数量的货币,他必须在相当的时期内贮藏蓄积起来。

货币从流通中脱离而获有贮藏蓄积起来的必要性,在商品流通的时期就已经开始产生了。我们知道,财富最初的保存形态,是使用价值,是自然的实物的蓄积。用不了的剩余生产物,在交换萌芽时期,是最初成为商品的而进入流通。随金银货币的发生,财富的自然形态转变为货币形态,而财富亦以金银的形态而储存起来。这些金银,当作抽象的社会财富而被储存,它可以同其他任何商品,任何使用价值相交换。故货币较之任何商品,是最适宜于贮藏蓄积的手段,是最宜于收集财富的工具。在资本主义社会,货币有一种惊人的魔力,它使人们为它倾倒,为它迷惑。于是货币贮藏的冲动成为无限制的,人们想发财的欲望,是没有止境的。② 这种冲动,这种欲望,迫使人们尽可能去多贮藏蓄积货币。

---

① "他的需要会不绝更新,使他必须不断购买别人的商品,但他自己的商品的生产与售卖,不能不费时间,并依从于偶然。要不卖而能买,那自然要以前曾经卖而不买。"(马克思:《资本论》,第一卷,人民出版社1954年版,第127页)这时候,就需要贮藏货币。

② "从质的或形态的方面看,货币因为可以直接转换为每一种商品,所以是物质财富的无限制的一般的代表。但从量的方面看,每一个现实的货币额都是有限制的,只是效力有限的购买手段。货币的量的有限性和质的无限性间的矛盾,使货币贮藏者,不绝地,从事西细法斯一样的积累工作。这种贮藏者,是和世界征服者一样。这种征服者是把新的国家,只当作新的国境来征服的。"(马克思:《资本论》,第一卷,人民出版社1954年版,第130页)。

但是，要货币完成贮藏或蓄积手段的职能，第一，货币必须是有实际价值的货币，此时，货币也如它执行测量价值的职能一样，应该具有自己的价值；第二，货币也必须是实际的现款，不能蓄积想像的货币，而只能蓄积手中现有的款项，此时，货币也应该具有当作流通手段时所具有的特质。

第四节　支付手段

货币的第四种职能，是充作支付的手段或工具。

货币充作支付手段的职能，起因于赊账的买卖或信用交易。购买者买了商品之后，不立即付款，他要经过一定的时期，才付款给售卖者。这样，商品的出卖及其价格的实现，在时间上是不一致的。这不是一手交货，一手交钱的现钱交易。这种赊账买卖的发生，是因为生产条件的复杂化和交换的发展。更具体的说，"……跟着商品流通的发展，有若干种关系发展了，由此，商品的让渡，得在时间上，与它的价格的实现相分离。在此，我们所要举出的只是最简单的一些关系。有一些商品的生产必须经历较长的时期，别一些商品在生产上却只需有较短的时间。不同种商品的生产，与不同的季节结合在一起。有一些商品，是在市场所在地生产；别一些商品却不能不旅行到远方的市场。所以一个商品所有者可以在别一个商品所有者成为买者之先，成为卖者。当同一交易在相同诸人间反复发生时，商品的售卖条件是要依照商品的生产条件来规定的……一个商品所有者售卖现存的商品，别一个商品所有者不过当作货币的代表或未来货币的代表来购买它。售卖者成了债权者，购买者成了债务者。因为商品的形态变化或商品价值形态的发展在这场合发生了变化，货币也取得了别一种机能。它成了支付手段"[①]。

简言之，这种赊账买卖，主要起因于：（一）各种商品生产上所要的时间不同；（二）一年内不同季节性的从事生产；（三）市场扩大，

---

① 马克思：《资本论》，第一卷，人民出版社1954年版，第132~133页。

第二章 货币的职能

商品不得不送到远处去等条件。

例如：售卖者是布疋商人，购买者是农民。布疋商人在冬天赊账卖给农民一丈布，农民约定在次年秋收后还账。这样，布疋商人变成农民的债权人，而农民就变为布疋商人的债务人了。到了秋收后约定的日期，农民把一丈布的钱还给布疋商人，清偿他的债务。此时，货币执行的职能，不是流通的媒介物，不是流通手段的职能，因为商品（一丈布）在付款以前已经"流通"了。在这里，货币所执行的，乃是支付手段的职能。在赊账买卖或信用交易之下的货币，不是流通的媒介物，而是流通的完成者。因为赊账买卖之下的贩卖，意味着交易还未告终，流通尚未完成。这只有在清偿债务之后才能完成，而货币就是清偿债务的支付手段；同时，也是测量债务多少的尺度。

货币在充作流通手段的职能时，为售卖者与购买者之间的联系，而这个联系也只是发生在货币流通之内，且随货币流通的消灭而消灭。但到赊账买卖发生，信用一出现，当作支付手段的货币运动，却产生一种先已完成存在于贩卖者与购买者之间的社会联系，这也说明了信用的出现，使货币发生了一种新的职能，即充作支付手段的职能。

"货币充作支付手段的机能，包含一个直接的矛盾。在各种支付互相抵销时，货币只在观念上，有计算货币或价值尺度的机能。而在必须有现实的支付时，它并非充作流通手段，非充作物质变换的仅仅暂时的媒介的形态，却是当作社会劳动的特别的体化物，当作交换价值的独立的存在，当作绝对的商品。"①就是说，货币因为要执行支付手段的职能，就含有两个互相矛盾的性质。即观念的要显现为计算货币或价值尺度，这无需现款的存在；而现实的又要显现为金银货币，又需要现款的存在。两者间的这种矛盾，在货币危机爆发了出来的那个瞬间，便很明显地暴露出来。在危机爆发以前，资本家都以为债务的大部分可以互相抵销，而互相以信用来买卖商品。但危机一爆发，

---

① 马克思：《资本论》，第一卷，人民出版社1954年版，第136页。

这种抵销就会中途停止,谁也不愿当债权人,大家都拼命想抓现款。"像麻鹿叫着要新鲜的水喝一样,它的灵魂叫着要唯一的财富(货币)。"于此,"货币都须立即地,突然地,由观念的计算货币姿态,急变为坚硬的货币"①。这样,我们在货币充作支付手段的职能中,也发现了危机的可能性。

总之,货币充作支付手段的职能时,具有这几种特性:(一)它不是商品流通的媒介手段,而是流通的完成者了;(二)在债权债务相抵销时它不过充作计算货币的职能;(三)在平时为了清偿债权债务相抵后的差额,在经济危机时为了不能相抵而要清偿的一切债务,支付手段均须使用真实的货币或现款,在这里,货币决不只是观念的价值的象征。

因为赊账买卖,因为信用,使人们可能不预先蓄积货币而能购买,致使蓄积货币没有必要;但在别一方面,"充作支付手段的货币越是发展,积累货币以待债务总额的到期日,就越是成为必要的"②。然而在这里,蓄积的性质发生了变化。"资产阶级的社会进步了,当作独立致富形态的货币贮藏是消灭了;但反过来,在支付手段准备基金形态上的货币贮藏却是增加了。"③

在商品经济非常发达的资本主义社会,每天各地都在订立各种期限、各种款额的信用契约。以前订立的许多契约的支付期限,有在同一日满期的。同一个人在同一时刻,正在以信用赊购别人的商品;同时,又可能以信用赊卖商品与第三者。这样,同时满期的种种付款,也有可以互相抵销的。例如甲今天需付款千元与乙,而乙需付款千元与丙。他们三者互相计算的结果,甲直接支付千元与丙就行了。因此,两个千元的支付,只用一个千元就可以解决。

各个债务者的支付互相抵销的这种计算,在实际上不只是由债务者本身执行,而且常常是由银行和特别的清算所来执行。这使现款的

---

① 马克思:《资本论》,第一卷,人民出版社 1954 年版,第 137 页。
② 马克思:《资本论》,第一卷,人民出版社 1954 年版,第 141 页。
③ 马克思:《资本论》,第一卷,人民出版社 1954 年版,第 141 页。

需要急剧减少。倘若各债务者的支付能够互相抵销完毕,那现款就毫无必要了。

在本章第二节上,我们曾经说过:流通上所需要的货币数量,是按照流通商品的价格总和与货币的平均流通速度为转移。现刻,货币成为支付手段时,还需加上一些新的条件。一部分商品不是用现款,而是以信用卖出的时候,则在出卖时不需要货币,因而以信用赊账卖出的商品的价格,必须从流通必需的货币数量中除去。从前用信用赊卖的商品的价格,倘若今天信用契约满期必须支付,那么今天为了清偿债务,就得在流通必需的货币数量中加上这一笔款项。再者,互相抵销的支付总额,要从流通必需的货币数量中扣除去,这是不用说的。

据上述可知,流通所必需的货币数量:(一)在市场上现行流通着的商品价格愈高,则愈多;(二)以信用卖出的商品愈多,则愈少;(三)信用契约满期,必需支付的总额愈多,则愈多;(四)互相抵销的支付额愈多,则愈少;(五)市场上同一名称的货币平均流通速度(包括流通手段和支付手段)愈快,则愈少。

总之,一定时期的流通的货币总额,可以这样规定:"假设流通手段和支付手段的流通速度为已知的(或一定的——彭),这个总额就等于待实现的商品价格的总额,加到期支付的总额,减互相抵销的支付,再减同一枚货币时而当作流通手段时而当作支付手段用的流通次数。"[①]这样就可求得必需的货币数量。

最后,关于直接从货币充作支付手段的职能而产生的信用货币——银行券和票据等,让我们在后面第六章再为说明。

第五节 世界货币

以上我们所说明的,是国内的商品流通,在各国内部的货币的职能。但随着商品生产与交换的发展,商品交换渐次突破了国境,发展为国际贸易,货币也跟着发展为世界货币。

[①] 马克思:《资本论》,第一卷,人民出版社1954年版,第138页。

我们知道：目前世界上各国都有自己的货币。如英国的金镑，美国的美元，法国的法郎，旧中国的银元（银本位时代），德国的马克，日本的日元等，都具有各种不同的形状，上面各个刻着各种不同的花纹，正和各国的士兵，都穿着自己国家规定的制服一样。但是，任何一国的货币，倘若离开了国内的流通领域，走进世界市场去，就得脱去在国内流通中所具有的一切特殊形态。因为在一国里面，任随你把三钱黄金当作一金圆也好，把七钱二分白银当作一银元也好，可是在国际市场的买卖上，在别国的人看起来，这些都是无关重要的。他们所注意的，只是在某种货币（金圆或银元）中所包含的纯金或纯银的分量，因此，在国际市场上，任何一国的铸币，都必须脱去"国民的制服"，还原到它的原始形态的黄金（生金）或白银。所以，"货币一离开国内的流通领域，便会解除价格标度，铸币，辅币，和价值记号在那里展开的地方形态，再还原为贵金属原来的条块形态"①。

在国内流通领域，只能有一种商品用作价值尺度，用作货币。在世界市场上，则受着两种价值尺度即金与银的支配。因为在银本位制尚未完全消灭的时代，甲国虽是金本位制，而乙国可能为银本位国，以一定量的白银为价格的标度（或本位）。"商品价值的从金价格改成银价格以及相反的情况，每次都决定于两种金属的相对价值，这种相对价值是不断变动的，因而它的决定，表现为一个经常的过程。每个国内流通范围的商品所有者不得不在对外流通中时而用金时而用银，那就要把国内当作货币的金属，拿去同国外当作货币的金属交换。所以，在每一个国家，用来作世界货币的，有两种金属，即金与银。"②不用说，因为种种原因，银本位制已渐次没落，白银亦随之渐失其货

---

① "金的变成有别于铸币的货币，最初，是在它当作贮藏货币而退出流通过程的时候，其次，是在它当作非流通手段而进入流通过程的时候，但是，最后，是在它突破国内流通的界限以便在商品世界中当作一般等价物来发生作用的时候。这样，它就成了世界货币。"（马克思《政治经济学批判》，人民出版社版，第111页）。马克思：《资本论》，第一卷，人民出版社1954年版，第142页。

② 马克思：《政治经济学批判》，人民出版社版，第111~112页。

第二章 货币的职能

币资格了。①

世界货币的第一种职能，是充作一般的支付手段。即世界货币是清算国与国之间的贸易差额和国际收支的支付手段。伴随世界贸易的发达，国际经济关系的密切化，世界货币的这种任务愈大，而其势力也随之愈加扩大了。

世界货币的第二种职能，是充作一般的购买手段。这是在交换只发生于一方面的时候，即只是一方面的国家购买（输入）而不贩卖（输出）的时候，它就执行一般的购买手段的职能，而不是执行流通手段的职能。

"在这场合，它不是为了要买，也不是为了要支付，却仅为了要使财富由一国移到他国（例如，为了赔款，偿还外债，资本逃避等等。——彭），但由于商品市场的状况，或由于所要的目的（例如，补助金，为了进行战争或帮助银行恢复付现在的借款等等。——彭），不许在商品形态上实行这种移转。"②所以，世界货币的第三种职能，是充作财富之绝对社会的体化物。

当作世界货币的货币，是货币之新的形态。但不要误解，以为世界货币的职能，不是货币之特殊的职能，而是前述的四种职能的反复重演，因而误认货币本质的规定，用这四种职能来规定就行了。如果这样理解那就错了。

世界货币的职能，不单是货币职能出现在世界市场这样更广大的舞台上，而是货币所起的新的作用。这是适应于国内流通与国际流通间的差异的新作用。

货币，不仅是表现当作一国内一切的一般人类劳动的体化物，并且在资本主义的世界的标准上，也是当作一般劳动的体化物，而表现于世界货币之中。在世界货币中，我们可以看出商品社会的内在矛盾和商品与货币的外在矛盾之最发展的形态。

---

① 详见本书第三章银本位制的说明。
② 马克思：《资本论》，第一卷，人民出版社1954年版，第144页。

每一个国家，既然为了国内商品流通，必须贮存一个准备基金；同时，为了世界市场的商品流通，也必须贮存相当的准备基金。所以，贮藏货币的职能，一部分固然是由货币充作国内流通手段和国内支付手段的职能而发生的，但也有一部分是由货币充作世界货币的职能而发生的。在货币执行世界货币的职能的时候，必须有现实的货币商品，那就是具体的金和银。这就是斯杜亚为区别金银与它们的地方代用品，明白地把金银当作"世界货币"，来表示它们的特征。因此之故，金银贵金属，特别是黄金，在资本主义生产方式之下的任何一国，都是不可缺少的东西，从而黄金总是资本主义国家人们争夺的对象。

"金与银的流的运动，是二重的。一方面，它是从它的产源地，散布到全世界市场。在那里，它是以各种不同的程度，为不同的国民流通领域所吸收，并充实它们国内的流通水路，代替磨损了的金银铸币，供给奢侈品的材料，凝固为贮藏货币。最初的运动，是以一种直接交换为媒介，那就是，实现在商品内的本国劳动，与实现在贵金属内的金银生产国的劳动直接交换。别方面，金和银又会在不同诸国的流通领域间不断来来去去，形成一种随汇兑行情不息变动而起的劳动。"①

世界货币的问题，必然地要关联到外汇问题，这留待本书第七章再为详细说明。

上述货币的各种职能，绝不是彼此隔离，彼此孤立的，相反的，第一种职能与其他职能之间，均有密切的联系，现在简单的说明如次：

首先价值尺度和流通手段两个职能，就是彼此不可分离地联系着的。当货币执行价值尺度的职能的时候，商品生产者所耗费的劳动已经获得社会的体现了。但是，只是在商品已经和货币相交换之后，即货币已执行流通手段的职能之后，商品生产者所耗费的劳动才被证明为社会必要劳动。所以马克思说："一种商品的变成货币，首先因为

---

① 马克思：《资本论》，第一卷，人民出版社1954年版，第145页。

它是价值尺度和流通手段的统一，换句话说，价值尺度和流通手段的统一是货币。"①

作为贮藏手段的职能也是与作为价值尺度和流通手段的职能密切的联系着的。正因为货币是一切商品价值的体化物，而且它可以和一切商品相交换，它才能够作为贮藏手段的。

支付手段的职能，无论在理论上或事实上都是以上述三个职能之发展为前提的。事实上以现款出卖商品，较之赊售商品的出现更早。当商品以信用方式进行买卖时，首先要求货币尽价值尺度的职能，决定商品的价值，规定债务数额，到了信用期限届满时，货币就表演支付手段的职能而实行债务的支付。其次，货币也可以充做债权债务关系中的支付手段，但要发挥这种职能，必须社会上一部分人手中已积聚了相当的货币，即货币已经尽了贮藏手段的职能。

世界货币的职能，无论在理论上或事实上均以其他各种职能之一定的发展为前提条件。商品流通之扩大到世界的范围，乃是国内市场充分发展以后的事情。如果货币还没有在各国内部执行价值尺度、流通手段和支付手段等职能，它就不可能执行国际的支付手段和购买手段的职能；如果货币没有在国内发挥贮藏财富的职能，即是说它没有成为一般财富的体化物，那么就不能发挥财富在各国之间移转的职能。

第六节　货币的各种职能之历史的发展

货币诸职能的发展，是和商品生产与交换的发展阶段相照应的。因为"货币是以商品交换的一定水准作为前提。各种特殊的货币形态，单纯等价物，或流通手段，或支付手段，或贮藏货币，或世界货币，将因它这种或那种机能的范围不同，或相对重要性不等，指示出社会生产过程相异的各个发展阶段"②。

---

① 马克思：《政治经济学批判》，人民出版社版，第89页。
② 马克思：《资本论》，第一卷，人民出版社1954年版，第180页。

货币的基本职能是价值尺度与流通手段，这即使在商品交换还不发达的时候，就已经发生了。但在前资本主义社会，由于自然经济占统治地位，只是劳动生产物中的一部分，才变为商品，所以货币发挥价值尺度的职能的范围，也是很有限的。

货币在商品价值法则中起着实质的作用，由于价值尺度的职能发生作用，商品的价值获得货币的表现——价格。在商品流通较早的阶段，价格基本上是符合于价值的。中世纪的农民当他需要手工业品的时候，总是把手工业者请到家里去做工，例如缝衣匠在农民家里用农民的料子给农民做工，在这种情况下，农产品与手工业品的价格，基本上是符合生产它们时所耗费的劳动量。

但这并不是说，在前资本主义社会价格与价值没有背离的可能。在奴隶社会，由于奴隶劳动之过分低廉，奴隶主可能按照比商品价值低得多的价格，出卖其多余的生产品。在封建社会，行会规定手工业产品的价格，常在这些商品的价值以上，这些都说明在前资本主义社会，价格与价值不一致的可能。

由简单商品生产过渡到资本主义，绝大部分劳动生产物已变为商品，货币的价值尺度的职能得到很大的发展。不仅如此，由于劳动力之变为商品，货币开始表现这种特殊商品的价值，工资成为劳动力的价格。

在资本主义下，价值发展为生产价格，市场价格围绕生产价格而波动，但这并不是说价值法则失去效力，因为生产价格只不过是价值的变形。

流通手段的职能，在前资本主义时期，虽然也未能有大的发展，但在古代，由于手工业与农业的分工，货币就已经成为联系城乡间的媒介物了。在封建社会初期，由于城市之衰落，广大人民聚集在封建主的领地上过着自然经济的生活，商品流通之极度萎缩，引起流通手段的职能被局限于很小的范围。到了封建后期，城市复兴与工商业的发达，刺激了货币流通的扩大。随着过渡到资本主义，货币作为流通手段的职能得到了大大的发展。

在资本主义条件下，生产资料和生产者相分离，小农丧失了土地

第二章 货币的职能

甚至其他生产资料，为了维持最低劣的生活，必须向市场购买商品，而以前这些东西本来是自己生产的。手工业者丧失了生产资料，变成雇佣工人，他们向市场购买一切生活资料。在这样的情况下，货币作为流通手段的职能就发展到极高的程度。

贮藏手段的职能，在前资本主义时期已经很发达了。在商品流通还不发达的时候，人们努力以一般的社会财富的形式，把货币贮藏起来，这就是原始意义上的货币贮藏，马克思称之为素朴的贮藏形态。在古代，此种职能在非经济的范围起着很大作用，如军事掠夺和被征服者的赔款，由战胜国和掠夺者贮藏起来。到封建后期，大量的货币蓄积在商人和高利贷者手中，同时在小商品生产者手中也握有小额的货币的贮藏。就其性质来说，已发生了相当的变化，因为商人和高利贷者贮藏货币，已经不是素朴的贮藏形态，而是作为商业资本和高利贷资本；小商品生产者贮藏货币，只是在售出了制成品还没有买进原料的时候，就这两种情况来说，贮藏的货币很快的就要投入流通。

在资本主义条件下，贮藏手段的职能并不消失，但是性质则改变了，原始意义的货币贮藏已经丧失了重要性，资本家贮藏货币不是当作一般的社会财富，而是当作社会再生产和资本蓄积的必要因素。资本家贮藏的货币，包括固定资本的折旧基金，暂时闲置的流动资本，和准备用来扩大再生产的剩余价值等。

不仅贮藏的性质变了，其方式也变了。银行制度的发达，资本家自己不再贮藏货币，而把货币存入银行，银行只留下一小部分，其余拿去贷给其他资本家，这意味着贮藏货币的减少和集中。

在国内不流通金属货币而代之以银行券或纸币的条件下，私人在原始意义上贮藏货币的可能性已部分或全部丧失，这种可能性已由发行银行券或纸币的银行所独占——黄金集中在发行银行的库存里。资本主义生产的周期性的危机，引起资本家货币贮藏的必要，因为一旦危机爆发，商品卖不出去，或价格下跌，此时货币是唯一的可靠的财富的体化物。

到了资本主义总危机的阶段，更多的原因刺激资本家贮藏货币，如经济政治情况之不安定、帝国主义战争等。与此同时，资产阶级国家也极力积蓄黄金作为军事上的用途。

货币作为支付手段的职能，在前资本主义时期不很发达，因为那时候以信用买卖商品还很少流行。那时候货币作为支付手段，主要是在商品流通以外，如支付国家的租税等。在封建末期，由于实物地租过渡到货币地租及其他因素，货币的这个职能开始发展了。

只有在资本主义条件下，支付手段的职能才得到高度的发展，这主要是因为此时商品的买卖，特别是批发的交易，大多以信用方式进行；又因劳动力变成商品，资本家要用货币支付工人工资。

世界货币职能也是在前资本主义时期即已发生，虽然那时世界市场还没有形成。但是世界货币的职能，只是在资本主义下才充分发展的，这是由于世界市场的形成和国际贸易的发达，资本输出的增长等因素。这些因素，便使货币成为国际的支付手段和社会财富在国际间转移的手段。

由上所述，可知货币的各种职能，在前资本主义时期都已经发生了，但只是在资本主义下才获得充分的发展。

第三章 货币制度

第一节 前资本主义时期的货币流通

在前面第一章论述到价值形态发展时曾经指出，历史上过渡到金属货币的时期是在第二次社会大分工以后。随着商品生产和交换的发展，发生了第三次社会大分工——商人阶级的出现，金属铸币也渐次出现了。在这以前就是秤量货币的阶段，在交易时要鉴定金属的成色，秤定金属的重量，这对于业已发展的商品货币关系来说，是很不方便的。因此就渐由有势力的商人在金属块上加盖印记，烙有重量和成色的证明，这样就不必秤量了。铸币最初有许多不同的形状，在经过很长时期的演变以后，才过渡到圆形的。就古代世界来说，铸币在希腊出现于公元前第8世纪至第7世纪，在罗马出现于公元前第5世纪。

现在首先谈前资本主义时期货币的币材。希腊是用银做铸币材料，罗马最初用铜，到公元前3世纪中叶以后也用银。但这并不是说在古代的货币的流通中没有金铸币，例如罗马在公元前1世纪时就曾经铸造过金币。但是黄金在当时还不能成为主要币材，因为商品货币关系还没有发展到使用如此贵重金属的程度。

封建社会银铸币仍占主要地位，不过黄金也参加流通，起初是条块，专替巨额交易服务。到了中世纪末期又铸造金币参加流通。从13世纪中叶起，金币在意大利的商业城市铸造出来，后来法、英等国也都铸造金币了。

其次是关于前资本主义时期的铸币权。最初铸币不是由国家而是由私人来铸造的。铸造货币的主要是商人和兑换商以及教会等。当交易还在比较狭小的范围内进行时，著名的商人的印记还起着证明的作用，但是当交易的扩展超越了当地市场的范围时，私人的印记已不生威信，唯一具有威信的机关就是国家。因此，铸币逐渐由私人过渡到国家，而铸币权即为国家所独占。

希腊自公元前6世纪起，铸币权属于城邦，罗马自公元前4世纪起开始由国家铸币，最初铸币权由国民会议行使，后来转移于元老院，最后则归属于皇帝。因为国家具有更大的威信，所以铸币权集中于国家，就会促进货币流通范围的扩大，同时，因为从铸币事业中，可以获得若干纯益，并且也巩固了奴隶主国家的财政和政治权力。

在封建社会，铸币权的分散性，是其货币流通方面的一个重要特点。因为封建主义在经济上和政治上都是割据的，各个封建主铸造自己的货币，在自己的领地内流通。此外，从封建主的统治下独立起来的城邦也铸造自己的货币。例如德意志就有隶属于封建领主的造币局六百所。

再次，是前资本主义时期的铸币变质。在古代就已发生过减低金属货币的成色和重量的事情，例如雅典在公元前407—406年伯罗奔尼撒战争后，曾经发生过镀银的铜币；罗马在布匿战争后，铸币的金属含量减轻为原币的十二分之一，显然的，铸币变质对于铸币的当局是很有利的事情。发生这种情况的原因，是由于奴隶主国家的掠夺战争，造成财政上的亏空，不得不用这个方法来弥补。特别是罗马帝国时代，奴隶经济已逐渐衰落，罗马帝国已经被不断的奴隶革命所削弱，因而被迫大规模地实行这样的铸币变质。

到了封建社会，铸币变质达到了更大的程度。封建主为了维持他的封建机构、军队以及个人的奢侈生活，他的租税和贡赋收入常常不够开支，为了弥补财政上的亏空，他们就有系统地使铸币变质，其例子是很多的。这是中世纪货币流通的另一重要特点。铸币变质的结果，首先是造成货币流通的混乱，成色较差的铸币充斥于市场，重量比较足的和成色较高的铸币则被排斥于流通之外，引起商品价格的高涨等。

铸币变质对于社会各阶级产生不同的影响：国王和封建主直接从铸币变质获得利益，一般大商人和高利贷者也可用种种方法避免损失，商人可以提高物价，高利贷者则提高放款的利息。相反的一方面，被剥夺的是农民、手工业者和小商人。因为他们本钱短少，常常要在卖出自己的商品之后再去买进原料和生活资料，由于货币价值很快的降低，当他们卖出一批商品之后，常常不能购回相等价值的原料；同时铸币变质又刺激国王和封建主增加租税。所以铸币变质的结果，引起封建社会阶级斗争的尖锐化，在中世纪历史上曾经发生过许多次与铸币变质有关的人民暴动，受到封建主残酷的镇压。

综合以上所述，可知在前资本主义时代，货币流通的特点，首先是金银货币同时存在，不过白银占主要地位；其次是铸币权由国家所独占，及其分散的性质；最后，则是大规模的铸币变质。这些特点，都和前资本主义时期货币流通之不稳定及其混乱情况有关。

最后，必须指出：封建的割据和货币流通中的混乱，阻碍了国内市场的扩张和信用的发展，以及正常的商业关系的建立，这些情况对于新兴的资产阶级来说是不能容忍的。因此，随着封建社会过渡到资本主义，各国的资产阶级先后确立了自己的统治，扫除了货币流通中的中世纪残余，最后过渡到集中的定规的货币制度，这种制度在下节加以论述。

第二节 货币的种类与货币制度

货币可概分为三种，即金属货币、纸币和信用货币。本章只讲金属货币，至于纸币和信用货币，则分别在第四章、第五章论述之。

第一项 金属货币的种类

金属货币又可概分为二：一为本位货币；一为辅助货币。

（一）本位货币

本位货币，是一国货币的单位，是价格的标度。本位货币，若用黄金铸造而成，即为金本位货币；若用白银铸造，则为银本位货币。

1933年3月10日南京政府颁布的《银本位币铸造条例》第二条曾规定："银本位币定名曰元。总重二六点六九七一公分，银八八，铜一二，即含纯银二三点四九三四四八公分。"此即旧中国的银本位货币。

首先，金属本位货币的铸造，在法律上虽规定有一定的重量和成色，但在铸造技术上，有时也许会发生细微的差错而与规定不符。为了统一金属本位货币的成色与重量，常常需要特别加以规定，所有铸币的成色重量，不能与法定的成色重量相差过巨，否则即需收回重铸。例如上述1933年公布的《银本位币铸造条例》第五条曾规定："银本位币每元之重量与法定重量相比之公差，不得逾千分之三。"此即规定铸币的差错率，最高不得超过千分之三，此称为公差，即公认的差错率。

其次，本位货币的使用，在法律上，其数量不加限制。例如旧中国《银本位币铸造条例》第八条曾规定："凡公私款项及一切交易用银本位币授受，其使用数每次均无限制。"因此之故，本位货币，又称为无限法货。

再次，金属本位货币的铸造，可由人民以法定成色及重量之货币金属，请求政府的造币厂代为铸造，其数额不加限制，此称为自由铸造。有些国家规定请求铸币时缴纳小额的铸造费（如下述1933年旧中国的《银本位币铸造条例》），有些国家则规定请求铸币者无须缴纳费用（例如第一次世界大战以前的英国）。1933年旧中国的《银本位币铸造条例》第十一条，曾规定银本位币的自由铸造办法如下：

"凡以可供铸币银类，或旧有银币，向中央造币厂请求代铸银本位币者，依左列各款之规定：

（1）银类成色，为千分之九九九者，每元纳纯银二三点四九三四四八公分，加纳币费一元之百分之二点二五。

（2）旧有之一元银币，合原定重量成色者，以银本位币同额兑换之，免纳铸费。

（3）银类成色，不及千分之九九九，或旧有银币之不合原定重量成色者，应按其实含纯银数量申合，每元并加纳铸费一元之百分之二点二五。前项银类或银币，如成色过杂，除照纳铸费外，得酌加炼费。"

金属本位货币，若准其自由铸造，则其名称价值或额面价值必与其材料价值或实际价值相等。因为任何的金属块所有者能把金属块转化为铸币，这就排除了铸币的价值高于它所包含的金属的价值的可能性。并且自由铸造通常是和自由熔毁相结合的，这又排除了铸币的价值低于它所包含的金属之价值的可能性。这样，请求代铸者，无利可图，同时也可借此调剂本位货币的供给与需要之数量。例如金属本位币过少，则金属块可立即铸成铸币，金属块由商品转变为货币；反之，金属本位币过多，则铸币可立即熔毁为金属块，金属块即由货币转变为商品。

（二）辅助货币

辅助货币，又简称为辅币。这是本位货币以下的小额货币，充作零星交易之用，以免除本位货币的不便利。辅币既专供零星的小额交易之用，故其额面价值较小，授受次数较多，而磨损毁灭亦较易。为减少此种损失，铸造辅币时，大都使用卑金属为材料。而且，辅币的实际价值（即币材价值，以下简称为实值）常低于其名义的额面价值（以下简称为名值或面值）。因若辅币的名值（面值）与其实值相等，必发生输出熔毁之虞，零星交易，即感不便。但若辅币的实值低于其名值（面值），熔毁输出，必受损失，辅币即可免除消失的危险。此其一。其二，辅币授受次数较多，易于磨损，为减少其损失，增加其硬度，故须减低其成色，多掺合金。其三，铸造名值（面值）高于实值的辅币，可借此获得若干造币纯益。

辅币的实值既低于其名值（面值），故禁止人民自由铸造，此称为限制铸造制。因辅币不能自由铸造而系限制铸造，故其供给有限。否则，如果辅币过多，则其名义价值，不能与其本位货币保持法定比率，两个半元的辅币，不能换得一元的本位币，这就破坏了辅币与本位货币之间的法定比率。

最后，辅币是专供零星交易和找补之用的，其名值（面值）远高于其实值，它只是本位货币的百分之若干分的价值记号，没有充分具备等价物的资格，故其行使的数量，在法律上有一定的限制。例如

1914年公布的《国币条例》第六条曾规定:"五角银币,每次授受,以合二十元以内,二角一角银币,每次授受,以合五元以内,镍币铜币,每次授受以合一元以内为限。"此即规定辅币的使用,须限于一定的数量,在此限度以内,始为合法货币,故又称之为有限法货。但在事实上,在旧中国过去好些地方,对于辅币(铜元等)之使用,毫无数量的限制,这是因为银本位币缺乏,或地方当局大量鼓铸铜元,强迫流通,剥削人民以图厚利的缘故。

(三)所谓格勒善法则

所谓格勒善法则,是说在一国之内,价值十足的良币与价值不足的劣币,同具无限法货资格,以同一的名义价值在市上流通时,则发生"劣币驱逐良币",良币退藏,劣币充斥的现象。这称为格勒善法则的理由,是因为英人格勒善(1519—1579年)于1559年奉女王伊丽莎白之命,驻于当时的金融中心地比利时,私运金银至英,发现当时成色减低的新币,充斥于市,而成色未减的旧币,则被熔解或被贮藏输出,遂明劣币驱逐良币之理,奏之女王,说明英国的良币之所以流出国外,是因为女王之父亨利八世妄铸劣币的缘故。从而,如欲保持货币的优良状态,就非改革币制,废止铸造劣币不可。这种意见,成为1560年英国改革币制的根据,且在其布告中揭有"劣币驱逐良币"一语。此后,英国资产阶级经济学者马克里特在其所著《经济学概论》一书中,即名此原理为"格勒善法则"。但此法则,决非格勒善所初创,早在14世纪,阿勒逊(1320—1382年)在其所著《货币起源法及改铸论》一书中,即已明白指出了。

格勒善法则,通常显现于下述三种情形:

(1)同一金属的新币与旧币,以同一的名义价值同时流通,其中之一的实际价值较高,而其他如较低时,则实值较高者即被熔解、退藏或输出而被驱逐出流通之外。

(2)金属货币与贬值纸币,同具无限法货资格,等值(同价)流通时,则金属货币必被驱逐于流通之外。

(3)在金银复本位币的国家,金币与银币同为无限法货,且有法定的换算比率(例如金币对银币之法定比价为1:30),但若市场比价与法定比价不一致时,则法定比价较市场为低的本位货币为良币,便会被驱逐于流通之外。例如金银法定比价为1:30,而金银的市场比价为1:35时,则金本位币为良币,而银本位币为劣币,按照法定比价流通的结果,金币必减少,银币必充斥于市。因以金币1枚,在市场上可购35倍的白银,可请政府代铸银币35枚。而以银币30枚即可按法定比价换取金币1枚,再购白银。如此,一转手间,即可套购得利,净赚银币5枚。于是银币日增,金币必渐被熔解、退藏或输出。

利用格勒善法则的作用,减低铸币成色时,可以借此劣币驱逐外国货币,统一币制。但若滥用铸币权力,大量铸造劣币,则一般人民必受其大害。

第二项 货币制度

货币制度是国家用法律程序规定的货币流通的组织形式。正规化的货币制度应该包括四个因素:

一,用什么金属作为货币的材料。这是最重要的一个因素,例如因用金、银或金银并用之不同,就构成不同的货币制度。

二,确定的价格标度,即决定作为货币单位的金或银的重量,例如英国的金镑在1931年以前含纯金7.3公分,在1931年以后降至3.6公分。

三,流通中的货币不只是金属本位币,此外还有价值不足的铸币——用各种卑金属铸成的辅币,还有作为价值符号的纸币和银行券,货币制度应该规定这些铸币的流通和铸造方面的限制,同时,关于纸币和银行券的发行方式和它们与本位币金属之间的联系——如像兑现,这对货币制度也有本质的意义。我们知道在前资本主义时期,有十足价值的货币在流通中是没有划分严格的界限的,所以这是资本主义的货币制度的一个特点。

四,国家的金属准备金。集中到中央发行银行的金属准备金,也是资本主义货币制度的一个特点。因为在封建社会货币金属是分散的蓄积在大封建主、商人和高利贷者的手里。金属准备是一国货币稳定的基础,所以也是货币制度的一个因素。

国家用法律的形式制定货币制度，只能对货币流通加以相当的影响，但不能克服货币流通的盲目法则，即是说货币的流通还是服从于它的内在的盲目法则的。历史上出现过的种种货币制度，以及它们的发展演变过程，都证明了这一点。这在研究过下面的问题以后即可明了。

历史上最早出现的是金属货币制度。金属货币制度可分为两种：一为单本位制，就是一种金属执行货币的职能；一为复本位制，就是两种金属同时执行货币的职能。单本位制又可分为两种：一为银本位制；一为金本位制。复本位制又可分为两种：一为狭义的复本位制，就是国家用立法的程序规定金与银之法定的价值比例；一种是并行本位制，就是金铸币和银铸币按照它们的真实价值比例而流通。这些货币制度分别说明于次：

(一)银本位制

银本位制是以白银的一定量作为价值尺度的单位，作为货币的本位的制度。在银本位制度下，本位货币对于法定的纯银量，要保持着等价关系，即银币的名义价值与其实质价值相等。在中世纪的长时期内，许多国家都采用银本位制，但自1870年代，银价开始降低以来，除了旧中国和其他少数国家以外，别的国家都已先后改行金本位制，故关于银本位制的研究，最好是以旧中国的银本位制为对象。

旧中国的银本位制，在1933年春季以前，是银币和生银同时通用的并行本位制。本来，在民国初年，北洋政府曾经颁布过《国币条例》，以银元为本位货币，采取自由铸造制。因此，从法律上看来，可说是银币本位制。但是在事实上，因为：第一，零售交易虽用银币，而大量的批发交易仍旧沿用各地银两，作为计算的单位；第二，法律上虽已规定本位货币的银币可以自由铸造，而事实上却没有这样一回事；第三，世界各国，对于金属本位货币，虽然没有明文规定可以自由熔毁出售，而事实上是默认的，否则就不足以保持本位货币对于一定金属量的等价关系。但是，在旧中国，银本位币的熔毁是不准许的。从上述三点看来，就可以知道在1933年以前，旧中国的币制，在法律形式上虽是银币本位制，而在实质上可说是银块本位币。到了

1933年春，南京政府实行废两改元。各地用作计算单位的银两名称渐被废止，银元才真正成为旧中国的本位货币，成为一切交易和价格的标度。这时，银币本位制，才算完成。

但是，在银本位国，当作价值尺度单位的白银，因为在发现美洲新大陆以后，各地先后发现了丰富的银矿，加以采银技术的进步，白银价格便继续降低。白银价值的第一次剧跌发生于18世纪。第二次继续不断地银价降低，开始于19世纪60年代末，一直波动到1891年。从这年起银价又猛跌下去。仅仅在1890到1900年这十年内，白银价值差不多降低到70%。最后在1929年至1930年，银价又猛烈下降。这是因为：第一，白银价值极不稳固，时常变动，而黄金的价值则较为稳定；第二，每单位重量的黄金，较之等量白银有更大的价值，这很适合于经济上的要求，因为跟随资本主义的发展，交易渐趋频繁，需要采用价值较大的单位；第三，从19世纪40年代起，黄金产量激增，这不但在经济上、即在物质上黄金也有可能来代替白银了。因此，白银渐被黄金所排挤，它渐次不能充作一般等价物执行价值尺度的职能了。凡是实行银本位制的国家，由于白银价值的急剧变动遂削减白银的流通，且迫使许多国家不能不改行金银复本位制。

（二）金银复本位制

金银复本位制，是以金银二者同时作为本位货币的制度，两者都准许自由铸造，在法律上规定着黄金与白银之间的比价，这称为法定比价。

但是，从货币本来的性质和职能看来，金银虽有一定的法定比价，而实际的市场比价却常常变动着。就是说，金银的法定比价虽然因定不动，而金银的市场比价，却随时在变动。这一点：我们只要回顾过去的事实就可以明白。

年　　度	金银比价
1601—1620年	1∶12.25
1701—1720年	1∶12.21
1801—1810年	1∶15.61

1871—1875 年	1:15.96
1876—1880 年	1:17.81
1881—1885 年	1:18.63
1886—1890 年	1:21.16
1891—1895 年	1:26.56
1896—1900 年	1:33.48
1901—1905 年	1:36.03
1906—1910 年	1:35.57
1911—1915 年	1:36.57

据上表可知：直到19世纪的80年代为止，金银比价在大体上是1与15之比，此后银价渐次降低，到了20世纪，就变为1与36之比了。倘若金银的实际比价发生变动，则充作货币的金银就不能不相克了，因为如果金银的法定比价是1:15，而现实的比价为1:36，则金币的现实价值高于法定的名义价值，因而与其使金币充作货币而流通使用，远不及把它熔毁、贮藏或输出时的利益。这样，市价高于法价的货币，就会从流通界被驱逐出来，被人熔毁，变为商品，而只剩下银币流通；反之，倘若金价下跌而银价上涨，则银币被驱逐、被熔毁、输出，变为商品，而只剩下金币流通，执行货币的职能。所以在金银复本位制度下，因为事实上不能维持金银市价与法定比价相一致，有时银的法价太高，有时金的法价太高，于此"恶币驱逐良币"的格勒善法则便发生作用，致使国内流通或为金币，或为银币，很难有两种货币同时并行，其结果，复本位制不能实行，有时忽成银本位制，有时忽成金本位制。从这点可以知道，人们把金银复本位制又叫着交替本位制，不是没有理由的。

关于复本位制在理论上的错误，及其在实践上的失败，我们且引证"政治经济学批判"上一段古典的文章，加以说明。"在金与银依法同时当作货币，即当作价值尺度而并存的地方，总有把它们当作同一物质来处理的徒劳无益的尝试。如果假定，当同一劳动时间物化在金银上的时候，金和银固定不变地总是保持着同一比例，实际上，这就是假定金银是同一物质，而银这种价值较低的金属是金的一个固定不变的分数。从爱德华三世起到乔治二世时止，英国币制史经历了一连串的混乱，引起这些混乱的，是金银的法定价值比例同它们的现实价值波动之间的冲突。时而高估了金，时而高估了银。估价过低的金属退出流通，被熔化和输出。于是两种金属的价值比例再用法律修正，但新的名义价值，不久又同从前的名义价值一样，与现实的价值比例发生同样的冲突。现代，由于印度和中国需要银，引起金的价值暂时比银略微低落，在法国就大规模地发生上述现象，银被输出，被金逐出于流通之外。一八五五年、一八五六年和一八五七年，输入法国的金比从法国输出的金超过四千一百五十八万镑，而从法国输出的银比输入法国的银超过一千四百七十万四千镑。实际上，像法国这样两种金属都是法定价值尺度、两者在支付中都具有强制接受的效力、谁都可以任意采用其中的一种来支付的国家，价值上涨的金属有贴水，它同其他商品一样用估价过高的金属计算它的价格，而其实也只有估计过高的那种金属才起着价值尺度的作用。总结这方面的一切历史经验，只是说明依法有两种商品尽价值尺度机能的所在，事实上总只有其中的一种保持着这种地位。"①"所以，事实上证明了，价值尺度的二重化，是与它的机能相矛盾的。"②

从货币制度的历史看来，金银复本位制是资本主义原始积累时期（16 世纪至 18 世纪）的典型货币制度。这是从中世纪末叶金银同时流通的情况继承下来的。这一时期正是新兴的资产阶级开始克服货币流通的混乱现象而加以整顿、逐渐成为正规化的货币制度的阶段。

在金银复本位制度下，从开头就不规定金银两者的法定比价，任其自然、并行的使用，这种制度就叫做金银并行本位制。但是，这种办法只有使两者的比价变动更猛烈，从而这个制度不能长久维持。例如 19 世纪 70 年代以前德国所实行的复本位制。

所谓的金银跛行本位制，是过渡到金本位制的制度，这承认金银

---

① 马克思：《政治经济学批判》，人民出版社版，第 45~46 页。
② 马克思：《资本论》，第一卷，人民出版社 1954 年版，第 84 页。

是无限法货，只许金币的自由铸造，但不准许自由铸造银币。其实，在这里名义上白银虽是货币，而事实上只是一种商品，没有发生货币的作用，所以事实上这是一种金单本位制。例如拉丁货币同盟各国在1878年实行的货币制度。

(三)金本位制

金本位制，是以黄金为本位货币的制度。由于具体的货币法规和实际运用的不同，各国的金本位制，在形式上难免有一些差别。从法制的、半技术的观点看来，金本位制可以区分为下列几种：

(甲)金币本位制　金币本位制，是典型的正常的金本位制，也就是第一次世界大战前世界各国所采行的金本位制，普通所说的金本位制，就是指这种金币本位制。在金币本位制下，第一，铸造一定重量和成色的金币，作为无限法货在市面上通用；第二，金币可以自由输出输入，黄金的所有者有请求将生金铸造为金币的权利；第三，金币的所有者能够自由熔毁金币为生金。因为金币能够自己铸造，自由熔成生金，自由输出输入，故本位货币的价值，可能与一定量的纯金保持等价关系。在国内，金本位币的名值(面值)与其实值相等；在国外，其国内价值与国外价值相等。

在此金币本位制度下，国内物价与对外汇率，以及黄金的流出与流入，有盲目自发地调节作用。例如，某国因贸易入超而现金流出过多，金融紧缩，利率高涨，物价跌落，则该国之输出，将逐渐有利，输入逐渐不利，贸易将自逆势(入超)转为优势(出超)，现金逐渐回流。反之，某国若因贸易出超而现金流入过多，金融扩张，利率下跌，物价上涨，则该国的输出，将逐渐不利，输入转趋有利，贸易即将自优势转为逆势，现金逐渐流出。如此上下波动的结果，有促使国内物价水平与世界各国的物价水平相平的货币。

故在金本位制度之下，各国物价虽时有涨跌，因黄金能自由输出输入，调节其间，物价与外汇的涨跌，不至甚巨。此为金币本位制的自发地盲目调节作用。

自18世纪末19世纪初，英国首先过渡到金本位制，但此时其他国家仍实行复本位制，如美国、德国以及拉丁同盟各国。接着在

1871年德国实行金本位，1873—1876年瑞典、挪威、丹麦实行金本位制，1878年有拉丁同盟各国，1897年帝俄及日本也均实行了金本位制，而1873—1900年美国也过渡到金本位制。

在第一次世界大战前，各国金本位制，都属于金币本位制，大都铸造金币。金币不只是纸币的正货准备（即中央银行的准备金），而且在市面上还实际行使金币，因而国内通货，主要是金币和银行（兑换）券。但自1914年至1918年的第一次世界大战以来，各国为了防止黄金逃避，采取管理黄金的政策，禁止黄金输出，或停止银行券兑现，这样，向来准许黄金在国内与国际间自由移动，而且以此为其前提条件的金币本位制度，就不能维持了。继此而起的，是金块本位制。

（乙）金块本位制　金块本位制又叫做生金本位制。在金块本位制之下，第一，金币在国内流通上决不使用，只行使纸币、银行券、辅币等；第二，不许银行券兑换现金，不许自由铸造金币；第三，由政府或中央银行，按照一定的价格，收买一切现金，使现金集中。国内的金币、金块（生金）存于中央银行作为准备金。这样，在国内虽说不铸造行使金币，表面上好像没有黄金的存在，而实际上黄金仍为货币的本位与基础。在1925年到1931年9月的这一段时期中，英国放弃金币本位制之后所采行的新金本位制，就可以说是属于金块本位制。但欲维持金块本位制，第一，必须国际收支平衡或逆差减至最低限度；第二，必须有大量的黄金足以供应对外支付之用。因此，在缺少黄金或国际收支处于逆差状况的国家，不能不另采其他的金本位制。

（丙）金汇兑本位制　金汇兑本位制，又叫虚金本位制。在金汇兑本位制下，在国内既不铸造行使金币，又不一定要有金准备，惟必须与一金本位国的货币制度密切联系，使本位货币对于该金本位国保持一定的比率，并需存储准备金于这一有密切联系的金本位国。因此金汇兑本位国必然在对外贸易及财政金融上被那一金本位国所控制。

金汇兑本位制的主要特点为：

（1）在国内行使的通货为银币和银行券（此代表银币），两者均为无限法货；

（2）银币的价值，由于对外国金币有一定兑换率，乃不受所含纯银的价值的决定，而受所能兑换的金币价值的决定，故银币事实上为外国金币的代表货币；

（3）银币既为金币的代表货币，其名值（面值）自必高于其实值，故不许自由铸造以图利；

（4）银币的金平价，是由金汇兑本位国与金本位国所商定，其具体表现为银币对金币的固定外汇汇率；

（5）为了维持金平价，维持银币对金币的固定比率，必须存储巨额生金、金汇于货币联系的金本位国的金融中心地（如纽约、伦敦），作为结算一切收支之用，这叫做外汇基金。

由此可知，实行金汇兑本位制的国家，对外用金，对内用银，可于外汇上避免银价降低的损失。例如第一次世界大战前，印度由银本位制过渡到金本位制时，就实行金汇兑本位制来防止银价猛跌。但在第一次世界大战后，经过这次币制纷乱之后，许多国家为整理币制，恢复金本位，大半向较强的帝国主义国家（特别是向英国）信用借款，把借款得来的金汇，作为本国通货的金准备；同时，更用以充作结算一切对外收支之用。因此，金汇兑本位制，在第一次世界大战后，很广泛地被采用了，包括德国、奥国、丹麦和挪威等国家。这个事实说明了弱小国家的币制，依存于较强的帝国主义国家的货币，美金、英镑掌握着资本主义世界的货币霸权。

这就是从法制的、半技术的观点看到的金本位制的几种不同形式。

第三节　帝国主义时期的货币制度

前节叙述了货币制度的主要类型，这些货币制度都是属于金属货币制度的范畴。随着资本主义的发展，金属货币制度本身就不断地演变着，金币本位制就演变成金块本位制和金汇兑本位制，就是显明的例子。

第三章 货币制度

此外，随着资本主义的进一步发展，又出现了金属货币制度以外的一种货币制度，这就是货币流通完全由不兑现的银行券或不兑现的纸币所构成的银行券制度或纸币制度。

但是，即使在金属货币制度的条件下，一国的货币流通也不仅限于金属铸币，因为资本主义的发展，生产和商品流通的增长，超过了贵金属产量的增加。所以除了金属铸币之外，在流通中还有银行券和纸币。

因此，根据银行券和纸币的性质及其在流通中的地位，必须分别三种不同的情况：（一）由金属币和（与有完全价值的铸币兑换的）银行券所构成的货币流通；（二）完全（正确的说是差不多完全，因为还有金属辅币在流通）由兑现的银行券所构成的货币流通，不铸造金币本位币；（三）完全由不兑现的银行券或不兑现的纸币所构成的货币流通。在第一种情况下，无论银行券在流通中占多大的比重，货币制度仍属于金币制度的类型，因为银行券可以自由兑现为黄金。例如法国在1913年，流通中的铸币数量为10363000000法郎，而银行券为5665000000法郎。

在第二种情况下，流通中没有金铸币，而是与金块兑现的银行券，这也是金本位制，但这是削弱的金本位制，因为黄金仍然执行价值尺度的职能，但作为流通手段的职能则被剥夺了。

在第三种情况下，货币制度已具有另外的性质。虽然这种货币在本质上仍然是黄金符号，但是它们已经不能代表固定的黄金量，因为它们不能被用来交换黄金，这便是银行券制度或纸币制度。这是资本主义总危机时期的典型的货币制度。

前面已经说过，自18世纪末至19世纪初叶，英国首先从复本位制度过渡到金本位制度，然而其他的资本主义国家，却在长时期内尚停留在复本位制的阶段，这就是说，在长时期英国曾经是唯一的实行金本位制的国家，当时英国资本主义的发展，远超过其他国家，掌握了世界工业、商业和金融业的霸权。这反映出当时各资本主义国家经济发展水平的差异是很大的，由于资本主义的发展，还具有相对和平发展的性质，所以一国要在较长的时期内，才能超越他国。这是和前垄断资本主义时期的特点相适合的。

到了19世纪末叶,从前较英国落后的国家,由于资本主义的迅速的发展,促使它们都先后过渡到金本位制。随着资本主义发展到帝国主义阶段,各国经济发展水平更加不平衡,而且具有飞跃的性质。由于某一些国家在很短的时间内超越了其他的国家,造成帝国主义间势力的对比不断地变化,后起的国家就和发展较早的国家展开了激烈的斗争,夺取商品销售市场、原料产地和资本输出的范围,企图重新瓜分世界的殖民地。在这样的经济政治的情况下,此时的资本主义货币制度,显现出几个特点,略述如下:

第一,金本位制成了帝国主义间相互斗争的工具,表现在各国之间争夺黄金的斗争,因为握有更多的黄金就能加强其在世界舞台上的地位。新兴的帝国主义强盗——德国,从1900年至1913年,它的国家银行的黄金存量就从501000000马克增加至1170000000马克,即增加到两倍以上。

第二,金本位制成了帝国主义控制和掠夺其他殖民地的工具。例如印度的货币制度。在1893年以前,印度实行着银本位制,由于19世纪70—80年代白银猛烈贬值,引起卢比对英镑的外汇行市之猛烈下降,这样便妨碍了英国商品对印度的输出,与英国帝国主义的利益发生冲突。因此英国迫使印度于1893年废除银本位,把卢比的汇价按固定的比率同英镑联系起来,形成一种殖民地类型的金汇兑制度,使卢比依附于英镑,成为它的附属的本位币。这样,英国便可以把商品和资本大量输入印度,并且控制了印度的币制。

第三,金本位制基础开始削弱,形成破坏币制稳定的前提条件。首先,由于资本主义各国发展之愈加不平衡性,引起世界黄金分配量也愈加不平衡,世界黄金存量的三分之二集中在美、英、法、德、俄五国,其他国家则失去了货币的黄金准备。保有黄金准备的国家,在流通中的黄金相对缩小,集中于中央银行作为战争的准备。这两点都引起流通中黄金数量的减少,从而削弱了金币本位制的基础。

由于军国主义的成长,各帝国主义国家因财政支出的激增,遂利用纸币的发行作为供应军费开支的手段，这就破坏了纸币对黄金自由兑现之可能性。

在垄断资本主义条件下，帝国主义各国树立了很高的关税壁垒，妨碍了商品的自由输出或输入，在相当程度上妨碍了黄金在国际间自由移动。

由于上述各种因素，削弱了金本位制的基础，不过此时还未达到使资本主义货币制度崩溃的程度，在第一次世界大战以前，金币本位制仍继续发挥作用，但到了资本主义总危机阶段，金币本位制终于崩溃了。

在第一次世界大战及战后，金币本位制已表现出崩溃的征兆：各国银行券停止兑现，大量发行纸币，禁止黄金输出等等。

随着资本主义相对稳定阶段（1924—1928年）的到来，许多国家企图恢复金本位制，但在总危机条件下，已不可能恢复金币自由铸造和银行券自由兑现。世界黄金存量分配的不平衡性更甚了，在1913—1924年这个时期内，美国的黄金存量大大地增加了，而其他国家的黄金存量则锐减了，因此，只能实行新形态的金本位制度，即上面所说的金块本位制和金汇兑本位制。

这两种货币制度虽仍系金本位制，但已经是削弱了的金本位制，因为，在黄金流通的场合，通过货币作为贮藏手段的职能，流通中的货币量得以盲目的被调节，所以还能保持货币流通的相对稳定。但在这两种制度下都取消了黄金的流通，这个盲目调节的机构已被破坏。流通中的货币量就不能和商品周转的需要相适应，必然引起金融物价之极不稳定。此外，在这两种货币制度下，银行券兑现为黄金，受到严重的阻碍，如英国规定银行券换为金块须在1700英镑以上。这使银行券的信用，易于动摇，从而使整个货币制度处于不巩固的状态。

新的金本位制之削弱的、不稳定的性质，很快就暴露出来。1929—1933年的经济危机，引起资本主义货币制度的危机，结果金块本位制和金汇兑本位制都告崩溃，此后绝大多数国家再也不能恢复金本位制，而走上不兑现纸币和银行券的货币制度。

总结以上所述，我们知道：前资本主义时期，还没有正规化的货币制度；在原始积累时期，资本主义的典型货币制度是金银复本位制，随着资本主义的发展，在产业资本主义（前垄断时期）时期，典型的货币制度是金币本位制。也就是说，直到前垄断阶段，资本主义货币制度是向上发展的。可是到了帝国主义和总危机时期，金块本位制和金汇兑本位制代替了金币本位制，并且很快地过渡到不兑现纸币的制度。这就是说，从帝国主义阶段开始。资本主义货币制度已经是并非向上发展而是每况愈下了。

第四章　纸币与通货膨胀

第一节　纸　币

第一项　纸币的本质

通常所谓纸币，可分为不兑换纸币与兑换纸币两种。前者是由国家发行，具有强制通用力，不能用以兑换金属货币的纸券。这可以简称为国家纸币。后者普通是指由银行发行，可用以兑换金属货币的银行兑换券或银行券。本节所讨论的纸币是指前者而言，至于银行券则留待第六章说明。

纸币，是金银铸币的一种象征。"纸币是金的记号或货币的记号。它和商品价值的关系，是由这样构成：商品价值观念地由这个金量表现，这个金量则象征地可感觉地由纸去表现。"①为什么会有此种象征的货币出现呢？

在前面第二章第二节，论及货币充作流通手段的职能时，我们曾经说过：因商品流通而引起的"货币的流通，使铸币的实在内容与名义内容（即铸币的金属存在和它的机能存在）相分离。这事实，隐含着一种可能；在铸币机能上，金属货币可以用由别种材料造成的记号或象征来代替"②。在商品的流通过程中，"商品交换价值的独立表现，在此，只是一个很快就归于消灭的阶段。它会立即再由别的商品

---

① 马克思：《资本论》，第一卷，人民出版社 1954 年版，第 124 页。
② 马克思：《资本论》，第一卷，人民出版社 1954 年版，第 121 页。

代替。所以，在这个使货币不绝由一个人手里转到别个人手里的过程内，单有货币的象征的存在，已经很够。……货币，当作商品价格之暂时的客观的反映，本来不过是当作它自己的记号来发生机能，所以能够由记号代替"①。就是说，货币发挥流通手段的职能不过是只能作为商品流通之转瞬即逝的媒介者，因此之故，相对的无价值的纸券，可以用来代替价值十足的金银铸币，执行流通手段的职能。所以说，"狭义的纸币，是从货币的流通手段机能发生的"②。这完全不依存于国家的权力。

这里所说的纸币，是指那种有强制通用力的国家纸币。但不要因此就误解，以为纸币是由国家的一纸法令所创造的。国家不过是利用这种价值符号代替金属货币的可能性，来达到它的目的，并且也不是在所有历史时代中国家都能利用纸币的发行。我们已经知道，在封建社会，统治阶级是广泛地利用铸币变质，只有当集权的民族国家出现，和广泛的民族市场发生以后，国家才能大规模地使用纸币。国家只不过是在一定经济条件下才有利用纸币发行的可能性。而纸币之所以发生作用，即纸币可以现实地代表金银铸币，成为金银的象征，这个事实本身，决不是由国家活动的性质、国家的权力而来的。因为货币象征或价值象征之所以能成立及其所以能发生独立的作用，是由流通手段的本质而发生的，换言之，即由金银铸币本身的流通过程演变来的。纸币最初出现于原始资本积累时期，以 17 世纪末叶北美洲发行的纸币为最早，在 18 世纪末叶，纸币的流通已经在美国和法国获得广泛的流行。

纸币跟银行券是不相同的。因为"狭义的纸币，是从货币的流通

---

① 马克思：《资本论》，第一卷，人民出版社 1954 年版，第 124～125 页。
② 马克思：《资本论》，第一卷，人民出版社 1954 年版，第 122 页。"金因何可以由无价值的记号来代替呢？我们讲过，它只在它充作铸币或流通手段的机能被孤立或独立化的限度内，能够被代替。这种机能的独立化，不会对于个别的金铸币发生，虽然它会由金片磨损之后仍能继续流通这件事表现出来。"（马克思：《资本论》，第一卷，人民出版社 1954 年版，第 124 页）。

手段机能发生的;信用货币(指银行券——彭)则在货币的支付手段机能上面,有它的自然的根源"①。国家发行并通用为法定货币的纸币,是价值符号、价值象征之完备的形态,而且是直接发生于金属流通或单纯商品流通中之纸币的唯一形态。纸币没有实际的保证,国家的有价证券普通就是纸币的名义上的保证者。但当作信用货币的银行券,则以银行的信用为基础,除了黄金以外,它还以代表商品周转的商业票据为保证,它被完全不同的法则所支配。这就是纸币异于银行券的地方。

第二项 纸币流通的法则

纸币既然是价值符号,是价值象征,是金银货币的代表,那么,纸币要在怎样的范围内,或者到怎样的程度为止,才能代替金银货币呢?这就关联到流通所必需的货币数量的问题。

我们知道:在一定的时期,一国内部的商品流通所必需的货币数量是由以下几个条件决定的:(一)市场上流通的全部商品的总价格;(二)在信用交易之下赊卖出去了的商品的价格;(三)信用契约满期时的支付额;(四)货币的流通平均速度等等。

倘若市场上流通的银圆(货币),超过流通所必需的数量,那么,多余的银圆,一部分退出市场转变成贮藏货币,一部分输出到海外,甚至或许有一部分要熔化为银器。反之,倘若银圆减少到流通必要量以下而发生不够的现象,那么,一部分就由贮藏货币出动来补充,一部分则由海外输入或从国内银矿的生产来补充。因此,白银铸币即银圆的实际流通数量,跟流通所必要的数量,有趋于一致的倾向。

这时,假设除了银圆以外,还有纸币在流通;再假设在一定的时期,国内有 1 亿元的银圆和 1 亿元的纸币存在。倘若流通所必需的货币数量不在 2 亿元以下,则纸币可以跟银圆同时使用。因为在实际上,假如银圆只能供给流通必需的货币数量的一部分,而不能满足全

---

① 马克思:《资本论》,第一卷,人民出版社 1954 年版,第 122 页。

部需要,就必须供给一部分纸币。投入流通里的纸币数量,如果没有超过流通上不够的银圆数量(1亿元),则由纸币所代表的价值,跟银圆的价值是相等的。

倘若流通所必需的货币数量依然是2亿元,如果纸币增加发行1亿元,则纸币的总额达2亿元。国内的银圆有1亿元,而纸币有2亿元,于是货币数量共为3亿元,超过流通必需的货币数量(2亿元)1亿元。这个超过的过剩的1亿元,就要从流通手段转变成贮藏手段,这是我们说过了的。那么,究竟是哪一种货币退出流通界而变为贮藏手段呢?

只要想"贮藏"货币,谁也要先挑选价值完全的或足价的银圆来贮藏。于是,1亿元的银圆渐次脱离流通界,藏到人们的袋里和箱子里,在流通界里只有2亿元的纸币留了下来。但是,只要流通所必需的货币数量仍然是2亿元,那么纸币还是能够充分地成功地执行银圆的职能,即1元的纸币跟1元的银圆一样,能够买到同样的商品。

所以,在额面上印有1元(或5元、10元等)的货币名称的纸币,倘若由国家从外部投入流通,其额面总额只要是在货币的最低限度的流通必需量以下,没有超过这个限度,就能够完全代替同一额面的银圆流通。这种纸币,完全代表银圆的价值,纸币的价值没有降低,在这个意义上就确保着"纸币的价值",从而,纸币的运动,就只反映货币(银圆)流通的法则。所以马克思说:"印有一镑五镑等货币名称的纸券,是由国家从外部投入流通过程中。如果它们现实地只代替同名称的金额来流通,它们的运动就只反映货币流通的法则。一个为纸币流通所特有的法则,只能由纸币代表金的比例发生。这个法则单纯地就是说:纸币的发行,必须被限制在没有纸币作为象征的代表时现实流通所必须有的金或银。"① 这说明了纸币的发行额,不能超过流通所必需的货币(金或银)的总额。如果纸币的数量超过了这个总额,情形就会完全变化,纸币即将贬值。

例如,流通所必需的货币数量依然是2亿元,而纸币增加到了3

---

① 马克思:《资本论》,第一卷,人民出版社1954年版,第123页。

亿元。这样，需要的是银圆 2 亿元，而实际有 3 亿元的纸币，于是在额面上印有"壹圆"的纸币，在流通上，不是代表银圆 1 元的全额，而只代表其三分之二，即只能代表 66 又三分之二圆。此时，纸币所代表的价值，降低三分之一，用纸币 3 元才能购买的商品，显明的，在价值上只等于银圆 2 元的价值。

在这里，或许有人要提出一个问题，那就是：流通所必需的只是 2 亿元，而国家发行的纸币倘若是 3 亿元，则多余的 1 亿元的纸币，不是恰像多余的银圆那样，要脱离流通，而变为"贮藏手段"吗？

我们试设多余的 1 亿元的纸币变成贮藏手段了。那么，纸币发行的三分之一被贮藏起来，流通里只有 2 亿元，即恰好等于流通所必需的数量。在这种场合，只要多余的纸币 1 亿元是被贮藏起来，则由正在流通的纸币所代表的价值，在实际上不会降低。

然而，这种情形只有在"理论"上才可能，在实际上是行不通的。

在实际上，多余的、过剩纸币的全部，决不能周年四季随时都贮藏在箱里。贮藏起来的纸币的一部分，无论如何也要回到流通过程里去。贮藏着纸币的农民想用钱买农具或肥料，存款者要把存款取出来用。这样，假设贮藏的纸币 1 亿元中，今天有 1 千万元回到流通过程里，则在流通里现刻就有 2 亿 1 千万元的纸币。然而，流通所必需的依然只是 2 亿元。市场虽然只需要换算为银圆值 2 亿元的货币，但纸币有 2 亿 1 千万元；这 2 亿 1 千万元的纸币，只能代表 2 亿元银圆的价值，因而，显明的，纸币所代表的价值降低了。纸币所代表的价值，即使稍微降低了一点，也就不得了。人们感觉到纸币当作贮藏手段是不够格的，贮藏纸币的意欲消失了。于是，其余的纸币 9 千万元也会很惶急地跳了出来。任何一人只要察觉到纸币减价，就要赶快想法避免损失，于此大家都想把纸币变成现实的有价值的商品。其结果，纸币所代表的价值愈加降低，印有"壹圆"的每张纸币，就不能代表银圆 1 元的全部价值，而只能代表其三分之二了。这是因为纸币 3 元能买得的商品，在价值上只能等于银圆 2 元的价值。纸币的减价，显现为商品价格之一般的腾贵。因为印有"壹圆"的每张纸币，倘若只能代表银圆 1 元的三分之二的价值，则一切商品的价格，如用纸币来表现，就不能不上涨50%（因为以前值2元的东西，现刻值3元，即涨价一半了）。同样，纸币倘若减价至十分之一，则物价就上涨至10倍；物价的腾贵率，普通是跟纸币的减价率成正比例的。这种情形，恰像国家把价格的标度和货币的本位降低了，以同样1元的纸币，来作为从前的三分之二乃至十分之一的分量的黄金（或白银）代替品。这种场合，也就是普通所谓的"货币贬值"的场合。

那么，在理论上，为什么超过流通必要量以上的过剩的纸币，不能够从流通中排除呢？为什么一旦投入流通中的纸币，跟金银货币不同，不得不停在流通中，而不能自动地脱离流通呢？这是"因为国境界碑既阻止它们流出，而它们在流通过程之外，一切价值——不论使用价值或交换价值——都丧失"，所以"纸票一经进入流通，就不可能再脱离流通"①。有些人固然也把纸币从流通中取出而贮藏起来，但这决不是基于纸币的性质，而是因为贮藏纸币的人的错误。这恰像银圆虽然有时被它的所有者遗失，但这决不是因为银圆的性质，而是因为它的所有者的不注意。

第三项 纸币的价值

纸币，不是因为它具有价值才流通，而是因为流通才有价值。因为只有在流通过程中，纸币才能代替足价的或价值完整的货币，从而纸币才会具有从金银货币身上反射出来的价值。这就是纸币的价值的"来源"。

纸币的价值要怎样决定呢？

我们知道：纸币在流通中所代表（或代替）的金币（或银币）分量倘若是2亿元，则纸币的数量应为2亿元；倘若是1亿元，则应为1亿元。纸币之所以是价值的代表、是价值标记，仅仅是以纸币代表流通范围里的金（或银）为限度。例如，流通所必需的货币数量是2亿元，则流通所必需的金币（或银币）也应该是2亿元，假如用纸币来代替金币（或银币）流通，则纸币的发行最多不能超过2亿元，在这

---

① 马克思：《政治经济学批判》，人民出版社版，第85页。

个限度内，纸币才能是价值标记，是金币（或银币）的价值的代表。因此，纸币的价值仅依纸币的分量而决定。所以"纸币的发行，必须被限制在没有纸币作为象征的代表时现实流通所必须有的金或银。"这就是"一个为纸币流通所特有的法则"①。这个法则只能从金属货币的流通法则引伸出来。

纸币仅能是金属货币的记号，它不能直接表现商品的价值，因为，商品先要和有实际价值的货币相比较，才能取得价格形态，然后作为流通手段的黄金白银才能被纸币所代替。离开有实际价值的货币，商品的价格形态是不能形成的。机会主义者和改良主义者希尔费丁在其所著"金融资本论"上，歪曲了马克思的货币理论，他认为：纸币的价值不是依存于黄金的价值，不是依存于有实际价值的货币，而是直接由商品价值总额所决定的。这是极端错误的说法。我们知道：不论何时何地，纸币都不是而且不能以商品价值之直接代表的资格出现在流通领域的。因为起初，商品价值在一般的商品——黄金或白银——中获得盲目的体现，采取价格形态，然后作为流通手段的黄金或白银才能被纸币所代替。所以马克思说："价值符号直接不过是价格的记号，因而是金的符号，它间接地才成为商品价值的符号。"②希尔费丁之所以错误地把纸币解释为商品价值之直接符号，使纸币与黄金割离开来（即割断纸币与金属货币间的一切联系），并且把纸币流通解释为"克服"资本主义商品生产无政府状态的因素，是因为它那"有组织的资本主义"的反革命理论，需要这样的主张作"理论基础"的缘故。

让我们把上面的说明概括一下吧。

纸币，是由国家法令规定具有强制通用力，而从货币的流通手段的职能中发生出来的。

因此，纸币，只有在流通过程中才能代替足价的（或价值完全的）货币，才是金币或银币的价值的代表或价值标记。

---

① 马克思：《资本论》，第一卷，人民出版社 1954 年版，第 123 页。
② 马克思：《政治经济学批判》，人民出版社版，第 81~82 页。

从而，纸币的价值，是从金币或银币身上反射来的（恰像月光是从日光反射来的一样）；纸币不是因为有价值才流通，乃是因为流通才有价值。所以纸币一经投入流通，即使过剩，也不能像金币或银币那样，自动地脱出流通过程，变为贮藏手段。

纸币价值的大小，是被纸币数量的多少所规定。纸币的数量，倘若超过了实际上流通所必需的货币数量，则发生减价的现象。这样，"如果说，已知商品的交换价值，则流通中的金量决定于它自己的价值，那么，纸票的价值决定于流通中纸票的数量。如果说，流通中的金量随商品价格的涨跌而增减，那么，商品价格似乎是随流通中的纸票数量的改变而涨跌。如果说，商品流通所能吸收的金铸币有一定的数量，因而流通中的货币量的交替地发生紧缩与扩张乃是必然法则，那么，似乎纸票不论多少都可以纳入流通"①。在这里，就潜伏着通货膨胀的可能性②。这是关于纸币流通及其价值的决定的法则。

第四项　评所谓"纸币本位"

我们知道：要含有社会必要劳动的一定量的有用物品，要有价值的东西，才是商品；只有是商品，才是别的商品的等价物；只有是一般的等价物，才能是货币商品。一个商品，必须先有充作价值尺度的职能，而且还要有充作流通手段的职能，才是货币，换句话说，必须是这两种职能的统一物才是货币。把纸券、革片等其本身不能当作一般的等价物的东西，而只能当作货币的代替品或价值的标记之类的东西，误认为可以当作货币本身的幻想，就是基于误解货币为单纯的流通手段的错觉。这个错觉更由纸币流通的各种现象而越加强化。于是许多人就以为纸币所执行的流通手段的职能便是货币所执行的一切的职能；以为纸币也能够行使本位货币的职能，因而有主张所谓"纸币本位"的谬说。

早在19世纪50年代，富拉吞就已有过"纸币本位"的主张，他

---

① 马克思：《政治经济学批判》，人民出版社版，第87页。
② 关于通货膨胀，详见本章以下各节。

说："就我们的国内贸易来说，通常由金银币实行的一切货币机能，可切实由不兑现纸币来实行。不兑现纸币也能有货币机能的事实，我想，是任何人不能否认的。只要发行量能有限制，这种只依法律取得人为价值的纸币，也等于固有的价值，也得行使本位货币的机能。"

但是，"纸币本位"的主张，即纸币"也得行使本位货币的机能"的主张，却有如下几点错误：

第一，我们不能认为因为货币商品可以在流通上为价值标记所代替，所以当作价值尺度和价格标度的货币商品，也成了不必要的了。纸币虽是从流通手段的职能发生的，能够充作流通手段，但因纸币本身没有价值，从而不能充作价值尺度和价格标度，"行使本位货币的机能"。

第二，货币除了执行流通手段的职能以外，还必须执行贮藏手段、支付手段、世界货币等种种职能；这些职能，决不是本身没有价值的纸币所能执行的。所以，在现实上，纸币本位制是不可能的。纸币只能在一国内部通用。在清算国际借贷时，就必须是金属即本身有价值的货币，这样一来，为了避免贸易的扰乱，在国内流通的货币的价值，也必须跟国际支付手段维持同样的状态。

第三，我们知道：纸币要能够完全发挥作用，纸币价值要不降低，它的发行数量就不能超过流通所必需的货币数量的最低限度；但是，在这个限度内，纸币只是充作实质上的辅助的流通手段的职能。在别方面，只有纸币的发行数量超过了"妥当的界限"时，才能够代替必需流通的货币的全部；但是，发行数量在超过了那个界限时，纸币就必然的要减价。这就是说：纸币对于货币的流通手段的职能，也不能完全代替发挥。

所以，在历史上，伴随着纸币的发行，纸币往往变成国家的一种征税手段。虽然曾经有许多人，在理论上，或在实践上，有意识的，或无意的，想把纸币充作货币的本位，但其唯一的"成绩"，结局只是证明了"纸币本位"的不可能。因为纸币不过是——金或银——货币的代替品；纸币既不是货币本身，便不能充作货币的本位。

第二节 通货膨胀及其阶级本质

本书第二章曾经说明了金属货币的流通法则,流通所必需的货币量,依存于商品价格总额及货币的平均流通速度。但在资本主义经济条件下,如何使实际参加流通的金币数量,与流通所必需的货币数量相适合,是不能够自觉的加以调节的。因为资本主义本来就是无政府状态的经济结构,在金币流通的情况下,通过金币流通法则的盲目的、自发的作用,实际参加流通的金币量,能够和流通中所必需的货币数量相适合。因为金币本身就有内在的使用价值和价值,而且能够作为贮藏手段和世界货币,所以当一国的金币数量超过了商品流转所需要的时候,过剩的金币就会退出流通界成为贮藏货币或输出国外。只有当商品的周转确已扩大(基于商品生产和交换本身的原因,例如产业繁荣时期商品生产和流通量的扩大,或如秋收后农民对于工业品需要的增加等),过剩的金币才能被吸收进流通的范围,就是说货币退出贮藏而进入流通。通过这样反复的过程,实际参加流通的金币数量,终能和商品周转所引起的货币需要量相适合。

在银行券流通[①]的条件下,由于银行券是在商品周转的基础上发行的,而且银行券能够直接兑现为金币,所以当流通中的银行券超过商品周转的需要时,银行券就会通过兑现而回笼到银行。

但是,在纸币流通的情况下就完全不同了。上面谈到纸币流通法则的时候曾经指出:纸币既没有内在的价值,只是在流通中代替金币执行流通手段和支付手段的职能时,才成为价值的记号。这种价值记号,例如1元或5元的纸币,在表面上看来好像是国家规定下来的,实际上却绝不是这样,只有当纸币的数量实际上等于流通所必需的金币量时,1元或5元的纸币才等于1元或5元的金币,否则,假如纸币的数量超过了流通所必需的金币时,1元或5元的纸币可能等于半元或2元半的金币,这种情形乃是流通过程对于纸币过多发行之盲目

---

① 详见本书第六章第三节。

的反作用的结果，就是纸币的贬值。

　　由于纸币的过多发行而引起纸币贬值的现象，就是通货膨胀的基本内容，可是必须把纸币贬值和通货膨胀的概念加以区别。纸币贬值可能由三种不同的情况所引起：（一）纸币的过度发行；（二）对纸币信任的丧失（由非经济的原因所引起的）；（三）由于国际支付差额的恶化，引起对于黄金的巨量需求，从而发生纸币对黄金的"贴水"现象。

　　由于商品价格的波动所反映出来的货币贬值（无论是金属货币或纸币），也要和通货膨胀加以区别。我们知道：商品价格的波动，有时是由于商品方面的因素，有时是由于货币方面的因素。在金币流通的条件下，由于劳动生产率的提高所造成的黄金价值的下降，也能引起商品价格的上涨，这就是由货币方面的因素所引起的。但在商品方面也有许多因素造成其价格上涨。例如在产业繁荣时期，商品的需要扩大，商品价格水平提高了，而货币的价值则相对地跌落下来；反之，在经济危机时期，由于普遍的供过于求的现象，商品的价格剧烈下跌，此时货币的价值则表现上升，但却不是由于货币方面的因素引起的。所以，必须把通货膨胀和货币贬值的概念加以区别。资产阶级的学者，竟把这两个概念混淆起来，他们认定危机时期商品价格的普遍下跌，乃是所谓"通货紧缩"的结果。这是他们企图借助这种概念的混同，来说明危机不是资本主义生产方式不可避免的产物，而是流通界中的货币量变化的结果，以达到为资产阶级辩护的目的。

　　以上所述只是通货膨胀的基本内容。我们在分析通货膨胀的本质时，还必须包括很重要的一点，那就是它的阶级的意义。

　　资产阶级国家过度地发行纸币，经常是和它的预算赤字相关联的，特别是在战争时期的预算赤字。资产阶级国家所以采取这样的方式来弥补财政上的亏空，并不是偶然的。因为通货膨胀会引起有利于剥削者和有害于劳动人民的国民收入的再分配，通过这样的再分配，就可以暗中剥夺人民大众的一部分收入，流入资产阶级及其政府的荷包里。早在1917年十月革命以前，列宁就曾经指出："滥发纸币是最坏的一种强迫公债，它正使工人和贫民底生活状况最为恶化。"①

为了进一步说明这一点，必须分析通货膨胀对于资本主义社会的各阶级和各阶层不同的影响。

首先，通货膨胀对工人阶级是很不利的。因为在通货膨胀条件下，货币工资的增加赶不上生活资料价格的上涨，同量的货币，只能买得较少的生活资料，致使实际工资反而减低。但在相反的一面，资本家正因实际工资的跌落而得到很大的利益，主要是因为实际工资之降低意味着劳动力的价格远在其价值之下，由此获取超过通货稳定时期的利润的超额利润。第二次世界大战期间及战后，美英各国的资本家在通货膨胀的年代中，获得巨额的利润，便是很好的证明。

通货膨胀对于资本家，还有其他利益。因为实际工资的下降造成商品成本的减低，他们就以低于国际市场的价格出卖商品，打败他们的竞争者。同时，外汇行市的波动与国内物价的波动之不成比例，又造成外汇倾销的基础，这也是对于输出业的资本家有利的。

商业资本家在通货膨胀中也获得利益，因为通货膨胀的过程是不平衡的，同一商品的价格，在各地发生很大的差异，价格的波动也极端的不平衡，这种情形就为商品的投机创造了有利的条件。

通货膨胀对于一般的货币资本家是比较不利的，因为他们的利息收入固定在货币额上；不过大银行资本不在此例，因为他们可以把货币换成商品、有价物——股票或外国货币。在帝国主义时期，当银行资本已与工业资本相结合而成为金融资本的时候，银行债务贬值，就使金融资本家剥夺了小的存款者。

其次，小商品生产者——农民和手工业者，也遭受着通货膨胀的巨大损害，他们要把生产的商品卖给中间的商人，因此涨价的好处都落在投机者手中，但是贫苦农民在购买工业品时，小手工业者在购买原料时，都要支付很高的价格。

---

① 《列宁文选》两卷集，第二卷，苏联外国文书籍出版局1950年中文版，第124页。

一般中下级职员在通货膨胀中实际收入减少了，因为他们的薪金不会随着物价的高涨而能按比例的增加。

最后，通货膨胀对于地主和富农也是有利益的。因为他们占有大量的粮食和农业原料，同时他们又雇用贫苦雇工从事农业生产，由于通货膨胀，使雇工实际的工资降低，外汇行市下降，因而扩大了农业生产品的输出，均使地主的收入得到大量的增加。

总括以上所述，可知通货膨胀的本质，简单地说，就在于：资产阶级国家所发行的纸币，超过了商品流通所必需的货币量，因而引起纸币贬值，物价高涨，产生有利于剥削阶级，有害于劳动人民的国民收入再分配。通货膨胀是剥削阶级用以压榨劳动人民的隐蔽而毒辣的手段。因此，通货膨胀会引起阶级矛盾的加深，引起无产阶级和资产阶级间的阶级斗争的尖锐化。

第三节　通货膨胀过程及其对于国民经济的影响

当纸币发行超过流通中所需金币数量时，流通过程就会发生盲目的、自发的反作用，致使纸币贬值，造成通货膨胀的现象。但是这个过程却不能机械地理解，不能认为通货增加若干倍，纸币就贬值若干倍，或者说物价就上涨若干倍。即是说，纸币的贬值和纸币的发行量的增加，并不一定成比例。只有当流通对于金币的需要量为不变时，纸币的贬值才和纸币的发行量成比例。可是纸币的增发，常常是和流通对于金币的需要量有一定的联系，有时会使后者扩大，有时又会使之缩小。例如，当通货膨胀才开始时，商品流转量可能扩大一些①，或者流通速度可能减低一些（社会上一部分人因对纸币暂时还保持着信任而把纸币贮藏起来），或者以信用出卖商品的量减少了；这些因

---

① 通货膨胀的最初阶段，也可能伴随着商品流转的扩大，因为纸币暂时还没有贬值，增发的通货在某种程度上可能引起对于生产资料和生活资料需要的增加。但到了相当时期以后，由于纸币的剧烈贬值，就会引起工农大众的更加贫困化，即有支付能力的需要为之缩减。

素都会促成流通所必需的金币量的扩大。在这样的条件下，纸币贬值的程度，比发行的增加要慢些。这在通货膨胀的最初阶段是常有的情形。

相反的情形：通货膨胀如果是用来弥补财政上的赤字，特别是作为军费上的支出，其结果，民用工业的生产量缩减了，商品流转量也必然缩减，或者，纸币流通速度加快了（特别是当人们觉察到纸币贬值的威胁，很快把纸币换成实物的时候），这些也都是促成流通所必需的金币量的缩减，在这个时候纸币贬值的程度比发行增加还要快，当通货膨胀已达到严重的阶段时，即会发生这种现象。

以上就是通货膨胀过程中的两个阶段。

通货膨胀不但在发展过程上是不平衡的，而且就其对于物价的影响来说，也是不平衡的。在通货膨胀过程中，各种商品价格的上涨，先后既不一致，程度上也有差异，这取决于引起通货膨胀的具体情况。通货膨胀引起纸币对黄金的贴水，给黄金带来了虚幻的"价格"，此时黄金又被看做一般的商品，纸币对黄金的贴水，原则上应该和物价的上涨相一致，但也不完全是这样。当通货膨胀初期，因为人们还不迫切需要黄金来贮藏，所以贴水比物价涨得少些，到了一定的阶段，纸币的信誉已告破产，持有人很想早日脱手，在来不及处理时，只好换成黄金贮藏起来，此时贴水可能比物价涨得还高。

通货膨胀又引起外汇行市下降。在原则上，外汇行市的下降是与纸币和黄金相比的对内贬值程度相适应的。例如，假设英镑对于美元的汇率是1镑等于4美元（这是由英镑和美元的含金量决定的），再假定在通货膨胀下英镑（纸币）对黄金来说贬低四分之一，则1镑只等于3美元了。

但是，事实上并不如此简单，因为有许多因素影响外汇行市的波动。例如当一个国家因国际收支的恶化而对黄金与外汇有很大的需求时，此时外汇行市的下跌更厉害。此外，外汇政策也有影响：例如在1929—1933年的经济危机时期，许多国家曾经人为地压低本位币的外汇行市（运用外汇平准基金，高价收买外汇的办法），以实行外汇倾销，此时，外汇行市的跌落，比纸币在本国的贬值更厉害。

第四章 纸币与通货膨胀

这是通货膨胀过程的大概情况。

接下来,让我们谈一下关于通货膨胀对于资本主义经济所产生的破坏性影响:

(一)通货膨胀对生产方面的影响:在大多数场合,资本主义国家大量发行通货,常常是和军费支出有关系,所以由通货膨胀所得的货币资金,都投放在军事工业的生产上去了,致使民用生产部门为之萎缩。其次,由于纸币的剧烈贬值,资本家感觉前途变化难测,生产事业因资本周转期间较长,往往极感不利,反而不如用在商品流转上,特别是用在投机性交易上去。最后,通货膨胀既然使工人、农民和其他小资产阶级的经济情况恶化,就会缩减对商品的有支付能力的需求,这就潜伏着经济危机①。

(二)对于贸易的影响:在通货膨胀条件下,贸易是极不正常的,商品运动是追随地域间价格的差异,而不是作为生产和消费间的媒介。投机猖獗,囤积居奇,这些现象在解放前的旧中国是早已见惯了的。

(三)对于对外贸易的影响:通货膨胀引起外汇行市的低落,在此基础上就可以实行外汇倾销。但在通货没有贬值的国家,就会采取关税壁垒来对付,结果就破坏了国际间的正常贸易关系。

(四)对于货币—信用制度的影响:通货膨胀对债权者是不利的,因此无论是在国内或在国际间,谁也不愿意把钱借出去,因为偿还时只能得到贬值的货币,所以通货膨胀削弱了信用的基础。其次,通货膨胀会引起货币制度的崩溃,因为纸币非常快的贬值,即使用作计算货币也是很不方便的,这时人们就会用黄金或外国货币来作为计算单位。这就是说,纸币已不成其为价值的记号了。若更进一步,人们拒绝使用货币,回复实物交换,那就是纸币作为流通手段、支付手段的职能也被剥夺了,这时,整个货币制度已告崩溃。

(五)对于财政的影响:纸币的发行,本来主要是解决财政上的

---

① 我们并不否认通货膨胀在一定时期一定程度内,可能刺激生产,但是那只是暂时的现象,随着通货膨胀的发展,上述破坏性的作用是会愈来愈大的。

困难的，可是通货膨胀的结果，由于纸币很快的贬值，发行纸币所收入的实际数额急剧下降，甚至于纸币的价值还不及它的印刷费用，这不仅不能解决困难，反而会增加一些困难。同时，通货膨胀对全部经济生活的破坏作用，也必然缩减其他的国家收入的财源。

综上所述，可知通货膨胀对于整个资本主义经济是有破坏性的影响的，随着通货膨胀的发展，这种破坏性更明显的表现出来。

第四节 通货稳定

从以上第二节和第三节所述，我们知道通货膨胀一方面引起资本主义社会阶级矛盾的尖锐化，另一方面又对于资本主义经济发生破坏性的影响。但是，自私自利的资产阶级，在生产无政府状态的资本主义条件下，既不愿意也不能够关心国民经济，他们仅关心自身的利益。因此，通货膨胀常被这些资产阶级加以自觉的利用，以便进一步掠夺工农和广大人民，达到他们损人利己的发财的目的。

但是，随着通货膨胀的发展，特别是由前一阶段逐渐过渡到后一阶段，通货膨胀的破坏性后果，一天比一天更明显更扩大，如上面所说的在商品生产和流通以及财政信贷各方面的破坏性的后果，开始损害了资产阶级的利益。同时，阶级斗争也更趋尖锐了，这样更加对资产阶级不利，工农和广大人民群众由于生活困难而激成的革命运动的高涨，使他们感到不利和害怕。

因此，在一定的条件下，资产阶级国家要想法使通货得到稳定。

所谓稳定通货，主要是设法排除流通中的贬了值的纸币，恢复价值记号与黄金记号的正常关系，即是说恢复兑现。普通有三个方法：

（一）恢复 这个方法就是恢复纸币或银行券之兑现为黄金，将纸币或银行券的价值提高到同名称的金属本位币的价值。在前垄断资本主义时期，用这种方法来稳定通货的历史实例很多。如19世纪初叶在英国、美国，以及1879年在法国（普法战争以后），都曾经用这种方法来稳定通货。我们且举一个较早的实例来说明。1815年英国和法国的战争结束以后，英国财政收支好转，不兑现银行券的发行量缩减了，从而纸币对黄金的贴水降低了。同时，英国对外贸易的好转又引起黄金流入英国。这就具备了稳定通货的一些必需条件。英国的资产阶级也很关心英镑的稳定，以便维持英国的世界金融中心的优越地位，乃于1821年恢复银行券兑现为黄金，而且是按照原有的平价。当时银行券的贬值还不十分严重，也是造成用这种方式来稳定通货的前提条件之一。

（二）废弃　这是和第一个方式相反的方法。国家宣布贬值的货币记号的支付能力为无效，重新发行一种可以兑现为金币的银行券，例如18世纪末叶法国就曾经宣布它原来发行的纸币无效，而以另一种货币去代替。这种方式常常是在纸币贬值特别厉害的时候实行的。

（三）通货减值　这是上述两种方法之间的折中办法。国家宣布银行券或纸币恢复兑现，同时则减轻本位货币的含金量。例如19世纪末叶，俄国在长时期的纸币流通之后，由于资本主义在俄国的发展，资产阶级很关心通货的稳定，乃于1897年实行银行券兑现，同时将卢布的含金量减少了三分之一。

通货膨胀固然对劳动人民不利，通货稳定也是对人民不利的，为什么呢？

通货稳定，是要在资本主义经济发展的时候，至少是在资本主义经济稳定的时候，才有可能。商品生产量的增长，商品流通的扩大，对外贸易的增长，黄金储存量的增加，财政收支的好转等等，都是实行通货稳定的先决条件。但在资本主义条件下，经济的发展，再生产的扩大，输出商品的增加，在某种程度上都是意味着对工人阶级剥削的加强；而财政收支的好转又必然以增加广大人民的租税负担为基础。

通货稳定，无论采用哪一种方法，其结果都是有利于资产阶级而有害于人民群众的。譬如，在采用废弃的方式时，一般人民手中所保有的原来的纸币被宣布为无效，他们辛辛苦苦得来的钱财就这样被剥夺了，而资产阶级却常常可能事先把这些纸币转化为实际的有价物。在采取恢复的方式时，对于那些金融资本家特别有利，因为他们从前用贬了值的纸币放出去的债，现在收回来的都是有完全价值的货币。更重要的是，无论采用恢复或通货减值来稳定通货，其结果都要引起货币流通量的人为的收缩，因为实行稳定通货时，必须从流通中排除一部分货币。这样，人为的缩减货币的流通量，可能造成信贷的紧缩，其结果会在一定程度上引起生产的缩小，从而增加工人的失业。

第五节　资本主义总危机时期通货膨胀的尖锐化

在第一次世界大战期间，由于庞大的军费开支（只参战各国的直接军事支出，即达二千零八十亿美元），以及资产阶级国家有意识地将军费负担转嫁于劳动人民肩上，于是在这些国家中纸币的发行大量地增加了。例如，在战争时期内，英国增加了差不多十倍，法国增加到五倍半，德国增加了十一倍以上。同时生产和商品流通的总数却大大地减少了，这便引起了大规模的通货膨胀。

第一次世界大战结束后，通货膨胀更加尖锐化，英、德、法等国在战后不同的年份里（一九二〇——一九二六年），达到通货膨胀的顶点。例如一九二〇年英国的通货流通量较一九一三年增加到十二倍，一九二六年法国的通货流通量较一九一三年增加到十倍以上，而德国则于一九二三年达到了天文学上的数字——四十九万六千万万亿马克[①]。引起战后通货膨胀尖锐化的主要因素是：战争所引起的生产衰退，国家预算的赤字，以及资产阶级有意识地将战后的重担转嫁于劳动者。

通货膨胀引起物价的剧烈上涨，例如德国的批发物价指数在一九二三年十一月超过了战前水平一万六千亿倍，法国的批发物价指数在一九二六年七月超过一九一三年水平的八倍以上[②]。

在前垄断资本主义时代，通货膨胀只发生于个别国家，但是第一

[①]　参见布列格里：《资本主义国家底货币流通与信用》，上册，人民大学版，第135页。

[②]　参见布列格里：《资本主义国家底货币流通与信用》，上册，人民大学版，第136页。

次世界大战及战后的通货膨胀,则具有国际的规模,不仅英、法、德、俄等国,比、意、奥、匈、巴尔干诸国和日本都发生过尖锐的通货膨胀。

战时及战后的通货膨胀所引起的社会后果也是空前的严重。工人阶级实际工资剧烈下降,例如1923年德国许多城市的实际工资降低到战前水平的30%。而在另一方面,资本主义的大财阀则因无产阶级和劳动人民的贫困化而致富。列宁指出:"……不容争辩的经济事实指出极少数人的财富难以置信地剧增了,闻所未闻的奢侈超越了一切界限,而在同时,工人阶级的困难则更加强了。"①

万恶的法西斯匪徒发动了企图征服人类的第二次世界大战,牺牲了千百万人民的生命,使世界人民遭受巨大的物质损失和担负庞大的财政开支。据不完全统计,这要比第一次世界大战的开支增大5倍半(11540亿美元)。资本主义国家把军费开支负担转嫁于劳动大众的一种方法就是通货膨胀。

据统计,从1939年到1945年,美国的货币流通量增加4.1倍,英国增加2.6倍,法国增加3.8倍,德国增加5.7倍,而同时各国的银行存款总额也增加了数倍至十余倍②。但是,在所有的资本主义国家中,只有美国在战时生产有过较大的增长(由于军事工业的膨胀),但其工业生产量从1939—1945年也不过增加二倍弱。从这里可以看出通货膨胀的巨大规模。

商业银行存款的增加,也有很大程度的通货膨胀的性质,因为这些存款的来源是这样的:这些国家都曾发行过国库券或公债券,其中大部分是由发行银行和商业银行吸收,各商业银行于收受此项债券后,即对国库开立往来账户,然后这些国家的政府为了支付垄断资本家的货款(如军事装备等)而开出支票,资本家就向银行提示,将此项款额转入他的存款账内。很显明的,这些存款是和经济周转的需要

---

① 《列宁全集》,第二十五卷,俄文第三版,第337页。
② 参见布列格里:《资本主义国家底货币流通与信用》,上册,人民大学版,第145页。

毫不相关，而是和弥补预算赤字有关的。此外，银行也将所收存款大量地投资于国家有价证券。

在第二次世界大战条件下的通货膨胀与第一次世界大战时期的情形不同，这次的通货膨胀包括资本主义世界的所有国家（连美国也在内），而在第一次世界大战时期，通货膨胀还未发展为全世界的规模，因为美国和欧洲的中立国都保持着金本位。同时，纸币发行的增长较之第一次世界大战时，也在更大的程度上具有通货膨胀的性质。因为第一次世界大战前夕，还实行着金币流通，所以在增发的纸币中，一部分不过是替换早已处在流通界的金属货币，并没有发生通货膨胀的作用。但在第二次世界大战的前夜，全部货币流通都已经是由不兑现的银行券所构成的了。最后，第二次世界大战时期内，通货膨胀还有一个特点，就是商品价格的上涨，远远落在纸币数量增长之后，引起这种现象的原因，除了这些国家的反动政府所公布的价格指数大大削减了货币贬值的程度而外，战时物价管制，对若干日用必需品的限额分配等，也有一定的作用。

第二次世界大战结束后，资本主义国家的通货膨胀更尖锐化了。例如美国，现金数量的少许缩减远不及划拨的（银行的）支付手段的增加。这样，支付手段在流通中的总数，自1945年末的1023亿美元增至1950年11月的1150亿美元①。同时货币贬值则以更有力的速度进行着，"根据官方显然虚报的数字，一九五一年美元的购买力只等于一九三九年的百分之四十三，英镑只等于百分之三十二，法国法郎只等于百分之三点八，意大利里拉只等于百分之二弱"。②

战后通货膨胀之更加尖锐化，主要是由于庞大规模的军费开支，这些军费开支，是以美英为首的帝国主义侵略集团，用于反对苏联和人民民主国家而进行的扩军备战。在战后的三个预算年度（1946—1947年，1947—1948年，1948—1949年）内，光是直接军费，在美

---

① 参见亚特拉斯："两个世界底货币制度"，十月出版社版，第146页。
② 马林科夫：《在第十九次党代表大会上关于联共（布）中央工作的总结报告》，人民出版社版，第11～12页。

国就有 400 亿美元，这大约比战前三年的直接军费总数大 13 倍；英国为 32 亿英镑，这差不多比战前三年内直接军费总数大 4 倍①。美国直接军费在"一九五二——一九五三会计年度增加到五百八十二亿美元，现在此项军费占美国全部预算百分之七十四，而在一九三七——一九三八年度则只占百分之十四；同一时期内，英国的军费从一亿九千七百万英镑增加到十六亿三千四百万英镑，占总预算的百分之三十四，而战前时期只占百分之十七；法国的军费现在几乎占全部预算百分之四十"②。

此外，引起战后通货膨胀尖锐化的因素：

（一）为保证垄断资本的高额利润，这些国家的反动政府取消了物价管制。例如，美国战后通货膨胀的发展，是和 1946 年废除臭名远扬的物价管制有密切关系的。在垄断资本压力下，美国在 1946 年中的物价管制即逐渐放松，而至 1946 年 11 月即完全废除。在废止物价管制后的一年中，肉类价格上涨了 80% 以上，脂肪与油脂上涨了两倍以上等等，资本主义垄断组织的利润也同时和物价跳得一样的厉害；在 1947 年春季，228 家公司的利润与 1946 年春季相较，增加了三倍以上③。

（二）在战时由于限制民用工业的生产和居民的消费，因而处在无用状态中的那些货币积蓄，现在可以用来购买商品而流通了；同时货币的贬值又刺激货币持有者尽可能很快地把自己的货币转化为商品，这就加速了货币的流通速度。据美国"联邦储备公报"的资料，在美国的金融中心——纽约，1943 年往来存款中货币资金流转的速度较 1938 年低 18.4%，1945 年接近了战前的水平，1946 年就达到了这个水平，而 1948 年则已超过这个水平。④

---

① 参见布列格里：《资本主义国家底货币流通与信用》，上册，人民大学版，第 152 页。

② 马林科夫：《在第十九次党代表大会上关于联共(布)中央工作的总结报告》，人民出版社版，第 11 页。

③ 参见亚特拉斯：《两个世界底货币制度》，十月出版社版，第 209 页。

④ 参见亚特拉斯：《两个世界底货币制度》，十月出版社版，第 213 页。

（三）美国通过贷款和"马歇尔计划"等侵略方式，奴役西欧各国，使西欧各国不得不按很高的价格从美国输入商品，致使进口货的昂贵引起各国国内物价普遍上涨。同时，"马歇尔计划"也促使美国自己通货膨胀的恶化。这是因为依靠美国纳税人所供给的"马歇尔计划"经费亿万美元的拨款，加大了预算的赤字；又由于根据这个"计划"把美国商品供给西欧各国，缩减了美国国内商品的流转量，使美国的垄断资本可能维持较高的物价水平以获取最大利润。

（四）生产的衰退。在美国，工业生产在战争的年代内曾显著地增加过，并于1943年达到最高水平，但是后来猛烈地缩小了，在1948年仅为1943年的80%；但流通中的货币量则毫未减少，从而造成商品周转和货币流通量之间的不相适应。美国的工业生产量，"……只是由于对朝鲜人民发动了战争并转而加紧军备竞争才重新上升，因而一九五一年比一九二九年增加了一倍"。"战争和通货膨胀的因素固然造成了暂时的景气，但同时却使资本主义国家的经济发展带上了片面的军事的性质。……同时，经济军事化使得这些国家用增税手段来榨取人民的金钱。这一切就把资本主义国家的预算变成亿万富翁掠夺人民的手段，大大缩小人民的购买力，降低对工业品和农产品的需求，急剧削减民用品的生产，并造成严重的经济危机到来的条件。"[①]不仅美国，其他的资本主义国家，一般都是如此。

第二次世界大战期间和战后的通货膨胀，由于无产阶级的贫困化之加深而给垄断资本带来巨额利润。例如美国大公司在战争年代（1940—1945年）支付租税以后的利润总数超过了550亿美元，差不多超过它们在战前六年利润的三倍；而1946年则达128亿美元，1947年为181亿美元，1948年（根据不完全的资料）为208亿美元。在1949年，利润仍继续增长着：例如美国25家最大的垄断组织的纯

[①] 马林科夫：《在第十九次党代表大会上关于联共（布）中央工作的总结报告》，人民出版社版，第5、12页。

利润和1948年相比，增加了330%。①

自美帝国主义发动侵略朝鲜的战争以后，更加刺激着垄断资本利润的增加。在1950年秋季，即在美国侵略军侵入朝鲜之后，美国五百个主要的公司的利润达1560000000美元，而在1949年的同一时期则为1010000000美元，即增大了54%②。"即使根据缩小了的官方统计，美国垄断资本家的利润就已从一九三八年的三十三亿美元增加到一九五一年的四百二十九亿美元，即增加了十二倍。"③

另一方面，工人阶级的实际工资则更加下降了，例如美国1948年末实际工资指数仅为1939年的79.3%，其他国家则更低④。美国发动侵朝战争后，引起了各种物价的普遍上涨。1950年8月11日的批发物价总指数自264（侵朝战争发生的前夕）增加到307.6，或者说增加了16%。美国政府在1951年1月中发布了"冻结"工资与"稳定"物价的命令，大多数物品的价格都是"稳定"在该国从未有过的最高水准之上。但是，尽管如此，"稳定物价管理局"早在1951年2月末即赶快发出对许多物品，其中也包括衣服、鞋子、纺织品、家用什物在内，撤销其零售价"冻结"的命令。所谓"稳定"物价实际上只是一种欺骗手段。⑤

"在法国和意大利，一九五二年工人的实际工资不及战前的一半，而在英国则比战前低百分之二十。在美国，根据电气工人工会的统计材料，生活费几乎比一九三九年上涨了两倍。尽管军事生产日益扩大，资本主义国家的失业和半失业人数仍在不断增加。在意大利和

---

① 参见布列格里：《资本主义国家底货币流通与信用》，上册，人民大学版，第146、155页。

② 参见亚特拉斯：《两个世界底货币制度》，十月出版社版，第223页。

③ 马林科夫：《在第十九次党代表大会上关于联共（布）中央工作的总结报告》，人民出版社版，第13页。

④ 参见布列格里：《资本主义国家底货币流通与信用》，上册，人民大学版，第156页。

⑤ 参见亚特拉斯：《两个世界底货币制度》，十月出版社版，第222、225页。

联邦德国，失业人数超过一九二九——一九三三年世界经济危机最严重的年份的水平；在意大利完全失业者有二百多万，半失业者为数更多，联邦德国完全失业和半失业的人数几达三百万。在日本，完全失业或半失业的将近一千万人。在美国完全失业的不下三百万人，半失业的有一千万人。英国的失业人数也在增加，已超过五十万人。比利时这样一个小国，也有三十万人失业。"[1]

因此，在第二次世界大战以后通货膨胀的类锐化，引起劳动人民的更加贫困和失业，并使阶级斗争日趋激烈，在美国和其他资本主义国家都发生了蓬勃的罢工运动，严重地震撼着垄断资本的统治。

---

[1] 马林科夫：《在第十九次党代表大会上关于联共（布）中央工作的总结报告》，人民出版社版，第14页。

第五章　信用及其形式与作用

第一节　借贷资本的发生及其本质

在讨论借贷资本以前，先简单地说明一下高利贷资本——借贷资本的先驱者。

马克思将商人资本和高利贷资本称为是资本的"洪水前期的形态"，就是因为高利贷资本在资本主义以前很早就发生了。早在原始公社制社会崩溃的时候，随着原始公社之分裂为富裕家族和贫穷家庭，财富积蓄在部分家族，而另一些家族极感缺乏时，就造成了高利贷放款的基础。在起初是为实物的形式，而后来则发展为货币的形式。高利贷在原始公社制社会过渡到奴隶社会的过程中，促进了原始公社制社会的加速崩溃。

到了奴隶占有制社会，高利贷资本得到很大的发展，因为小生产者由于频繁的战争和天灾等常感入不敷出，常常"求助"于高利贷者，同时，奴隶主为了种种开支，亦须向高利贷者借款，所以马克思说高利贷有两种形态："第一是以货币贷与奢侈的阔人，基本上就是贷与土地所有者；第二，是以货币贷与自有其劳动条件的小生产者，那包括手工业者，但特别是农民。"①

在封建社会，高利贷也很发达。因为在封建经济中，农民和手工业者的小经营是非常不稳固的，譬如说受到战争和灾害的影响，或者牲畜的丧失等，都会使小生产者不能进行再生产，甚至生活也成问

---

① 马克思：《资本论》，第三卷，人民出版社1954年版，第771~772页。

题，此时就得"求助"于高利贷者，而受其盘剥。同时封建贵族也是高利贷者贷放的对象。但无论贷放的对象是谁，剥削的对象都是劳动的农民，因为封建贵族为了支付高利贷的利息，必定加强对农奴的剥削来取偿的。

高利贷对于生产起着破坏的作用，譬如说，封建主为了支付高额的利息，必然加紧剥削农奴，破坏生产力的增长，其结果会造成封建经济的衰落。所以马克思说："它（指高利贷者——彭）不改变生产方式，而是紧紧地寄生在它上面，使它变为穷困的。它吮吸着它的血，破坏着它的神经，并强迫再生产在日益悲惨的条件下进行。"[1]

在由封建经济过渡到资本主义的过程中，高利贷资本起了相当的推动作用。因为高利贷信用使资本聚积在一些人手里，同时又使许多人丧失了生产资料，在资本主义生产方式的基本条件具备之后，就成为工业资本和雇佣劳动的物质基础。

但是高利贷资本又起着保守的作用，因为它本身是不能够创造任何新的生产方式的，但对那种保证它有最广泛活动地盘的生产方式却有保守的倾向。列宁在其所著《俄国资本主义底发展》一书中，曾批评民粹派认为高利贷的存在使资本主义不能在俄国农村发展的看法是错误的，因为小商品经济在不停地分化着，因而在小商品经济上必然滋生着资本主义，而且在俄国公社乡村中，资本的作用不只转入高利贷，而且也能转入生产。同时，列宁并没有忽视高利贷的保守的作用，所以列宁说："我国乡村中商业资本与高利贷资本底独立发展，阻碍着农民底分化。"[2]这就是说，高利贷能提供给货币资本家以高额的利息收入，从而妨害他们向工业方面投资。

当资本主义经济开始发展起来的时候，高利贷就成了资本主义发展的障碍。因为高额的借贷利息吞噬了全部或几乎全部的利润；而同时，一般贸易的发展，特别是海外贸易的发展，迫切需求信用的扩张，高利贷者及其垄断的利息不能满足这种要求。于是新兴的资产阶

---

[1] 马克思：《资本论》，第三卷，人民出版社1954年版，第774页。
[2] 列宁：《俄国资本主义底发展》，人民出版社版，第158页。

级就和高利贷者展开不调和的斗争,特别是在十六十七世纪这种斗争表现很激烈。这种斗争有种种的方式,包括法律和宗教的方式。但是,这些方式都没有多大的效果,最有效的方法,必须取消高利贷者在贷款事业上的垄断地位。早在12—14世纪,在当时资本主义的中心的威尼斯、热那亚,就出现了信用组合(商人们组织的),17世纪在阿姆斯特丹和汉堡等地创设起最初的银行,就是资本主义银行的先驱者。

借贷资本是在资本循环与周转的基础上发生的。在资本的循环中,产业资本不断的采取一系列的形态:货币资本形态、生产资本形态和商品资本形态。在这种循环过程中,资本的某些部分会在货币的形态上被闲置起来。例如,固定资本在没有重置以前,折旧基金必须以货币形态贮蓄起来。剩余价值在没有积累到相当的数额以前,也是如此。此外流动资本的暂时腾闲也不可避免,如像有些工业(例如一部分农产品加工工业)有季节性,在清淡的季节需要较少的资本,而在开始生产的季节,需要较多的资本;在需要较少资本的季节,就会有一部分资本在货币形态上闲置起来。从产业资本中游离出来的货币资本,就是借贷资本的一个重要的来源。

此外,借贷资本的其他来源是:货币资本家(不把资本投资于工商业,而专门把资本借贷给别人而收取利息的)的资本,以及社会各阶层的人们的货币收入之一部分,以储蓄方式汇集起来形成的资本。

借贷资本具有如下的主要的特殊性质:

第一,和机能资本不同,借贷资本的所有者没有把它直接运用到商品的生产(工业),也没有直接用到商品的流通(商业)。只是在这种资本借贷给机能资本家后,才能成为发挥机能的资本。因此借贷资本有其独特的运动形态:G(货币)—G'(货币),这和产业资本与商业资本的运动形态都不同。

第二,机能资本家为什么需要借贷资本?因为借贷资本能给他带来利润。资本家借到钱,用去购买原料,支付工资。商品生产出来了,工人创造的剩余价值便以利润形式归还给资本家。从这种情形看来,借贷资本很像商品,不妨叫做"资本商品"。但它的使用价值却与一般商品不同，它的使用价值就是给资本家带来利润的能力。一般商品的让渡形式是一手交钱一手交货的买卖，而"资本商品"则只是单方面的让渡。马克思在考察生息资本时曾指出："……研究它当作商品是依照什么特别的方法来卖；那就是，它不是永远出让，不过是贷与。"①

第三，借贷资本的所有者不经营任何业务，却不劳而获的取得收入——利息，在表面上看来，好像货币能自行"繁殖"，好像苹果树生长苹果一样，这就是借贷资本的拜物教性质。但如深入的观察，就会发现它的剥削性也最显著。因为产业资本家的占有他人无酬劳动，有时还被掩蔽着，因为他们好像参加了管理企业的活动，但借贷资本就连这一掩蔽也不存在了。

由上述可知，借贷资本是和机能资本对立的，并代表所有权的资本，而根据这种所有权的存在，这种资本的所有者可以不经营任何企业而分享剩余价值之一部。但是借贷资本的基础还是建筑在机能资本上，借贷资本的所有者能够取得收入，正是因为借贷资本一经到了机能资本家手里，就不再是借贷资本而是机能资本了，因而就能在生产过程终了以后带来利润。在 G——G′的公式中，隐藏了一个 G——W……P……W′——G′公式。表面上好像借贷资本只是体现着借贷资本家同机能资本家之间的关系，实际上它体现了资本主义社会之主要的生产关系——资本家与工人阶级，这就是借贷资本的本质所在。

借贷资本的运动不同于真实资本。随着资本主义的发展，借贷资本和真实资本(在商品的生产和流通方面发挥机能的资本)都积累起来，但借贷资本的增长比真实资本的增长更快。这是因为：(一)信用制度的发达，汇集了更多的货币蓄积；(二)由于资本主义再生产的扩大受着种种的限制，以致这些货币积蓄并不能完全运用于商品的生产和流通。例如从 1880 年到 1935 年，美国的银行存款增加 25.5 倍，而工业生产只增加了 7.5 倍。

---

① 马克思：《资本论》，第三卷，人民出版社 1954 年版，第 422 页。

在产业循环的周期中，借贷资本的运动也和真实资本不同。概括说来，在萧条时期，产业资本的收缩和麻痹，引起借贷资本的扩大，因为经过危机以后，营业尚无起色，决不会有新的投资。在恢复以及繁荣时期，企业逐渐恢复了，新的投资出现了，逐渐感到对借贷资本的需要，但借贷资本尚不感缺乏。马克思说："也只有在这个唯一的时候，可以说低的利息率，从而相对丰饶的借贷资本，是和产业资本的现实的扩大结合在一起。"① 到了危机时期，就正如马克思所说："总是在借贷资本感到几乎绝对缺乏时，发生了不被使用的产业资本的过剩。"②

第二节 借贷利息与利息率

机能资本家从借贷资本的所有者手里借到了资本，便可以用来添置机器、购买原料、支付工资等，而在生产过程中创造出来剩余价值。当贷款期限届满时，机能资本家必须从剩余价值中提出一部分，连同他所借入的资本价值归还给贷（款）者。这时在借贷资本家看来，就是他的资本带来了增殖额回到他的手里，而这个增殖额便是利息。

从表面上看来，借贷资本是一种资本商品，利息也很像就是此类资本商品的价格。但是，这只能是一种"不合理的价格"，因为，所谓价格，乃是价值的货币表现。借贷资本本身就是货币，自然不容再由货币以表现其价值。而且利息也不等于所贷资本的全部价值。

在借贷资本的运动形态 G——G′ 中，其间隐藏着一个机能资本的运动形态 G——W……P……W′——G′，这在前面已经说过了。只要揭穿了隐藏的运动，就可以看出利息乃是平均利润的一部分，这一部分不是借贷资本家直接榨取剩余劳动得来的，而是通过机能资本家得来的。所以马克思说：

"贷者把他的货币当作资本放出；他所让渡于别一个人的价值

---

① 马克思：《资本论》，第三卷，人民出版社 1954 年版，第 628 页。
② 马克思：《资本论》，第三卷，人民出版社 1954 年版，第 629 页。

额,是资本,所以会流回到他那里。但单是流回到他那里,那就不是当作资本贷出的价值额的归流,而只是贷出价值额的归还了。垫支的价值额要当作资本流回,它就不仅必须在运动中把自己保存,并且要已经增殖……当作 G + ΔG 流回来。在这里,ΔG 是利息,或平均利润中不留在机能资本家手里,但归到货币资本家手里的部分。"①

又说:

"贷者与借者两方是把同一个货币额,当作资本支出。但只是在后者手里,它才当作资本发生机能。同一个货币额,当作资本,对于两个人取得两重的存在时,利润不会由此便加倍起来。它能对于两个人当作资本来发生机能,只是由于利润的分割。归于贷者的部分,就叫做利息。"②

所以,简单的说,借贷利息就是借贷资本家将其资本的所有权于一定时期内让渡给机能资本家,因而从机能资本家分得一部分剩余价值。

这里显明地看出借贷利息的阶级的本质。固然,就借贷利息与利润的分割来看,机能资本家与借贷资本家之间是有矛盾的。可是,这并不能掩饰借贷利息的剥削性,因为作为一个阶级来说,他们是立于相同的地位一起来剥削工人阶级。

但是,资产阶级的经济学家(例如凯恩斯这类人,见本书第九章第五节),却不愿意承认这个显明的道理,他们企图割断利息与剩余价值之间的联系,即割去利息剥削的本质。

现在来考察利息的量的大小,即如何决定利息率的问题。利息率就是利息对于贷放出去的资本量的比例,例如贷放出的款是 5 万元,一年中所得利息为 1 千元,则利息率为 2%;这是年利率。此外尚有根据一月或一周来计算的月利率、周利率等区别。

市场利息率是指那种每日每时都在波动着的、具体表现于金融市场上的利息率。此外还有一种平均利息率的概念,是指一定时期内利

---

① 马克思:《资本论》,第三卷,人民出版社 1954 年版,第 436~437 页。
② 马克思:《资本论》,第三卷,人民出版社 1954 年版,第 441 页。

息率的平均水平,例如几个月、几年,或整个产业循环周期内的平均利息率。

利息既然是平均利润的一部分,因此利息的最高限度就是平均利润,在一般情况下,假如利息超过平均利润,机能资本家借入资本已无利可图,必不愿再借。关于此点,马克思说:"……借者必须把它当作已经实现的资本,当作价值加剩余价值(利息)来偿还;后者只能是他所实现的利润的一部分。只是一部分,不是全部。因为,它对于借者的使用价值,正好是它会为他生产利润。否则,贷者方面就未让渡任何使用价值了。另一方面,也不能全部利润归于借者。否则,他对于这种使用价值的让渡,就不曾支付什么了"①。

利息率虽然受了平均利润的限制,但是二者的变动却不一致(参阅后面关于利息率在产业循环中的波动的说明),所以这里必须解决怎样决定市场利息率的问题。

马克思说:"既然利润分割为利息和狭义的利润,是全然和商品的市场价格一样,由需要和供给,从而,由竞争来规定,所以,在这个限度内,资本就也当作商品来表现了。……在竞争的法则之外,再没有别的分割法则"②。这就是说市场利息率决定于金融市场的竞争,即实际提供的借贷资本量和对于借贷的需要量之间的关系。

前面所说利息率受平均利润的限制,对于市场利息率也是适用的。但是平均利息率和平均利润率不同,前者不能由任何一般的法则所决定,也就是无所谓自然利息率。其所以如此,马克思分析得很明白,他说:"同一个资本,在这里,是以两种规定性出现,在贷者手中当作借贷资本,在机能资本家手中又当作产业资本或商业资本。但它只发生一度机能,也只生产一度利润,在生产过程内,资本当作借贷资本的性质,是完全不起作用的。这两种对于利润有要求权的人将怎样去分割这种利润,就其自体说,是和一个股份公司的共同利润会以各种百分比部分分配在各股份持有人中间一样,纯然是经验的,属

---

① 马克思:《资本论》,第三卷,人民出版社 1954 年版,第 440 页。
② 马克思:《资本论》,第三卷,人民出版社 1954 年版,第 444~445 页。

于偶然性范围内的事实。"①

在一定时期内，一国的中位利息率（接近于平均利息率），也表现为一个不变的量。这就是说，如果搜集相当时期内的市场利息率，就可以发现一个固定的量，能够代表大多数的个别市场利息率。这是因为：（一）一般利润率只会在长时期内变动；（二）历史上有习惯传下来的一般利息率；（三）世界市场的影响。

在较长时期内利息率有下降的趋势。近代资本主义各国中央发行银行贴现率的降低趋势，即可证明。促成利息率降低的原因，主要有两点：一是平均利润的降低，一是信用制度的发展，特别是帝国主义时期吃利金者阶层的增长，因而造成借贷资本供给量的增加。

在产业循环的周期内，利息率的波动大概是这样：在萧条时期，利息率是很低的，因为"……产业资本的收缩和麻痹，借贷资本已经增加"②。在恢复时期，利息较最低限度提高了一些，但还是很低的，因为此时生产开始扩张，借贷资本的需要又增加了，但是"……与'恢复'时期相陪伴的低利息率，却表示：商业信用只在微小程度内需要银行信用，因为商业信用还可以立在它自己的脚跟上"③。到了繁荣时期，利息率提高到平均水平，因为这时候，生产已大大扩张了。最后，"……在新的危机爆发，信用突然停止，支付停滞，再生产过程陷于麻痹的时候，利息率会再达到它的最高限"④。

第三节　资本主义信用的形式

资本主义信用就是借贷资本的运动形态。资本主义信用可分为两种形式：商业信用和银行信用。

商业信用就是机能资本家在售卖商品过程中互相所提供的那种信

---

① 马克思：《资本论》，第三卷，人民出版社1954年版，第455页。
② 马克思：《资本论》，第三卷，人民出版社1954年版，第624页。
③ 马克思：《资本论》，第三卷，人民出版社1954年版，第629页。
④ 马克思：《资本论》，第三卷，人民出版社1954年版，第628～629页。

用。这种信用产生于延期支付售出商品价款的形态中。例如，纺织企业在没有将它的制成品售卖以前，就常常需要购买燃料——煤炭，同时煤矿企业也极欲将煤炭售出，在这样情况下，煤矿企业就以延期支付的方式向纺织企业提供信用。等到纺织企业的制成品售卖以后，再把煤炭的价款归还。

在资本主义条件下，如果要生产过程继续不断，那就不能缺少商业信用，为什么呢？因为资本主义的企业是由复杂的社会分工联系起来的，甲企业的制成品，常常就是乙企业的原料。为了维持不断的再生产，甲企业必须售卖它的制成品，就是说，把商品资本转化为货币资本。同时，乙企业必须购进原料，就是说，把货币资本转化为生产资本。假如甲企业需要售卖它的商品的时候，正好乙企业要以货币购买生产资料或原料，这时候然不致发生什么问题。

但在资本主义条件下，这个假设的可能性是很小的。因为各个生产部门的商品生产期间的长短不一（例如农业的生产期间，显然地比农具的生产期间要长些），有些还要受季节性的限制，同时商品的流通期间长短也不一致（例如有的距离市场较近，有的距离市场较远）。由于这些情况的存在，当某一企业已经准备把它的商品售卖的时候，别的企业却还没有现款，假如不能用延期支付的方式来进行，那么只好等到别的企业有了现款之后再行卖出，结果生产的继续性就会停止。

以上只是就产业资本的范围来说的，在商业资本已经从产业资本中独立出来的条件下，商人从工业资本家取得商业信用乃是常有的事，因为商人自己的资本不足以购买全部工业生产品。

由上述可知，商业信用的特点，首先它是在商品形态上提供的信用（如上述煤矿企业将煤炭以信用方式售给纺织企业），其次，提供这种信用的和接受这种信用的都是机能资本家。

同时，从上述情形也可以看出：商业信用是在产业资本的循环的基础上发生的，无论就提供商业信用或接受商业信用的资本家来说，都是和他们的资本循环过程直接联系着的。商业信用直接服务于资本的循环过程，它消除资本实现的障碍，同时促进资本实现的加速。从这个意义上来说，商业信用是这样一种信用形式，它把信用关系的范围直接和商品的生产与流通的过程联系起来。所以，商业信用是资本主义信用的基础。

但是随着资本主义的发展，商业信用又不能满足生产和商品流通方面的需要了。因为商业信用的规模受着一定限制，不能有很大的扩张。首先，商业信用受着机能资本家所有的资本规模的限制，这是很显然的。其次，商业信用只能由生产生产资料的部门提供给那种需要生产资料的部门，而相反的情况却是不可能的。例如，纺织企业可以从煤矿企业获得商业信用，但煤矿却不能从纺织企业获得商业信用。

克服商业信用这些局限性的，就是银行信用。银行信用是借贷资本家和银行以货币形态提供给机能资本家的信用。和商业信用不同，银行信用不是在商品形态上，而是在货币形态上；银行信用的提供者是借贷资本家或银行，而接受者则为机能资本家。

商业信用的基础是在生产过程中发挥着机能的资本（商品资本），这在前面已经说明过了。银行信用的基础则不同，它主要是在资本循环过程中暂时闲置起来的货币资本。本章第一节所述借贷资本的各种来源，也就是银行信用的基础。

在比较发展的资本主义社会，银行信用主要是由银行来提供的。银行首先充当机能资本家的出纳员，机能资本家把企业中暂时闲置的资金，例如售出商品收得的现款，尚未到发放工资的时候，就拿去存在银行里。其次银行又吸收那些借贷资本家的货币资本，以及社会各阶层的小额储蓄，汇集到银行里，积成相当大的款额，变成了资本。

机能资本家对于银行信用的需要，也是商品的生产过程和流通过程的必然结果。在产业资本循环中，有时过剩的货币资本闲置起来，另外的时候则又感到货币资本的不足。例如已经到了发给工资的时候，但制成品还没有卖出去，或者由于季节性的关系，必须储备较多的原料、燃料，这时就必须借助于银行信用。此外，在企业的规模需要扩充时，资本家自己的积累感到不足时，也必定要求助于银行信用。这时候银行便把其他的机能资本家暂时闲置起来的资本，以及从各阶层吸收来的货币积蓄，借贷资本家的资本等，提供给这些需要银行信贷的资本家。所以银行就是资本的借者与贷者之间的中介人。

商业信用的局限性，在银行信用上是不存在的。首先银行信用不受工业资本家和商业资本家的资本规模所限制，因为银行信用除了包括机能资本家闲置的资本外，还包括借贷资本家的资本以及社会各阶层的积蓄。其次，银行信用不限于生产生产资料的部门提供给需要这种生产资料的部门，而是促成了资本在所有的生产部门之间的再分配。特别是把生产消费资料的部门内游离出来的货币资本，通过银行为媒介，贷放给生产生产资料的部门。资本主义重工业的发展，就是借助于轻工业部门的资本积累的，在这中间，银行信用起了很大的作用。

我们知道：资本主义信用的先驱者——高利贷资本，只是在贷者手中才是资本，而在借者手中便不是资本，因为无论高利贷的对象是封建贵族，或小商品生产者，货币只是作为支付手段或购买手段用，不能带来剩余价值。资本主义信用则不同，它不仅在贷者手中是资本，同时在借者手中一般也是资本。这是很显明的。但是，在银行信用中我们也可以看到这种情形，即贷放的货币不是被作为追加的资本使用。例如，在经济危机时期，机能资本家因为商品价格低落，销售困难，到期的债务无法清偿，此时就极需银行信用的帮助，可是这时从银行借得的货币就不是作为追加的资本，而是用以偿付债款。所以必须把资本的贷款(贷款的结果能增加真实资本)和货币的贷款(货款的结果不增加真实资本)分别清楚。

第四节　信用在资本主义经济中的作用

信用对于资本主义经济的发展，起着重要的作用，这种作用可分三点来说明：(一)作为平均利润的杠杆；(二)节省流通费用；(三)加速资本的集积和集中。

平均利润法则是资本主义生产的重要规律。在盲目的、无政府状态的资本主义经济下，不同的生产部门之间资本的再分配，是不可能有计划地进行的，而是依靠平均利润法则的自发作用，加以盲目的调节。当某一生产部门的利润率增大，超过其他生产部门时，其他部门的资本就不断地流入这个生产部门，直到各个部门的利润率重新均等化为止，资本的再分配，就是通过这样继续不断地流动来实现的。

但是，资本中的一部分，是固定于特定的物质形态上，如像机器设备、工具和厂房等。这些固定资本是不能转移到其他的生产部门的，例如熔铁炉不能转变为纺织机。只有采取货币形态的借贷资本，才能够在各部门间自由移动。举一个很简单的例子说明，假设在夏季制冰工业的利润较厚，这时候大部分的资本会被吸收到制冰工业里。到了冬季，冰的需要锐减，原先吸收到制冰工业中的资本，就会流入其他部门，但是制冰的机器设备却不可能用到其他工业方面。此时制冰业的资本家手中，一定还有一部分货币资本，原先他是用来购买原料，支付工资的。现在他用不着再这样的支付，便通过信用为媒介，贷给其他部门的资本家。于是制冰业的资本就流转到其他生产部门去了。

信用的作用还不止此，信用制度不仅汇集了一切闲置的货币资本，同时又动员了社会各阶层的一部分收入，集中起来，运用到最有利的生产部门。

所以马克思说："为了媒介成利润率的均衡，或媒介成整个资本主义生产作为立脚点的这个均衡运动，信用制度的形成是必然的。"[①]

信用节省流通费用，按照马克思的分析，是在于两方面：第一，减少金属货币的流通量，其原因有三：（一）一大部分的事务关系，完全不用货币了；（二）流通媒介的流通被加速了，因为信用制度吸收社会各方面的闲置货币，使之参加流通过程；货币的流通速度既加速，流通所必需的货币当然减少了；（三）金币由纸币代替，因为信用流通工具的发达，金币的流通量又可大大缩减。第二，信用会使流通或商品变形的阶段加速，并进而使再生产过程一般加速，这样也节省了流通费用，例如和商品的保管有关的各种费用。

[①] 马克思：《资本论》，第三卷，人民出版社1954年版，第555页。

流通费用的节省对于资本主义经济有什么意义呢？它的意义就在于：从整个社会看来，节省下来的流通费，可以用到生产方面，这样就会使再生产扩大；从个别资本家看来，流通费的减少就是降低了商品成本，因而使利润增加。

信用加强资本的集积和集中，表现于下述几点：（一）信用制度汇集了小额货币而使之资本化；（二）个别资本家的剩余价值在没有聚积到一定的数额以前，不可能用在生产上，但通过信用制度将其集中起来，从而就可以投放在生产方面；（三）银行汇集了大量的货币资本，为股份公司的发展创设了必要条件；在帝国主义时代，银行并广泛地从事股票的发行业务；（四）大企业在取得信用上的优越地位，决定了大企业吞并小企业，因而造成资本的进一步集中；因为大企业的地位比较巩固，信用能力比较良好，故能优先地取得信用，而小企业则不具备这些条件。

以上是信用对于资本主义经济的积极方面的作用。可是，同时信用也加深了资本主义的矛盾。

第一，信用促使生产的社会化与生产资料的私人占有之间的矛盾进一步尖锐化。信用促使生产的社会化进一步发展，从这些事实充分表现出来：股份公司代替了私人企业，通过有价证券的发行，股份公司支配了整个社会的大部分资本；信用制度吸收个别资本家的闲置货币资本以及社会各阶层的收入之一部，贷放给大资本家，这也意味着大资本家广泛地利用着整个社会的资本。所以马克思说："信用又使个别资本家或当作一个资本家出现的人，在一定限界内，可以绝对地支配别人的资本和别人的财产，并由此支配别人的劳动。对于社会资本（不是自己所有的资本）的支配权，使他对于社会劳动有支配权。"① 同时，另一方面，信用又促使资本更快地集中于少数资本家的手里，这样，便加深了生产社会化与生产资料的私人占有之间的矛盾。

第二，信用加深了资本与劳动的矛盾。信用促进了资本主义生产

---

① 马克思：《资本论》，第三卷，人民出版社1954年版，第560页。

的发展，促进了资本的集积和积累。但是，我们知道，资本的集积和积累必伴随着工人阶级的更加贫困化，这表现在下述情况：信用促使企业的规模日益庞大，同时就促使资本有机构成的提高，因而造成工人失业的增加；借贷资本家用利息的形式分得一部分剩余价值，这意味着参加对工人的剥削的阶级更加扩大。

第三，在一定条件下，信用促使经济危机更加尖锐化，因为：（一）信用加强了商品的生产过剩。生产过剩是资本主义生产方式的不可避免的结果，其原因固然不在于信用，但信用却可使之加强。因为信用使生产易于大大的扩张，结果超过了有支付能力的需要，而形成生产过剩。（二）信用刺激投机。所以马克思说："信用又使购买和售卖的行为，可以在更长的时期内互相分离，并由此对于投机当作基础来发生作用。"①又说："……信用制度表现为生产过剩和商业过度投机的主要支点"②。

第四，信用加深了资本家和小商品生产者之间以及资本家相互之间的矛盾。信用促进了资本的集中，这意味着中小资本家被大资本家所吞并，同时也意味着小商品生产者之被剥夺。

但我们必须注意：信用虽促进资本主义矛盾和经济危机的深刻化，然而信用并不是经济危机的原因。造成经济危机的原因，是在于资本主义生产方式本身的矛盾：生产的社会性与私人的占有。资产阶级学者想把经济危机的起因委之于信用制度，从而认为通过信用制度的调整，就可以挽救资本主义的经济危机，这当然是很荒谬的。

最后应当指出资本主义信用的二重性。从以上所述可知，信用促使资本主义生产发展，资本主义生产规模扩大，而同时又加深了资本主义经济的矛盾。但另方面，信用又是从资本主义过渡到社会主义的有力的杠杆。马克思指出："内在于信用制度内的二重性质是：一方面，是把资本主义生产的发条——由榨取他人劳动而致富——发展成为最纯粹最巨大的赌博和诈欺制度，并愈益限制那少数榨取社会财富

---

① 马克思：《资本论》，第三卷，人民出版社1954年版，第556页。
② 马克思：《资本论》，第三卷，人民出版社1954年版，第563页。

的人的人数；但另一方面，它又是到一个新生产方式的过渡形态。"①同时，马克思又指出："最后，这是没有疑问的，在由资本主义生产方式到共同结合劳动的生产方式的转变中，信用制度会当作一个有力的杠杆来发生作用；但它不过在生产方式本身其他各种大的有机变革的联系中，当作一个要素。"②

列宁发展了马克思的这一理论，远在十月社会主义革命胜利以前，列宁在他的许多著作中，即已指出了无产阶级专政利用银行的必要性。列宁在"布尔什维克能否保持国家政权？"一文中写道："无产阶级革命的主要困难就是在全民范围内实现最精确和最认真的统计和监督……""没有大银行，社会主义是不能实现的。""统一而规模最大的国家银行，连同它那些分设在各区中和工厂中的支行——这已经十分之九是社会主义的机关了。"③

为什么资本主义信用制度是由资本主义过渡到社会主义的有力杠杆？这可从两点说明：第一，信用促进了资本主义生产力的发展，从而成为一个准备过渡到社会主义的物质条件的因素，社会主义的最重要的物质条件就是高度集中的巨大机器工业；第二，信用制度形成了一个社会簿记的形式，在社会主义下，经过根本的改造，即可发挥"全民的计算和监督"的作用。

但是必须指出，马克思和列宁关于资本主义信用的二重性的理论，是和把信用制度看作是实现社会主义改革的主要工具的空想社会主义者完全不同的，马克思早已指出，信用制度发生这种作用，只有在工人阶级掌握了政权和主要的生产资料变成社会所有制的时候，才有其可能性。

---

① 马克思：《资本论》，第三卷，人民出版社 1954 年版，第 563 页。
② 马克思：《资本论》，第三卷，人民出版社 1954 年版，第 789 页。
③ 列宁：《布尔什维克能否保持国家政权？》，苏联外国文书籍出版局中文版，第 25、27 页。

第六章　信用货币

第一节　信用货币的性质和种类

在前资本主义经济中，因为自然经济占着统治的地位，商品货币关系还没有充分发展，所以货币流通的范围较小，同时流通中所必需的货币数量也较少。这样，在前资本主义经济中只需金属铸币流通就够了。但过渡到资本主义时，由于生产和商品流通的很快扩展，就逐渐感到金属铸币所加于商品流通的狭窄限制，因为整个资本主义经济各部门合起来的生产量，要比一个生产部门——黄金和白银——的生产量，增加得快得多，于是，为了不妨碍资本主义经济的发展，就必须突破贵金属生产所加于它的局限。

资产阶级最初克服这种困难的方法，是发行纸币。但是纸币的发行是和资产阶级国家的经济开支联系着的，由于国家为弥补财政亏空而大量地发行纸币，就引起纸币的贬值，于是纸币也就不能完成资产阶级所交给它的经济方面的任务。

日益成长起来的资产阶级不能不另谋出路，而资本主义信用的不断发展，则促成了这个出路的实现，终于在信用制度的基础上产生了信用货币。但是，由信用货币来代替金属货币的流通，并非很快就实现了，而是经过一段漫长的时期才达到的，下面我们论述到票据和银行券时，还要说明这一点。

信用货币的发生在一定程度内克服了上述的困难，因为大部分商品交易和支付都可以不用金属铸币而用信用货币来进行，同时，信用货币的流通量可以通过信用制度随时加以调节，比较富于伸缩性，能适应商品流通的规模。

和纸币一样，信用货币没有内在的价值，因为它不包含着人类的抽象劳动。所以它只是在流通中作为真实货币（本位金属铸币）的符号。

但信用货币和纸币有很重要的区别：纸币仅是黄金（或银）的符号，而信用货币不仅是黄金的符号，同时又是信用的符号，因为信用货币一方面代表黄金而为流通服务，另一方面它又体现着债权者和债务者间的信用关系。

资本主义信用的形式可分为商业信用与银行信用；信用货币可分三种，在商业信用的基础上产生的票据，以及在银行信用的基础上产生的银行券和支票。

第二节 票据与票据流通

票据是一种商业信用的工具，它是特种书面的债务证券，它的持有人可以无条件的要求出票人或承兑人到期付款。

票据这一种债务证券的特点，首先是它的抽象性，即票据只记载某人到期付款若干，而不书明票据发生的原因。其次，是票据的无条件的偿付性，就是说，付款人只要见到自己需付款的票据，就应该无条件付款。例如，付款人不能以商品未收到等理由而拒绝支付。最后，票据还有一个重要特点是流通性，就是票据可以转让。例如，棉花商人将棉花卖给纺织企业，而获得一纸票据，棉花商又可以把这张票据支付给农场主，农场主又可用它去支付地租，等等。

由于"背书"手续的出现，票据有了广泛流通的可能。背书就是当票据转让给他人时在票据上签字，从而表示以前的票据持有人也和发票人一样保证该票据的支付。马克思曾经引证过，在英国纺织区中，票据带着成百的签署（指背书而言）在流通着。这种票据既然除发票人而外还有许多的人保证它的支付，它便能很好地执行流通手段和支付手段的职能。

票据可分为期票和汇票两种：期票是债务人对债权人发出的票

据；而汇票是债权人对债务人发出的，是让债务人支付给第三者的支付命令。期票的关系人只有二人，而汇票的关系人则有三人。例如甲向乙赊账购买 10 万元的商品，议定在一个月后付款，于是甲发出一张到期取款 10 万元的期票，交与卖货人（债权人）乙收执。在汇票的场合，例如棉花商人赊账出卖棉花给织布者，织布者又将其织物赊账卖与布疋商店。此时，织布者为支付棉花价款而向布疋商店开发一张汇票，命令布疋商店付款给棉花商人。这张票据的三个关系人，一为发票人，即织布者；二为受款人，即棉花商人；三为付款人，即布疋商店。

汇票和期票既有上述的区别，从而发生另一区别，即汇票在发生效力以前有由债务人承认其支付义务的必要，此种手续即所谓汇票承兑。

远在 12—14 世纪的时候，已经流行着类似汇票的一种票据，这就是资本主义经济中的票据的萌芽，但它还不是上面所说的那种真正的票据。封建社会的割据性使从一个地区到另一个地区转运货币很感困难：某一公国的铸币在其他公国不能通用；在流通中有着很多伪造的铸币。转运现金是危险的，封建主在大道上劫掠旅行的人。在这种情况下，假如德国的"银行家"和法国的"银行家"之间有联系，德国的"银行家"就可以写信给他们，请他们将一定金额的货币付与该信的持有人。然后，这些"银行家"一年两次到定期集会的都市去，进行他们彼此间的清算。

既然票据是在商业交易——以信用出卖商品——的基础上发生的，则流通的票据量便完全由商品流通的需要而决定。

但是，除了商业票据以外，还有特殊性质的票据。一种叫做金融票据，这是两个资本家为了向银行取得票据，抵押贷款，由其中的一个发出的，这种票据不是以真实交易为基础，多是以投机为目的发出的。因此，它没有真实的价值，被称为融通票据，是一种坏的票据。另外还有国家为弥补其预算支出而发行的国库券，这也是特殊的票据，这种票据通常并不是流通手段，而是国家用它作抵押向银行借款的，所以它不同于一般票据，也不是纸币。这种票据并不是以国民经济对流通手段的需要为基础而发行的。显然的，这两种特殊票据都是和商品交易没有任何联系。

票据流通在经济上的意义有三：（一）扩大了商业信用的限界。在票据不能流通的条件下，某一资本家赊售商品而收得的票据，在支付的期限没有到期前，是无法利用的，但在票据能够流通的条件下，这个资本家却可以利用这张票据去购买别人的商品，也就是别人又对他提供了信用，所以商业信用的限界扩大了。（二）扩大了商业信用应用的范围。在没有票据流通以前，只能由生产生产资料的部门对需要这种生产资料的部门提供商业信用，但有了票据流通，生产生产资料的部门也可以获得商业信用，煤矿企业将煤炭赊售给机器制造厂，而取得一张票据，煤矿就用这张票据去购买纺织厂的商品，这时就等于纺织厂向煤矿提供了信用。（三）现金的节省。因为票据并不完全要求支付现款，只有互相抵销之后的差额才用现款来支付，同时各个资本家之间常常是互为债权人和债务人，因此抵销的票据占很大的部分。当然，这并不是说可以完全不需要现金的流通。

第三节　银行券与银行券流通

随着资本主义经济的发展，票据流通逐渐不能满足日益增长的商品流通的需要了。因为个别资本家发出的票据，流通的范围不能有很大的扩张，流通的期限亦有一定的限制。于是就要求一种具有普遍交换性的特殊票据来代替个别资本家发出的票据。这样，在票据流通的基础上，产生了银行所发行的信用货币——银行券。

流通中的票据增加的结果，对于发票人或付款人的信用情况，更为大多数的资本家所关心，他们在收受到票据以后，往往到银行去请求贴现，即是把自己债务人的票据转让给银行，而银行则以货币调换他们的票据（照票据面额减去未到期的利息），在票据到期之后，银行便持票据向发票人或付款人去请求付款。起初银行是以现金进行这种业务，后来则逐渐用银行自己发行的票据——银行券来代替现款。银行券就是这样发行出来的。

所以银行券就是银行所发行的特殊票据，用以代替资本家私人的票据。由于银行具有更好的信用情况，银行券的可靠性自然比一般票据更大，流通的范围可以广泛得多，并且银行券又没有固定的期限，这些都是银行券优于一般票据的地方。

在研究银行券的性质时，首先应该指出银行券和纸币的区别。第一，纸币是在作为流通手段的货币职能的基础上发行的，而银行券则是在作为支付手段的货币职能的基础上发行的，所以我们说，纸币是真实货币的符号，而银行券一方面是真实货币的符号（代替真实货币执行流通手段和支付手段等职能），但同时又是信用的符号（代表债权债务关系）。

第二，纸币的发行是为了弥补国家财政上的赤字，银行券的发行则不同。上面已经说过，银行券的发行是用以代替向银行贴现的商业票据，即是说，银行券是在工商业的信贷程序中发行的。银行券的这个特点引起它和纸币不同的流通规律性。我们知道：国家为弥补财政的赤字而发行纸币，无论其数量如何，都可以进入流通，而且不会自动地流回发行纸币的国库。银行券的流通则不然。既然银行券的发行是由票据所引起，而票据的出现又意味着商品交易上发生了对货币的需要，因此代替票据而发行的银行券，就满足着货币周转中所出现的需要。这种银行券在周转中是与商品相对立的，因为票据发出的期限是相应于商品周转的速度，即票据的发出是相应于商品运达消费者及实现其出售所需的时间，而在商品出售以后，票据就应该偿付了，所以银行券也就回笼到银行。

由此可见，当商品周转扩大，引起对于流通手段和支付手段的更多的需要时，银行券便流入流通的领域；反之，当商品周转缩小，不需要更多的流通手段和支付手段的时候，银行券就不会发出来，甚至原先发出来的一部分，也要流回发行它的银行去。所以就这个意义上说，银行券是满足经济上的需要而为流通服务的较好的工具。因为它能够适应经济上的扩张或收缩而自动的调节。但是，银行券的这种自动调节作用，绝不能克服资本主义货币流通的盲目性；反之，银行券的流通方面也同样受着盲目法则的支配。

问题在于：假如银行券的发行完全以商业票据为基础，那么银行券的自动调节作用是有效的,银行券的发行量就不会超过经济上的需要,从而也不会引起贬值等恶果。可是我们知道:除了真正商业票据以外,还有"融通"票据和国库券,而这两种票据都并不代表商品的周转。作为银行券发行的基础的,除了商业票据外,往往也有这两种票据在内。这意味着银行券仍然可以超过经济上的需要而过度的发行,也就是说银行券仍有贬值的可能。

第三,纸币普通是不兑现的,银行券则可兑现为金属币。由第二项所述,可见银行券仍有过度发行和贬值的可能,因此,还必须有防止银行券过度发行和贬值的另一保证,这就是银行券对黄金兑现。除以上所述引起银行券必须兑现为黄金外,还有一个因素,即票据贴现所获得的银行券,可能不是用于国内市场上作为购买手段的目的,而是用于世界市场上作为支付手段的目的,此时也必须把银行券兑换成黄金。

从上述银行券的特性中,可以看出银行券要正常地发挥机能,必须有双重的保证,即:金属的保证和信用的保证。但是在实践上这两种保证是怎样实现的呢?

银行券的信用保证,就是用商业票据来实现的。但除商业票据以外还有"融通"票据,有时也有国库券,所以这种保证的可靠程度,须视其中以哪一种票据占统治地位而定。

银行券的金属保证,是用发行银行的黄金准备来实现的。此与资本主义国家立法上规定的银行券发行准备制度有关。在历史上各国所实行的,大致可分为两类:一类是固定保证发行制,如1844年英国的《庇尔条例》所规定的便是;一类是比例准备制,例如第一次世界大战以前德、法等国的发行制。①

---

① 银行券的发行准备制度,可大致分为两种:(一)固定保证发行制;(二)比例准备制。

(一)固定保证发行制,首创于英国。1844年庇尔任英国首相,通过《英格兰银行条例》(通称为《庇尔条例》),规定英格兰银行发行部,可以发行1.4千万镑不用现金作准备的银行券,此部分等于政府对银行的债务额,而以有价证券作保证。若发行超过此限度,则每发行1镑银行券,必须准备1镑价值的黄金。此种制度的理论,以为当时英国人所需之货币流通必需量为1.4千万英镑,

到了帝国主义和资本主义总危机时期，银行券的上述两种保证都削弱或根本丧失了，因而银行券的稳固性就破坏了。首先，作为信用

(接上页)此数既属最低额，自不必用现金准备，至于其余的发行数额，随社会需要的转移，时有增减，自应按照自由铸币的原则，以十足现金随时准备兑现。这种条例的内容，是限制银行券的发行要在现金准备的范围内，限制没有现金准备的发行额在一定限度以内，根据这个条例，银行券的发行额依赖现有的金额而增减。这个条例的目的，在以统制银行券的流通来统制商品价格的运动。但因上述"庇尔条例"，在理论上，立脚于错误的"货币数量学说"（关于货币数量学说的批判，详见本书第九章第三节）已有问题；而在实践上，现金的现有量即使增加或减少，而银行券并不按照金量的多少增减而投入或退出流通界，因若不合理地把银行券束缚于现金数量之上，会使银行券的流通需要量与流通量发生矛盾。为了调节这个作用，私的信用流通（即其他票据的流通），便广泛地发展起来。但在信用丧失、危机爆发、一般亟需现金时，被现有的现金狭隘范围所束缚的发券制度，反而促使危机激化，所预期的商品价格的统制，当然就无法办到。《庇尔条例》以及基于这个条例的固定保证发行制，既然在理论上与实践上都有问题，自然就被人抛弃了。

（二）比例准备制首创于德国。1875年通过银行条例，规定全国银行券发行额为3.85亿马克，其中属于国家银行发行者占2.5亿马克。至于准备金的规定，三分之一为现金，三分之二为三个月以内到期的商业汇票。此项制度所需黄金较少于固定保证发行制所需者，故多数国家，相率采用。

从技术的观点看来，以上两种发券准备制度，各有得失。固定保证发行制，现金准备较足，性质稳健，是其长处，但若低估保证数额，即不免造成障碍金融扩张难于适应市场需要的流弊。反之，比例准备制，则较有弹性，可以节省现金，为其优点，但若遇危机，偶有兑现风潮，便易引起严重的后果。因在固定制度之下，每经兑现1元，其影响不过损失现金1元；而在比例制之下，每次兑出1元现金，其影响实不限于1元本身，且使其余未兑现部分的现金准备额，比例减少。例如发行1亿元的银行券，应有现金准备6千万元，倘经兑现1千万元，则其余9千万元的银行券的现金准备，即将降为55%强。如果继续有4千万元前来兑现，则其余未兑现的5千万元银行券的现金准备，将续降为20%。倘更有1千万元以上的银行券请求兑现，则现金准备，将全部告竭，其剩余部分的银行券的信用，即不免发生动摇，引起严重的后果。

第六章 信用货币

保证的基础的票据，已经变了质。因为资本家们为获得补充的货币资本，彼此间发出的和对银行发出的"融通"票据增多了；同时，由于帝国主义的成长，殖民地的争夺，准备和进行帝国主义战争都会引起国家的开支和国债的大量增加，政府利用其对发行银行的权力，迫使银行提供给国家以各种形态的信用（购买国家的公债券，贷出以国家公债券作抵押的放款，国库券的贴现），于是银行的资产中大部分都是国债券和其他的国家有价证券，而商业票据则缩减，这样就引起银行券的信用保证变了质，从而削弱了银行券的稳固性。

在帝国主义时代，黄金保证也削弱了。由于经济危机的威胁，引起普遍的追求黄金，加以世界黄金存量在各国间分配之极不均衡，使许多存金较少的国家的银行券兑现发生困难。

在帝国主义阶段，银行券稳固的基础既已削弱，到了第一次世界大战及战后时期，资本主义总危机更进而引起银行券普遍地彻底丧失其稳固性。这主要表现在各国从兑现的银行券到不兑现的银行券之过渡。

不兑现的银行券就是停止银行券和金属本位币之间的自由兑换，这种银行券又可分为两种：根本没有与黄金兑换之保证的银行券，和另一种银行券——它虽然不和金币兑换，但是它对黄金关系上的价值，是由银行按规定的行市自由出卖外汇和外国票据维持着，或者以与金块相交换的方法维持着。后者就是本书第三章所说的金汇兑本位制和金块本位制。

在金汇兑本位制和金块本位制之下的银行券，当然和兑现的银行券不同。兑现的银行券随时可以自由变成黄金。在对黄金的关系上，它的价值是稳定的。在外汇方面，它的行市波动不能超出输金点的范围①。在金汇兑制下的银行券，则不能兑现为黄金，它的价值和黄金比较可能发生贴水的现象。在金块制下，银行券不能和金币兑换，虽能和金块兑换，但有种种限制（例如英国在1925年以后所实行的金块本位制，规定兑换金块的银行券最低额不能少于1700英镑），所以无

---

① 详见本书第七章第二节。

论哪种不兑现的银行券都是不稳固的，它们都会贬值的。

至于完全不兑现的银行券，只有当发行是基于商品交易的信贷程序时，即是说它还保存着信用保证时，它们仍旧是信用货币，否则，它的流通规律就完全和纸币的流通规律一样。1929—1933 年的世界经济危机以后，这种完全不兑现的银行券已经成为绝大多数资本主义国家的典型货币制度了。

第四节　支票与支票流通

支票是银行活期存款的存户对银行发出从其存款账上以一定金额付给支票上所指定的人或持票者的命令书。支票的发票人必须是在银行有活期存款，没有存款而签发支票是违法的。在一般资本主义国家，定期存款一般不用支票而用存单，所以支票只限于活期存款的存户。支票的受款人于收得支票之后，可以到银行去兑现，这时支票并未发生信用的流通工具的作用。还有受款人在付款银行开有活期存款账户，他可以请求银行将支票所载金额转入他的活期存款账上，这时支票也没有发生信用的流通工具的作用。只有在这种情形，即受款人将其支票转让给第三者，以支付他对第三者的债务时，支票才尽了信用的流通工具的职能。但在资本主义信用制度下，资本家们普通并不用支票提取现款来支付商品，而是为购买商品用支票来支付，这样，支票便以信用的流通工具的资格广泛地发挥其职能。

为了明了支票的性质，可将支票和票据、银行券加以比较。

支票与票据的区别：（一）票据是在商业信用的基础上产生的，而支票则是在银行信用的基础上产生的；（二）支票流通的期限较为短促，普通支票的流通期限只有十天，过期支票即行作废，这是由于预防存户在签发支票以后和支票尚未提示兑付以前，提出其全部存款的可能性。

支票也不同于银行券：（一）银行券是银行的债务证券，支票是私人向银行提示付款，银行券可随时兑现为黄金，但如支票的发票人没有存款在银行，就不能向银行兑现；（二）银行券的流通没有期限的限制，而支票的流通期限很短促。

支票流通的发达，是由于这样的情况所引起的，那就是票据和银行券流通的局限性。我们知道，商业票据的局限性是它流通范围不易于扩大，又有期限的限制。银行券在这方面固然克服了票据流通的局限性，然而在另一方面它仍有其局限性。那就是：资本主义国家在立法上对银行券的发行常有种种人为的限制，例如英国1844年《庇尔条例》所加于银行券发行的限制，便是很明显的例子。随资本主义的发展，要求解除上述的限制，因而支票流通代替了一部分银行券和票据流通的领域，特别是美国和英国支票流通甚至超越于其他信用货币之上。

但是支票的基础既然是银行存款，所以支票流通必须在银行事业高度发达、分支机构遍布全国、银行存款大量增加的条件之下才能够发展。在资本主义的较早时期，意大利就有支票出现了，但因当时银行还不发达，支票是不能流通的。

支票流通对于经济上的作用，主要就是节省现金，并在支票流通的基础上进行非现金的结算制度。

当资本家们彼此以支票购买商品时，则在一系列的交易中支票代替了现款，因为按照支票的请求权和债务互相抵销了。例如，资本家某甲向某乙购买商品付以1万元的支票给乙，乙又以同一数额的支票付丙，丙又以同一数额的支票付甲，结果，无需现金即能结算甲乙丙三人之间的债务，因其已互相抵销了。即使资本家间彼此相互债务不相等，通过支票也能抵销一部分，结果只是不能抵销的差额才需要现金来支付，所以这样就能节省不少的现金。

当支票持有人请求银行按支票人所开金额转入他的活期存款账户上，此时支票实际上虽未参加流通，然而也起着节省现金的作用，例如，资本家某甲买了乙的商品，付乙1万元支票一张，而乙在该银行也有活期存款账户，因此要求银行将此1万元转入他的账户上。这样甲乙之间的债务关系也未动用现金就完成清结。

在支票流通的基础上产生非现金结算制度，其发展有三个阶段：

第一，大银行成为顾客的结算机关。甲乙两人均在某大银行开设活期存款账户，则甲乙间的货币结算，可由银行将甲的账户中的金额转到乙的账户上去。并且不一定要签发支票也能进行。但这个方式只能在一个银行进行。在非现金结算关系还不十分广泛实行的时候，这样的方式还可满足需要，但到了后来就不能满足需要了，因而进入第二个阶段。

第二，票据交换所。此时在许多银行之间，以及不同的城市之间，也能进行非现金结算了。票据交换所的成立，起初是由各银行专门派人每天到对方银行（即应付出款项的银行）去取款，大家经过互相抵销，只需补足差额即可，后来由秘密而公开，就演变成为票据交换所。最初只限于城市的银行，后来扩充到郊区，再后来又发展到全国。票据交换所是由会员银行组织的，经费也由会员银行负担。

第三，中央银行的结算制度。票据交换所进行结算工作时，对于不能抵销掉的差额，还是要资本家用现金偿付的，但到了第三个阶段，差额也不用现款支付，而由中央银行转账就行了，因为各银行均与中央银行有往来。例如，甲乙丙丁戊五个银行均在中央银行开有账户，票据交换所也在中央银行开有账户，票据交换（抵销）结果，甲应付 5 万元，丙应付 25000 元，丁应付 5 万元，乙应收 9 万元，戊应收 35000 元。票据交换所将甲丙丁三行所签发的支票三张交给中央银行，中央银行根据这三张支票由甲丙丁的账户上转到交易所的账上去。然后票据交换所向乙及戊开出支票交到中央银行，中央银行根据这些支票的金额由票据交换所的账户上转到乙戊的账户上去，此时结算就告完成。

最后，必须注意，非现金结算虽可节省大量现金，然而并不能使资本主义经济从现金的必要性中解放出来，因为债务的抵销有一定的范围，并非所有的债务都能抵销，在不能抵销时就必须付现。并且非现金结算多半适用于巨额的交易或批发交易，至于零售交易则仍然需用现金。固然一部分现金可由银行券来代替，但是银行券的基础还是黄金。这种情形，到了经济危机时期表现得特别清楚，那时信用联系破坏了，资本家们热烈地追求现款来偿付债务，一旦银行信用发生动摇，必然更进一步追求黄金，这时充分表现出来：一切信用货币，最后还是离不开黄金的基础。所以，马克思说："像布洛推斯坦教没有从加特力教的基础解放出来一样，信用制度也没有从货币制度的基础解放出来。"①

---

① 马克思：《资本论》，第三卷，人民出版社1954年版，第769页。

第七章 支付差额、国际结算和国际信用

第一节 支 付 差 额

资本主义国家间所发生的经济上政治上和文化上的联系，引起了各国之间发生了一切债权与债务的关系。支付差额，就是在一定时期内，一国从别国所应收的款项与该国在同一时期中对他国所应付的款项之间的相互关系。

支付差额的结构，包括以下的项目：

(一)对外贸易差额：即商品的输出和输入之间的关系。

(二)各种劳务的收入、支出，包括海运费，空运费，保险费等。

(三)非营业性的汇款，不是由于贸易和金融业务产生的，包括私人汇款，例如侨汇，遗产等。

(四)旅费的收入和支出。

(五)政府的国外收支，包括大使馆费用，领事费用，军事赔偿金等项。

(六)利息和股息的收支及其他收支。这一项主要是经济较发达的资本主义国家对外输出资本较多，如英、法、荷和美国。这一项也包括食金利者的收入。

(七)资本的输出与输入，即国家在国外有价证券的买卖方面和其他种种长短期的投资方面而收入的款额，或一国的银行对别国的银行提供短期信用，都包括在这一项中。

(八)黄金的买卖。黄金的输出与输入用以平衡各国债务，但对于那些主要的黄金出产国，如就南非联邦、加拿大、澳大利亚等国来

说，黄金的输出可能是当作商品来出卖的。

在垄断资本主义以前，商品输出是国际经济关系的典型方式。因此，支付差额中占主要地位的是贸易差额。到了垄断资本主义时代，资本输出获得了巨大的发展，而由国外投资，对外贷款等方面所获得的收入，就开始在支付差额里面起重大的作用，而对于有些国家甚至起决定性的作用。例如美国 1913 年，利息和股息的收支是逆差，而在第一次世界大战以后就变为顺差，而且在支付平衡表的净收入中，比贸易出超所占的比重还要大。

在许多国家的支付差额中，运费和其他劳务的收入起着很大的作用。例如第二次世界大战以前，英国的支付差额中运费的收入就占总收入额的 25% 以上。这些收入在瑞典、挪威、荷兰、希腊等国的支付差额中，以及第二次世界大战以后在美国的支付差额中，都起着相当大的作用，美国在战后从英国和其他国家手中夺取了很大的海运事业，结果使这些国家的支付差额的收入感到极大的窘困，再加上其他种种原因就弄得这些国家日益陷入美国的奴役之中。

在那些公开游览的国家中，例如瑞士和意大利，旅行费在他们的收入上起着很大作用。在其他国家中，很多公民是以游览者的身份而出国的。因此在这些国家支付差额的付方中，旅行费就占有相当的地位。

以上八项中前六项被叫做"主要项目"，而第七项则叫做"信用项目"。

支付差额的"主要项目"的逆差，可以借"信用项目"来弥补（例如向国外借款）。但是如果不能获得借款，或者借款的数目还不够偿付对其他各国的一切未付的债务，那么要平衡支付差额就要采取输出世界货币——黄金的方法。所以支付差额的逆差就会发生黄金流出国外的现象，而支付差额的顺差则可以使黄金从国外流入。

但是，在世界经济危机的时期中，一国对其他各国大部分的债务，就依靠各资本家和政府停止清偿自身债务的破产来清理了（例如 1931 年的德国）。

在帝国主义时代，世界被划分成一小撮最富有的帝国主义国家即债权国，和多数经济上落后的被奴役的国家即债务国。因此，在帝国主义时代，支付差额也划分为二大类：债权国的差额和债务国的差额。

第一类的特点是由于资本输出而获得巨额收入，而第二类的特点则是为偿付利息和其他外国资本方面的支出而缴纳巨量的贡物。

当帝国主义者统治着旧中国的时候，旧中国不但有支付逆差，而且还有贸易逆差，因为帝国主义的商品大量地输入旧中国市场，同时强烈地阻碍了旧中国的出口和民族工业的增长。在旧中国支付差额中，华侨的汇款乃是收入的主要项目。在中国人民革命胜利以后，从中华人民共和国成立起，情况就起了根本的变化。新中国的贸易差额在1950年呈现了几十年来第一次的顺差。①

在帝国主义时代和资本主义总危机时代，资本主义国家的支付差额是异常不稳定的。引起这种不稳定的主要因素：第一是宗主国和殖民地间的不等价交换，殖民地和附属国不得不以低廉的价格在世界市场上出售原料和粮食，并按高的价格购买宗主国家的工业制成品；同时，它们负担着巨额债务，每年必须以大量贡物付与帝国主义的债权国家。

第二是经济危机的尖锐化，引起帝国主义国家本身支付差额的不稳定，因为危机会引起：（1）商品输出和"无形出口"的减少；（2）国外投资的收入由于国外借款人的破产而减少；（3）货币资本向国外逃避。

第三是世界市场竞争的尖锐化，帝国主义国家为了本国垄断资本的利益，用高的关税壁垒阻止外国商品流入，这样就限制了世界贸易，并使许多国家的贸易差额和支付差额趋于恶化。第二次世界大战以后，"马歇尔化"的各国支付差额的极端恶化，就是美国帝国主义限制各国的输出贸易的结果。

最后，国外军事费用的增加。例如第二次世界大战后，在美帝国

---

① 参见包包夫：《国际结算与对外贸易资金供应》，上册，人民大学版，第51页。

主义领导下成立了侵略的军事联盟，使西欧各国的对外军事费用增加而引起它们的支付差额趋于恶化。①

第二节 国际结算与外汇

各国之间因债权债务关系而引起的收支款项，就是国际结算。从理论上讲，黄金是世界货币，所以国际结算就要利用这种世界货币来进行。由于国际经济关系的发展，国际结算往往用相互抵销的方式来进行。因为国际间债务常常是两方面的，可以相互冲销的，因此往往利用信用工具来结算，信用工具的产生可以节省流通费用——主要是国与国间运送黄金的费用。

但是，即使国际结算用信用工具来进行，黄金也并没有丧失世界货币的作用，因为相互冲销之后常有差额，必须用黄金来偿还。

历史上出现最早的作为国际结算的信用工具是汇票。为了说明这种国际结算的信用工具，举例如下：

假设张三是旧中国的入口贸易商人，李四是旧中国的出口贸易商人，约翰是英国的出口商人，乔治是英国的入口商人。假设张三从约翰买来了一定价额的商品，张三为偿付他入口的商品代价给约翰，他从李四买来了外汇汇票，把这汇票送给约翰。李四为什么有外汇汇票呢？这是因为他出口了一定价额的商品到乔治那里，他能够收入相当于出口的商品价额的汇票的缘故。张三从李四购买外汇汇票，就需拿出一定额的旧中国货币给李四。因此，李四得以收回他出口的商品的价格。在别一方面，从张三接受了外汇汇票的约翰把这汇票让给乔治，他就可以从乔治那里接受用英国货币来偿付的货款，这样，约翰就能够收回他出口到张三的商品的代价；于是，商品虽已超越国境而移动，但旧中国和英国的货币，却不必超越国境就能够清算张三和约翰之间的、李四和乔治之间的国际收支。如图1所示。

---

① 参见布列格里：《资本主义国家底货币流通与信用》，上册，人民大学版，第 359~360 页。

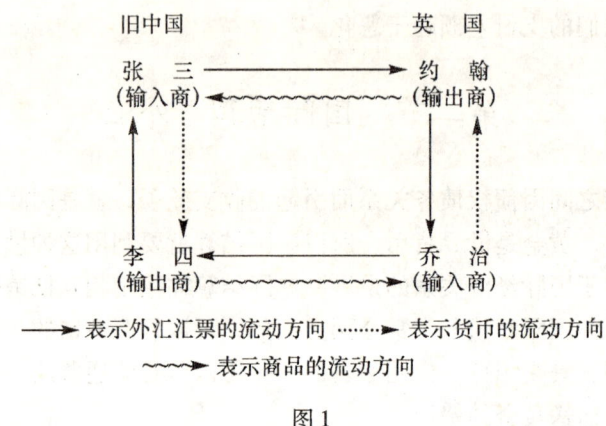

图 1

在这里,必须注意,我们为便于说明起见,曾假设张三是从李四那里直接购买外汇汇票的,但在实际上,在张三和李四两者之间,还有外汇经纪人、外汇银行的中介人,以及经理外汇汇票的需要和供给的业务。

但是,这种汇票的流通范围是很窄狭的,它只能局限于彼此间了解信用能力的人,而且只有在债务的金额和期限相符合时才能使用。

银行制度的发展,银行的票据逐渐代替了私人的票据,银行票据是在银行信用的基础上产生的,主要有三种:(一)银行票据;(二)支票;(三)付款通知书。

银行票据是某一国家的银行对其他具有同业往来关系的外国银行所签发的票据。此种票据不甚流行。

利用银行支票和付款通知书,须以银行的同业往来关系为基础,在此基础上各国银行间彼此签发支票和使用付款通知书,而资本家则向银行购买这些信用凭证作为跟外国债权人结算的工具。在帝国主义时代,以电汇的付款通知书最为流行,以避免汇价波动所受的损失。

此外,作为国际结算的信用工具的,还有信用证(押汇)和外国有价证券,但流行不广。

表现在外国通货上的一切支付委托书,包括银行票据、支票、付

第七章 支付差额、国际结算和国际信用

款通知书及有价证券等,统称为外汇。

现在要发生这样的问题,即用本国货币购买外汇之比价如何决定?

一国的通货单位,以另一国家的通货单位所表现出的"价格",就叫做外汇行市。外汇行市是以铸币平价为基础而决定的,铸币平价是两种通货所包含的纯金或纯银量的比率,例如在德国,1基罗格兰姆纯金等于2790马克,在美国1基罗格兰姆纯金等于664.6145美元,依此计算则1美元等于4.198马克$\left(\frac{2790}{664.6145}\right)$,而1马克等于0.2382美元$\left(\frac{664.6145}{2790}\right)$。

外汇行市也有可能和铸币平价不相一致,这主要决定于该国的支付差额的情况,如某一国支付差额为逆差,那么它的外汇就是求过于供,它的外汇行市便要跌落到铸币平价以下。如果一个国家的支付差额是顺差,就会产生与以上相反的结果。

在金单本位的条件下,外汇行市与铸币平价的偏差是很小的,这是因为受黄金输送费的限制。例如,假设由美国往英国输送黄金的费用,每1英镑为美金0.03元,包括包装、保险、运费及关税等开支。又假设铸币平价为1镑等于4.86美元,则外汇行市的偏差不能超过0.03美元,即1英镑等于4.89美元或4.83美元。因为如果英镑的外汇行市为4.90美元,那么英国商人就宁愿输出黄金了,所以4.89美元就是黄金输出点。假如英镑的外汇行市为4.83美元,则英国商人不愿售出外汇,而以运送黄金回国为有利,故4.83美元就是黄金输入点。

金本位崩溃后,外汇行市与铸币平价的偏差,再也没有什么限制。

纸币的对内贬值,表现于物价上涨;纸币的对外贬值,表现于对外国货币比率的下降。这两种贬值是有联系的,对内贬值必然引起对外贬值,但对外贬值也可能是由另一情况引起的,此即支付差额之恶化,以及由于本位币金属输出国外而造成对本位币金属需要的增加。

但是，对内贬值和对外贬值之间也有可能发生不一致的情形。

纸币的对内贬值落后于其对外贬值，在一定时期就为外汇倾销创造了条件。外汇倾销就是通货贬值的国家按低于世界市场的价格输出商品。外汇行市的跌落，比纸币在本国的贬值更快，就会给出口商带来额外的出口利润。例如，英国与瑞典的外汇行市为 1 英镑等于 15 瑞典克隆，英商将机器输入瑞典，卖得 15000 克隆，假如此时英镑贬值 20%，则 1 英镑等于 12 克隆，15000 克隆可换得 1250 英镑，较之未贬值前可多得 250 英镑，这便是超额出口利润。无疑的，这样便加强了英国商人的竞争力量，此时瑞典必设法补救，即将克隆贬值 20% 到 25%，则英国商人的额外利润便不存在了。

外汇倾销所得的超额出口利润，其来源就是实行通货倾销国家的劳动者实际工资的降低。由于通货对内贬值及对外贬值之偏差，出口商在购买原料及劳动力所支付的，便少于他售卖商品时所获得的收入。由此可见，外汇倾销是以工人阶级的更加贫困化为代价的。

资本主义国家所实行的贴现①政策和外汇政策，对于外汇行市的变动，在某种程度上可能有些影响。例如提高贴现率，一方面防止黄金外流，另一方面是想吸收外国通货，因为外国资本家为贪图高额利息，就愿意将资本流入该国，这样可以改善支付差额。但是贴现政策的作用是很小的，例如经济危机爆发时，无论怎样提高贴现率，也是不能制止资本的外流的。

至于所谓外汇政策，就是用买卖外汇的方法来提高或降低本国通货的汇价。例如发行银行抛售某一国家的外汇，则被抛售的外汇的行市就要下降，反之，该国的通货的汇价却要上涨。但是外汇政策也有其客观的限制，例如，某国的支付差额长期为逆差，外汇政策不能防止该国通货汇价的下跌，如果发行银行不断地抛售外汇，就会使该国外汇准备减少。总之，贴现政策和外汇政策，都不能制止资本主义的盲目自发的法则。

---

① 详见本章第三节。

在资本主义总危机以前，贴现政策和外汇政策还可以多少起些作用，到了资本主义总危机时期，由于金本位制的崩溃，黄金不能自由输出和输入，外汇限制之普遍实行，在外汇限制条件下自由外汇市场已不复存在，外汇根本不能自由买卖，贴现政策和外汇政策的意义更是非常有限了。

第三节 国 际 信 用

国际信用可分为国际短期信用与国际长期信用两方面。

国际短期信用，首先是在对外贸易方面发生的信贷，它服务于对外贸易。此外尚有金融方面的短期贷款，即金融寡头与金融寡头之间和银行与银行之间的贷款，但这里所说的则限于对外贸易方面的信贷。

对外贸易贷款有两种方式：（一）商业信用；（二）银行信用。商业信用是某国的出口商，向他国的进口商所售出的货物，是以延期支付的方式进行的。商业信用有其局限性，所以逐渐被银行信用所代替，国际间商业信用，因商人之间彼此互不相识，危险性特别大，所以很需要银行信用，因此，银行信用获得广泛的发展。

银行信用有下述几种方式：

（1）对外贸易方面最流行的，是银行承兑信用，即商业汇票经过银行的承兑付款。出口商于货物运出后，出口商为取得付款的保证开出一张汇票请求银行承兑，在汇票到期前进口商即付款人必须将款项交付给银行，到期日由银行付款。商业汇票经银行承兑后即变为银行信用。承兑是银行对进口商提供信用。

（2）贴现：汇票由银行承兑但尚未到期，若出口商需用现款，出口商就可以将承兑汇票卖给承兑银行或其他银行，或在贴现市场上出售，扣除未到期的利息，此系银行对出口商提供的信用。

（3）商品凭证抵押货款：出口商将商品凭证如提单之类提交银行，请其贷款，普通货款额只等于货物价款的八成左右，银行将此项商品凭证寄交进口商的银行，委托其向付款人收取款项，然后汇给出口商银行，作为归还货款之用。商品凭证抵押贷款也是向出口商提供的信用。

国际信用，一方面是促进国际贸易发展的因素，但另一方面它又加深国际贸易的矛盾。国际信用首先是各国资本家争夺商品市场的竞争工具，一国的出口商对他国进口商发放信用，是企图把自己的商品大量在国外销售，出口商对进口商发放信用贷款，不仅依靠其自有资金，而且还要靠银行信用。所以国际信用是扩大出口，夺取国外市场的工具。

其次，国际信用也是各国资本家夺取原料市场的工具。发达的资本主义国家，借助国际信用，争夺原料市场，使弱小国家从属于自己。比方说，英国的进口商在印度购买棉花，付给印度以预付金，其目的即在使印度将棉花卖给英国，而且在购买上也是低于国际市场的价格的，这种预付金就统治了印度市场上的棉花。

由此可知：无论进口贷款和出口贷款，都是经济发达的资本主义国家对殖民地附属国掠夺和剥削的一种工具。以信用输出商品，是资本主义国家制止殖民地附属国的民族工业发展的一种手段。以原料为抵押而发放的预付款，其目的在创造宗主国家在购买原料方面的有利条件。

国际短期信用是服务于商品输出和输入的，但是国际经济关系不仅限于商品输出，而且还包括有资本输出。而在帝国主义时期，资本输出具有特别重要的意义。

国际长期信用直接地或间接地都是为资本输出服务的，资本输出，一种是借贷资本输出的方式，即采取直接对外贷款的方法。另一种是工业资本输出的方式，这主要的是采取在资本输出国的货币市场上发行和出售外国企业有价证券的形式。不论资本输出采取哪种方式，都是帝国主义国家奴役和掠夺殖民地附属国人民的工具。

国际贷款的对象，包括：（1）工业或其他企业；（2）政府，市政当局或其他公共法团，这些都是国际贷款的债务人。至于国际贷款的债权人，则可能是：（1）私人资本家和握有这些贷款债券的银行；（2）以贷款供给其他国家的国家。

国际贷款无论采取什么方式，都要通过银行办理。需要依靠国外借款的各企业和政府，不会有专门的机构在外国市场上推销自己的有价证券，而必须利用外国银行的媒介，外国银行就按低于市场的价格购得这些有价证券，并利用这种方法获得巨额利润。

取得国外借款的国家或企业，如将借款用于工业及运输业等方面的投资，则可能带有生产的性质。如果用在弥补政府机关经费、军费等用途上，则属于非生产的范围。但是，即使是生产性的贷款，对于借款国也是不利的，因外国资本只是被投到对帝国主义有利的生产部门，而不是用以发展借款国的生产力。

不论生产性或非生产性的国外借款，都是奴役落后国家的工具，这一点从国外借款的担保上也可以获得证明。私人企业的国外借款，是以企业财产作为担保的，贷款者对借款企业的财产有支配之权。至于国家借款，则经常是以国家的财产或收入作为担保。例如某国向他国借款作修建港口之用，就用港口的收入来作为担保，或者用关税作为担保。这些特殊的保证制度，都意味着债务国丧失主权和外国资本干涉它们的经济和财政。旧中国的反动政府就曾经利用关税、盐税、厘金及铁路等作为取得对外借款的担保。

在帝国主义时代，靠国际信用掠夺别的国家已成为帝国主义所使用的主要方法。国际贷款通常附有条件，须用以购买债权国的货物，以此作为掠夺海外市场的工具。又因债务国为了支付借款的利息不得不增加原料和粮食的出口，同时债权国也强迫债务国采取奖励原料输出和工业品输入的种种办法，使它们成为债权国的农业原料附庸。此外国际贷款还可以作为对殖民地及落后国家索取新特权的手段，例如帝国主义者通过对华贷款，就曾经从旧中国的反动政府手里取得许多特权，如美帝国主义和国民党反革命政权所订立的《中美商约》以及《中美航空协定》等，就是美帝国主义利用贷款夺取旧中国主权的证明。

国际信用使宗主国和殖民地之间的矛盾达于尖锐化，因为宗主国利用贷款残酷地剥削殖民地的劳动人民，使他们的生活水平更为恶劣，因而引起民族解放运动愈加高涨。

国际信用也使帝国主义之间的矛盾尖锐化。因为各个帝国主义国家都力图利用国际信用作为夺取国外市场和国外领土的工具，作为反对自己的竞争者的武器。例如，在第二次世界大战后，英国在南美洲的投资逐渐被美国所排挤，因而加深了英、美帝国主义之间的矛盾。所以国际信用使帝国主义重新瓜分世界的斗争尖锐化，最后就可能引起帝国主义战争。

第八章　资本主义货币信用危机及货币信用制度危机

第一节　资本主义货币信用危机及其主要表现

资本主义生产过剩危机必然引起货币信用领域发生剧烈的震动，表现为货币流通与信用制度的正常机能遭受破坏，如股票行市的急剧下跌，交易所的关闭，存款人拥向银行挤兑，商业银行的破产，甚至发行银行也呈现出不稳固，以及公众对银行券信心的丧失等等，这就是周期性的货币信用危机。

周期性的货币信用危机是怎样发生的呢？为了说明这个问题，必须考察在产业循环的不同阶段上借贷资本的运动。

我们知道：资本主义信用的扩大，是由工业繁荣所引起的，也就是说信用的上层建筑，是以资本主义再生产为其基础的。当工业高涨的初期，利润率随着商品价格的上涨而提高，资本家为了追求利润，相应地扩大企业的经营，对于资本的需求自然也会增加，但是这种情形，并不能立即引起借贷资本需求的激增，因为此时资本家们主要还是利用自有的资本，而不需要更多地借入资本；同时他们对于信用方面的需要，主要还是依靠赊购商品的商业信用，而依赖于银行放款的地方还比较少。

到了工业高涨的最高阶段，对于借贷资本的需要开始剧烈地增加，因为此时不仅工商业资本家需要向银行贷款，而各种投机者亦更需要向银行贷款；同时，正由于这样，信用的增加便不可避免地会超过生产的扩大。

工业的高涨必然伴随着危机的发生。商品的供给超过了对商品的需求，销路便陷于停滞，利润则随之而降落，相反的，对借贷资本的需求却大大超过其供给，利息因而急剧提高。这是因为资本家为了偿还自己的债务以免遭受破产，所以，大量地追求货币充作支付的手段，同时在商品跌价的情形下，充作贮藏手段的货币的需求量也大为增加。由此可知，在危机时期信用的扩大，绝不是意味着真实资本的增加，而是生产过剩发生危机的一种表现。

到了产业脱离危机转入萧条时期，这时商品的销路始逐渐恢复，物价停止下跌，破产的数目也随之减少，资本家不再迫切需要货币去清偿债务和当作贮藏手段，同时资本家也不敢贸然扩充营业，所以当作资本的货币还不很需要。这样，利息率又会急剧地下降。

从以上的说明可以知道：货币信用危机的本质，简略地说，就在于它是周期性生产过剩危机的必然的表现形式，或者说它是工业危机的先驱和伴侣。

货币信用危机，在商业信用、银行信用、证券市场和货币流通等方面，均有其各自不同的表现。

首先，在商业信用方面：(1)由于商品无法销售，资本家没有货币去偿付业已到期的债款，致破产的结果，引起大部分债务的勾销，或者说，被强制的进行清理旧的债务；(2)由于在危机时期生产和商品流转的缩减，资本家赊售商品和赊购商品的数量均相应的缩减了，以致引起商业信用的供给和需要的减少；同时也由于前一情况，即大批的破产和欠债勾销，更加助长了这一倾向，卖方则不愿以信用方式出售货物，而要求买方能付给现款。

其次，在银行信用方面：(1)借贷资本的需求大大超过其供给，从而使利息率急剧提高，其原因在前面已经叙述过了；(2)在危机以前银行发放给工商业资本家的贷款，由于商品销路停滞，价格猛跌，贷款不能如期收回，此外银行在股票债券方面的投资，亦将因危机时期股票债券行市下跌和不易推销，投资大部分陷于呆滞，这一切都说明危机时期银行的资产是被大批地"冻结"起来了；(3)在危机时期，便会有大批存款人向银行提取存款，因为工商业资本家要偿付自己的债务，要支付各项开支，同时所有存款人都害怕在银行破产时损失资金，往往几家银行破产就会影响其他银行的存户们赶快去挤兑，从而使大多数银行宣告破产。如果估计到银行资产的大批被"冻结"，就更能证明银行的偿付能力已极端削弱，从而银行破产的现象将达于极其恐慌的地步。

再次，在证券市场方面，由于利润率的下降，股利低落，有价证券的行市猛烈下降，在证券市场上便会形成只卖不买的现象，使证券市场陷于停顿状态。

最后，在国际信用方面，最主要的现象就是支付差额的恶化或巨额逆差。引起支付差额恶化的原因很多，如商品输出的缩减和国际市场上商品价格的跌落，都会造成贸易差额的恶化；此外，航务收入因国际货运缩减而降低，对外贷款的收入因外国债务人无偿付能力而减少等，所有这些情形，都直接造成支付差额的恶化。其结果，支付差额形成逆差的国家不得不大量输出黄金，这又造成黄金准备的锐减，在一定的条件下甚至可能停止银行券的兑现，这一点在后面还要讲到。支付差额的逆差，不仅用输出黄金的办法来弥补，而同时也有用停止偿付外国的债务的手段来"弥补"。

危机也反映在货币流通状况上。起初是资本家们强烈地追逐现款，一切信用的锁链都破裂了，商品的跌价也引起抛售现象，只有现款才是"可靠"的。但是随危机的进一步发展，以后就开始追逐黄金，因而发行银行的地位也有动摇的可能，公众对银行券的信心便会随之逐渐丧失。如马克思所指出：在危机时，"……一切现实的富，就都必须现实地突然地转化为货币，为金和银。这是一种发狂的，但是必然会由这个制度本身引起的要求。"①

所有上述诸种现象，均表明资本主义货币信用制度的正常机能已遭受严重的破坏，呈现着极度紊乱与紧张的情势，并可能引起整个货币信用制度趋于崩溃。

前面已经指出：货币信用危机是在工业危机的基础上产生和发展

---

① 马克思：《资本论》，第三卷，人民出版社1954年版，第743页。

的。例如在危机中，大批银行的破产，是由于生产过剩的危机所导致的物价猛跌，从而使大批债务人无法偿付其贷款。但是在另一方面，货币信用危机又反转来影响工业危机，而使其更加尖锐化。例如，银行的破产虽然在基本上是由工商业的破产所引起的，但是银行破产又促使更多的工商业资本家加速破产，因为它们存放在银行里的货币资金受到了损失。同时，对现款的追逐使资本家更加急于出售商品，也就会加速物价惨跌，造成商品销售不出去的危机。

这就说明：货币信用危机如同周期性经济危机一样，对资本主义经济有着不可避免的严重的破坏作用。

但这并不是说，货币信用危机对所有资产阶级都是不利的，事实上，它对于资本主义社会各种不同阶级和阶层，却予以各种不同的影响。

对工人阶级来说，货币信用危机加深了工业危机，促使生产萎缩的现象拖延和恶化，会造成大批工人失业，并使资产阶级加重对工人的剥削，以图补偿其在物价惨跌时所受的"损失"，这更加促进工人阶级的贫困化。

货币信用危机将促进对于中小资产阶级的掠夺，而助长资本的集中和大资本家集团的发财。例如，在危机中破产最多的还是中小银行，而少数的大银行则利用这个机会将其变成自己的分支行。又例如在证券市场上，按极低的价格抛售证券的，大多数是较小的证券持有人，而大资本家则以大鱼吃小鱼的方式廉价收买股票和债券。

这里必须指出，货币信用危机对工人阶级有害的影响，因其与资本主义制度的根本矛盾相联系，而且涉及最广大的劳动群众，所以具有更加重要的性质。

正如在资本主义发展史上出现过许多次的周期生产过剩危机一样，货币信用危机也爆发过许多次，例如前垄断时期的1825年和1857年，以及帝国主义时代的1900年和1907年、1929—1933年都发生了货币信用危机。为了用事实来印证上述的理论，这里就1907年的一次危机加以简单的说明。

在1903年以后，资本主义工业曾由萧条走向暂时的繁荣，例如美国从 1902—1907 年工业生产指数增加 28%，德国从 1902—1906 年工业生产指数增加 23%。工业高涨带来了信用的扩张，但后者远超过前者的增长，以德国来说，工业生产只增加 23%，而公司股票（虚拟的资本）在 1905—1907 年的三年期间，比前三年要多 68%；同时银行的贴现放款及投资等业务，则扩大了 62%（1902—1906 年）。美国的情形也大致相同。①

1907 年爆发了新的经济危机，并且伴随而来的也是货币—信用危机。

这次危机在美国更发生了强大的威力，由于铜价的猛跌以及制铜公司股票的跌价，致使许多贷款给它们和从事制铜公司股票投机的银行趋于倒闭。1907 年 10 月 22 日，规模占纽约第三位的一个信托公司（相当于银行），在许多存款人挤兑以后破产了，存款人在几小时内提出了 8 百万美元，这是引起金融市场的总混乱和向银行大批挤兑的信号。1907—1908 年，曾有 243 家银行趋于倒闭。普遍地追求现款促成货币极端缺乏，使放款利息急剧提高，活期放款利息率在 1907 年 10 月底已达到空前未有的最高水平：100% 到 130%。在许多小银行倒闭的情形下，大银行趁机扩充了自己的势力，例如在 1907 年 10 月 24 日危机最严重时期，以摩根银行为首的一些最大的美国银行，曾设立了一个 2500 万美元购买股票的保证基金，表面上好像是维持股票的行市，而实际上则是廉价收购股票以便趁机将若干企业置于自己控制之下。

从这个事例中，我们可以看得出——虽然只是大略地——货币信用危机的一些主要现象及其产生的原因和后果。

第二节 什么是资本主义货币信用制度的危机？

从第一次帝国主义世界大战时起，资本主义就进入了其发展的新

---

① 参见布列格里：《资本主义国家底货币流通与信用》，上册，人民大学版，第 418 页。

阶段——资本主义总危机的时期。资本主义总危机，乃是一个全面性的危机，它既包括经济方面，也包括政治方面。斯大林在论及1929—1933年的资本主义经济危机时，曾经说过："现今的经济危机是在资本主义总危机的基础上扩展着的，这个资本主义总危机是早在帝国主义大战时代就产生出来的，它动摇着资本主义制度的基础，促进了经济危机的到来。"①

资本主义总危机时期的基本特点，在于伟大的十月社会主义革命胜利后，资本主义已经不是唯一的世界经济制度，而同它并存的，还有一个社会主义制度。斯大林说："首先，这是说明：帝国主义大战及其后果加强了资本主义的腐朽过程和破坏了资本主义底平衡状态；我们现今是处于战争与革命的时代；资本主义已经不是唯一无二和包罗万象的世界经济体系；现时除了资本主义经济体系而外，还存在有社会主义经济体系，它在日益增长，它在日益繁荣，它与资本主义体系相对抗，并且单只它本身存在的这一事实就显示出资本主义底腐朽性，动摇着资本主义底基础。"②

这也就是说，第一次帝国主义世界大战的结果，使资本主义腐朽性更为加深，资本主义各国发展不平衡性也进一步加强，而矛盾也更加尖锐，其后果必将导致新的帝国主义战争。"战争原是资本主义总危机底反映，而战争本身又加剧了这个危机，削弱了世界资本主义。"③

在资本主义总危机的条件下，资本主义腐朽性的加深，突出地表现在资本主义国家经济发展的缓慢上，"此时资本主义各国工业由帝国主义大战方面承受了一种再也无法摆脱的遗产，即企业中生产能力

---

① 斯大林：《在联共（布）第十六次代表大会上关于中央委员会政治工作的总结报告》，人民出版社版，第11页。

② 斯大林：《在联共（布）第十六次代表大会上关于中央委员会政治工作的总结报告》，人民出版社版，第11页。

③ 《联共（布）党史简明教程》，苏联外国文书籍出版局1953年中文版，第224页。

第八章 资本主义货币信用危机及货币信用制度危机

经常不能全部利用和数千万人失业的现象"①。发生这种现象的原因是：资本主义剥削的范围由于俄国之脱离帝国主义体系而缩小，帝国主义在殖民地与附属国内殖民体系也遭受到严重的打击，以及资本主义各国劳动群众日益趋于绝对与相对贫困化，使国内市场日愈缩小。

在总危机条件下，资本主义腐朽性的最显著的特征之一，就是资产阶级国家的寄生性之空前未有的增长，特别是国民经济军事化和进行军备竞赛。日益增长的庞大开支，是靠加强对劳动群众的剥削来实现的，这就造成劳动群众购买力大大缩小，使商品销售更加困难，而同时资本主义社会的阶级矛盾也更加尖锐。

资本主义国家，在经济上腐朽加深的同时，政治上也趋向反动，法西斯主义就是资本主义总危机的产物。

第二次世界大战后，资本主义总危机进一步加深了，由于人民民主国家的诞生和日益强大，同苏联一起构成和平民主的社会主义阵营，这个阵营的力量正在不断地发展壮大，而帝国主义阵营的力量则不断地削弱。

正如斯大林所指出的："两个对立阵营存在之经济结果，就是统一的无所不包的世界市场瓦解了，因而现在就有了两个平行的也是互相对立的世界市场。"②这种情况决定了世界资本主义体系总危机正在进一步加深，因为，这种情况使各主要资本主义国家夺取世界资源的范围越发缩小，使它们的商品的世界销售市场更加狭窄，而各资本主义国家企业开工不足的现象日趋扩大。资本主义世界市场的缩小，引起帝国主义之间争夺销售市场、原料产地以及投资范围当中所发生的矛盾进一步尖锐化，以致资本主义国家战争的不可避免性仍然在它们之间存在着。

以上是关于资本主义总危机的主要特征的一个简略的说明。从上

---

① 斯大林：《列宁主义问题》，苏联外国文书籍出版局1950年中文版，第565页。

② 斯大林：《苏联社会主义经济问题》，人民出版社1953年版，第27页。

述的说明中，我们可以知道：即使在经济领域内，资本主义总危机的反映也是多方面的，其中当然也包括资本主义货币信用方面。

资本主义总危机在货币信用领域内的反映，就是资本主义货币信用制度危机。这个危机和周期性的货币信用危机不同，它并不是意味着存款人拥向银行挤兑和利息率的提高等等，而是意味着货币流通和信用的稳定性被根本破坏；它本身并不是生产过剩的周期危机的表现，而是资本主义制度总危机的表现，并且它在整个发展过程中是伴随着资本主义总危机的。

资本主义总危机时期货币信用制度危机的主要现象，分别在以下各节加以说明。

第三节 货币信用制度危机在货币流通方面的主要表现

在货币流通方面，货币信用制度危机的主要表现，首先就是金本位制的崩溃。帝国主义时代，金本位制的基础已开始削弱，为破坏币制稳定造成了前提条件。首先，由于资本主义各国发展之愈加不平衡，引起世界黄金存量的分配也愈加不平衡，有三分之二份额集中在美、英、法、德和帝俄五个国家中，其他国家则失去了货币的黄金准备。保有黄金准备的国家，在流通中的黄金相对缩小，把大部分的黄金集中于中央银行作为战争的准备。这两点都引起流通中金铸币数量的收缩，从而削弱了金本位制的基础。

其次，由于军国主义的成长，为了准备和进行世界战争，遂促使这些国家财政支出大量的激增，促使利用纸币的发行作为供应军费开支的手段，这就破坏了纸币对黄金自由兑现的可能性。

最后，在垄断资本主义条件下，很多国家都建立了很高的关税壁垒，妨碍了商品的自由输出或输入，在相当程度上妨碍了黄金在国际间的自由移动。

由于上述各种因素，削弱了金本位制的基础，不过此时还未达到使金本位制度崩溃的程度。在第一次世界大战以前，金币本位制尚能

第八章　资本主义货币信用危机及货币信用制度危机

继续发挥作用，但到了资本主义总危机阶段，金本位制就趋于崩溃了。

早在第一次世界大战及战后，金币本位制已表现出崩溃的征兆：各国银行券停止兑现，大量发行纸币，禁止黄金输出等等。

随着资本主义相对稳定阶段（1924—1928年）的到来，许多国家企图恢复金本位，但在总危机条件下，已不可能再恢复金币自由铸造和银行券自由兑现。世界黄金存量的分配不平衡性则更甚了，在1913—1924年这个时期内，美国的黄金存量大大地增加了，而其他国家的黄金存量则锐减了。因此，它们也只能实行新的金本位制——金块本位制和金汇兑本位制。

这两种货币制度虽仍系金本位制，但已经是贫血的衰弱的金本位，因为，在金铸币本位之下，黄金可以流通的场合，通过货币的贮藏手段的职能，流通中的货币量得以盲目地被调节，所以还能保持货币流通的相对稳定。但在这两种货币制度下都取消了黄金的流通，这个盲目调节的机构已被破坏，流通中的货币量就不能和商品周转的需要相适合，必然引起金融物价之极不稳定。此外，在这两种货币制度下，银行券要兑现为黄金，已受到严重的阻碍，如英国规定银行券兑换为金块须在1700英镑以上。这便使银行券的信用易于动摇，从而使整个货币制度不稳固。

因此，在这个时期内资本主义各国普遍实行这种削弱了的金本位制，而不能恢复"古典的"金铸币本位制，这就是货币信用制度危机的重要标志。

新的金本位制之削弱的、不稳定的性质，很快就暴露出来。1929—1933年的经济危机，引起资本主义货币制度的危机，结果金块本位制和金汇兑本位制都告崩溃。引起崩溃的直接原因，大多数国家都是由于支付差额恶化和资本逃避所引起的黄金准备的锐减。例如，在德国，从1930年12月到1931年7月，有21亿马克的外国资本从德国银行内逃亡了；而德国国家银行的黄金和外汇准备在一个半月期内减少了11亿马克，即减少了42%以上。结果德国宣告停付外债，禁止黄金自由输出和实施严格的外汇管制，这就意味着金汇兑本位制的崩溃。其他如英国、拉丁美洲各国也大致相同。只有美国金本位制崩溃的直接原因，与其他各国不同，对金本位制的打击主要是来自内部——即 1933 年空前未有的银行危机。虽然美国拥有巨额的黄金准备，但在存款人大批向银行提存的情况下，它也是显得不够的。美国垄断资本为了加强美国在世界市场上的竞争能力和进一步的削减工人阶级的生活水平，而自动地促进和利用贬低货币价值，以寻求解脱自己危机的方法，这也是美国取消金本位的重要因素。

正如斯大林所曾指示的，各国货币危机的直接的和具体的原因虽有不同，但是世界经济危机的发展和尖锐化，却是货币危机的共同根源；而这种世界经济危机，使商品价格惨跌，这就意味着债务人的实际负债额和他们的偿债负担大量增加①。

货币信用制度危机在货币流通方面的第二个主要表现，就是长期的通货膨胀。在资本主义总危机以前，虽然有些国家内也有过通货膨胀的情形，但是，这种膨胀还是个别的，不是经常的现象。在资本主义总危机条件下，情形就完全不同。从第一次世界大战时起到现在，若干年来，资本主义世界只是在资本主义相对稳定的几年间没有通货贬值的情形；但是，在资本主义相对稳定的短促时间以前，却曾经有过整整十年的战时和战后的通货膨胀；而在这个时期以后，几乎整个资本主义世界都蔓延着通货膨胀和通货贬值的现象。通货膨胀的庞大规模和近乎长期的性质，是货币信用制度危机的最显著现象之一。

为什么会发生这种现象呢？因为资本主义总危机本身首先就表现是一个战争和革命的时代，资本主义国家发展的不平衡性，随时带来战争的威胁，为了准备战争和进行战争所需要的庞大开支，其中一部分就要依靠发行纸币来弥补；此外，资产阶级政府有意识地用通货膨胀把军费负担转嫁在劳动大众的肩上，也是形成这种现象的原因。

第二次世界大战以后，美、英、法帝国主义者为了准备反对苏联

---

① 参阅斯大林：《在第十七次党代表大会上关于联共（布）中央工作的总结报告》，人民出版社版，第 4 页。

第八章 资本主义货币信用危机及货币信用制度危机

和人民民主国家的战争，以及随后更发动侵略朝鲜的战争，军费预算异常庞大，例如美国的直接军费在 1952—1953 年增加到 582 亿美元，占全部国家预算的 74%。结果便造成滥发纸币和通货空前未有的贬值。根据官方显然虚报的数字，美元在 1951 年的购买力只等于 1939 年的 43%，英镑在同一时期中下跌到原价值的 32%，其他资本主义各国，情况亦大致相同或者更为严重些。

货币信用制度危机，在货币流通方面的第三个主要表现，就是大多数资本主义国家实行通货贬值。在 1929—1933 年的经济危机中，各资本主义国家金本位制宣告崩溃后，好些国家都实行了通货贬值。例如：1934 年 1 月美国改定纯金 1 盎斯合 35 美元，将美元所含纯金量减至 59.06%。又如 1936 年 10 月法国实行法郎贬值，接着在 1937 年和 1938 年又实行了两次贬值，到第二次世界大战前夜，法郎的汇价比 1929 年的黄金平价降低 60%。

各资本主义国家实行通货贬值的直接原因或有不同，但根本上乃是由于各该国家黄金准备的减少，以及资产阶级企图借此降低工人生活水平和借助通货倾销以加强自己在世界市场上的竞争地位。

在 1949 年有许多个资本主义国家实行通货贬值，是通货危机最显著的表现，在数日之内，贬值风潮席卷了二十余国，这种情形是过去从来未曾有过的。这次贬值，包括着英、法、意、比、荷等国，各种通货对美元的比率，总计贬值了 12% 到 30%（这次通货贬值不是表现在贬低含金量，而是表现在贬低它们对美元的比率）。

此次各国通货贬值的直接原因，是西欧及其他资本主义各国支付差额的急剧恶化以及黄金和美元准备的剧烈缩减的结果。这是由于美帝国主义强使各国扩军备战，并限制这些国家对苏联和人民民主国家进行贸易所引起的。但是必须指出，这次通货贬值并不能改善西欧各国在国际市场上的地位和它们的支付差额。在 1929—1933 年的危机时期，通货贬值实际上就是增加各通货贬值国家的货物出口的手段，因当时是一些个别国家在不同时期内贬低它们的币值，使它们在世界市场上能暂时的比其他国家处于优越的地位；而在现时，通货贬值是在许多国家同时实行的，所以就各国之间的贸易来说，从通货贬值方面就得不到什么利益。至于各贬值国家对美国来说，它们在对外贸易上也得不到什么好处，因为美国工业的生产费比它们更为低廉，不允许它们在世界市场上同它来竞争；同时，美国通过各种形式的奴役借款，强迫着它们购买它的货物，而且也不按照外汇汇率的比例计算。对美国来说，这次通货贬值是有巨大利益的，因为美国可按很低廉的价格购买西欧各国及其殖民地企业，并有可能搜刮各种原料。对西欧各国的大资本家也是有利的，因为贬值带来了物价的上涨，使他们进一步压低工人的实际工资而获得最大限度的利润。根据以上分析，可以说明，为什么西欧各国政府要与美国勾结起来，实行通货贬值了。

第四节　货币信用制度危机在信用制度与国际信用方面的主要表现

在信用制度方面，货币信用制度危机的主要表现：

第一，就是借贷资本的长期过剩。

前面已经说过，总危机时期资本主义扩大再生产非常缓慢，如以美国的工业生产指数在1929年到1951年这一时期内只增加了一倍，同时期英国只增加60%，而西欧其他几个资本主义国家的工业产量则仍停滞在1929年的水平上下。这就是23年中资本主义国家工业生产增长的情形，而且有的国家之所以有些增加，主要是由于军事生产的激增才有了发展。

资本主义的扩大再生产，在资本主义总危机的条件下，是以缓慢的速度在进行，然而借贷资本的积累，却是以快速的速度在进展，结果是借贷资本的增加与真实资本的增加两者间产生很大的不一致。例如美国的银行资本和存款在25年间（1913—1938年）增加了200%，而工业产量则只增加了20%；英国银行的资本和存款增加了150%，而工业产量则只增加13%。

引起这种现象的原因，一方面是由于扩大再生产的缓慢，工业开工不足，以致工业生产不能吸收更多的资本；另一方面，则由于通货膨胀加重对工人的剥削，垄断资本家却获得了最高额的利润。例如，

第八章 资本主义货币信用危机及货币信用制度危机

根据缩小了的官方统计，美国垄断资本家的利润，从1938年的33亿美元增加到1951年的429亿美元，其他国家的垄断资本家也都获得巨额利润，虽然这些国家的经济处在长期的停滞状态中。这样，积累起来的资本既不易投入工业生产，于是大量转化为借贷资本。所以借贷资本的积累并不表示资本的增加，相反的，乃是工商业衰落和通货膨胀而造成的必然现象。

第二次世界大战及战后，各资本主义国家的银行存款的增长，也大大超过了工业生产的扩大。例如从1937年到1949年12月，活期存款和不定期存款总额，即在任何时期都可以用作购买和支付手段的存款数额，美国增加了2.6倍，英国增加了2.2倍，法国增加了22倍；同时期美国的工业产量只增加了58%，英国只增加了18%，法国只增加了13%。

战时和战后银行存款的大量增加，主要是跟国家军事支出和通货膨胀有关的。例如政府支付给垄断资本家（如军火商人）大量的货款，除现款外，也常常用发行银行的支票，而这些资本家便将其支票存入商业银行自己的存款中。此外，非军事的经济部门的紧缩，使其一部分资本以货币形式空闲出来。所以借贷资本的过剩，可以说是通货膨胀和国民经济军事化的结果。

第二，就是信用制度寄生性的变化。借贷资本由于扩大再生产的缓慢而不能走入生产用途，就在生产领域以外来寻觅它的用途。最初，银行资金的庞大数额不用于对工商业的贷款，而用于有价证券的交易投机。到了1929—1933年经济危机以后，国家有价证券在银行资产中，开始占了更大的地位。军备的增加和因此所引起的国家预算的赤字，引起了更多国家公债的发行，大量的借贷资本，被国家公债吸收了。例如，美国联合准备制度的各会员银行的放款和投资总额，在1914年投资于国家有价证券的不到十分之一，而在1938年则已经有三分之一以上是投资于国家有价证券。

还在第二次世界大战以前，各法西斯国家就将其全部经济转入战时体制，德国、日本、意大利的货币信用制度，都变成了军备的财政拨款机构，变成了帝国主义侵略的工具了。

第二次世界大战期中及战后，帝国主义国家发行的国家公债有了惊人的增长。战后由于美、英、法等帝国主义者，为了反对苏联和人民民主国家，实行扩军备战政策，而发行的国家公债又有很大的增长。以美国来说，在 1941 年底参战时国债只有 580 亿美元，到了 1945 年 9 月则达 2630 亿美元，而到战后 1953 年春，美国总统艾森豪威尔在致美国国会的咨文中，曾经透露，美国国债数字已达 2650 亿美元之巨。国家债务的累积，也引起了严重的社会后果，因为公债的绝大部分是集中在金融寡头手中，他们依靠这些公债取得大量收入，但是国家用以支付公债利息和偿还公债的，却都是劳动群众所负担的各项捐税。

大量的国债为资本主义银行所吸收，使这些银行变成军事拨款的机构，同时引起它们实际业务性质的变化：一方面，工业（军事工业除外）贷款的比重剧烈地降低了；另一方面，对国家有价证券方面的投资则剧烈地增加了。例如，美国商业银行向国家有价证券方面的投资，在放款和投资总额中所占的比重，从 1941 年年底到 1945 年 6 月，由 43% 提高到 73%。此外，以通常贴现放款业务的方式也部分地弥补了国家的财政拨款，因为各银行对国库票据贴现并对顾客办理国家有价证券抵押放款，这样一来，所有商业银行的全部资金的最大部分，就被用在军事的财政拨款方面。

在战后时期，虽然银行资金对国家公债和对国库放款的投资，比战争期间减少了一些，但是，战后银行资金的主要部分还是停留在对资产阶级国家的财政资助上。例如美国商业银行对国家有价证券的投资，在银行投资和放款总额中所占比重，在 1950 年 2 月仍达 56%，而 1939 年底则只占 40%。与此相反，其他放款和投资则由 60% 降为 44%。这就是说，国民经济方面的实际信用数额相对地大为减少，而非生产性地用于财政供应的借贷资本数额，则大为增加了。

上述情况说明除了整个资本主义加速腐朽以外，资本主义信用制度也加速腐朽了；同时银行资金冻结在国家财政供应的业务上，也正是意味着银行清偿力的剧烈的削弱。

最后，货币信用制度危机在国际信用方面的主要表现，便是国际

第八章 资本主义货币信用危机及货币信用制度危机

金融剥削中心由欧洲移至美国，美国成为全世界的高利贷者。

我们知道，在资本主义总危机阶段，资本主义国家发展的不平衡性更加突出了，而美国在世界资本主义经济中的比重，却因其他国家的比重的降低而强烈地增加起来。"经济中心从欧洲转移到美洲"①。这种情形，也在国际信用领域中引起了重大的变动。

在第一次世界大战以前，英国占资本输出的第一位，其次是法国和德国，而美国还是一个债务成分多于债权成分的国家。大战以后，英国和法国的资本输出锐减，德国则已由债权国变成债务国；反之，美国的资本输出则大量增加。战前，每年英国资本的出口比美国要多17倍，而每年法国资本的出口比美国要多15倍多，可是到1924—1929年，美国资本的出口差不多超过了英国和法国资本总出口额的一倍。

美国以达10亿美元的贷款供给希特勒德国，用在发展军事工业、准备新的掠夺战争上，这不但保障了美国金融寡头的最大限度利润，同时也达到其武装法西斯德国以进攻苏联的阴谋。此外，美国并向拉丁美洲各国增加投资，到1929年就差不多已经有和英国相等的投资，而在这里美国于1913年的投资只等于英国的三分之一。现在美英之间争夺投资地盘的斗争，已使这两个最大的帝国主义强盗之间的矛盾更趋尖锐化。

第二次世界大战，使西欧各资本主义国家急剧的削弱，并使美国得以牺牲这些国家而日趋强大，因而使各国发展的不平衡更加尖锐化。从1938年到1947年，美国在整个资本主义世界的工业生产中所占的比重，由49%提高到60%，在这样的情况下，金融力量大规模地集中于美国，使美国在国际资本主义信用方面夺得了垄断的地位，把其余资本主义国家都变成它的债务国和附属国。

在第二次世界大战期间，英国在其40亿英镑的国外资产中，曾出售了11亿英镑以上的资产，这样英国便失去了四分之一以上的国外投资，而这些投资大部分是被美国人收买去了。美国的国外投资则

---

① 《斯大林全集》，第十卷，人民出版社版，第234页。

在十年间（1938—1948年）增加了一倍半以上，到1949年初已达302亿美元。美国资本的输出主要是采取借贷资本输出的方式，并且是用对资本主义世界的其他国家（其中包括英国和法国）供给奴役的对外贷款的方式表现出来，而这些国家在过去它们本身就是具有世界规模的债权人。

美帝国主义增加资本输出，决不只是经济上的动机，更重要的是它在政治上包藏的野心。美国垄断资本家集团，利用这些贷款作为争取世界统治地位的斗争工具，和准备反对和平民主阵营的侵略战争的重要杠杆。

战后美帝国主义利用国际信用作为经济上和政治上扩张侵略的工具，主要是通过三种方式来实现的。

第一个方式，就是建立完全在美国控制下的国际信用与外汇组织——国际复兴发展银行与国际外汇基金。事实证明，这些组织都是美帝国主义的工具，例如国际复兴发展银行，就拒绝对波兰和捷克斯洛伐克贷款，因为它们曾拒绝参加奴役性的"马歇尔计划"的建议。

第二个方式，是美国和其他各资本主义国家间的双边借款协定，即美国对其他资本主义国家的直接贷款，如英、法、意、拉丁美洲国家以及国民党反革命政权都曾接受这种奴役式的贷款。这些贷款都附有奴役债务国的条件，例如1945年对英国贷款的375千万美元，就订有在对外贸易方面使英国处于依赖美国的地位，以及在政治上把英国变成反苏伙伴的条款；又如大量的对国民党反革命政权贷款（据魏子初计算，至1948年止，美国对国民党反革命政权的贷款总额为6268208522美元①的结果，就以1946年的奴役性的商约加在中国身上。

第三种方式，就是所谓"马歇尔计划"。这个"计划"在1947年，当公然侵略的"杜鲁门主义"引起全世界进步民主人士的愤慨以后，美帝国主义不得不玩弄花样，又提出以更隐蔽的方式来掩饰其侵略政策的这个"马歇尔计划"。按照这个"计划"的规定，有两种形式的"援

---

① 参见《帝国主义在华投资》，人民出版社版，第20页。

助":(1)以无报酬的补助或赠送的方式;(2)有报酬的方式。后者包括经由美国政府的进出口银行提供关于美国货物供应方面的信用。

但是,所谓无报酬的"援助",事实上是虚伪的,因为供应给"马歇尔化"国家的货物,是由美国国库方面偿付,也就是实际上由美国纳税人偿付予美国资本家的。而且接受这种"援助"的国家,都是以牺牲国家主权作为代价的。

"马歇尔计划"的本质,在经济方面,最重要的就是美国统治西欧各国的对外贸易,使美国货物在这些国家的市场上通行无阻,破坏各国的经济独立使它们成为美国的经济附庸。造成各国的工业衰落,引起失业的增加。在政治方面,就是建立对这些国家的政治统治(特别是把联邦德国变成反苏基地),并结成军事侵略集团,如"西欧联盟"、"北大西洋公约"等。总之,"马歇尔计划"是一个极端反动的反苏反人民的计划。1952年6月,该项"计划"已宣告可耻的结局,而为强迫西欧各国扩军备战的"共同安全计划"所代替。

但是,尽管美帝国主义者借助于种种金融掠夺的方法,企图实现其统治全世界的迷梦,其结果只是使帝国主义国家相互之间,特别是美英之间的矛盾愈来愈尖锐,最后只有引起不可避免的冲突。诚如马林科夫所指出的:"由于美国资本主义在'援助'的借口下,以贷款方式打入英国、法国和意大利的经济,夺取英法殖民地的原料和销售市场,美英之间和美法之间的矛盾已经尖锐而且将更加尖锐。英国,接着还有法国和其他资本主义国家,正在力求摆脱对美国的依附,以便保证自己有独立的地位和高额的利润。"[①]

---

① 马林科夫:《在第十九次党代表大会上关于联共(布)中央工作的总结报告》,人民出版社版,第10页。

第九章 资产阶级货币学说批判

第一节 货币金属学说，单纯的货币商品学说

金属学说，往往又叫做金属主义。它主张：货币之所以能够成为货币，是因为货币本身具有币材价值，是因为充作货币的贵金属本身所具有的价值的缘故。所以金属学说认为货币的本质就是贵金属；贵金属即货币，货币即贵金属。

其次，一定量的贵金属，可以随时铸成货币（金币或银币），货币也可以随时熔化成一定量的贵金属，而贵金属不过是许多商品中的一种，因而货币也不外是一种商品。这就是从金属学说的主张演绎下来，必然会得到的一个结论。同时，这也说明了货币金属学说和货币商品学说之间的必然的密切关联。

货币金属学说的代表者，普通都认为是古典学派。古典学派的李嘉图在他所著的《经济学及赋税之原理》第二十七章中曾说："倘若国家铸造货币，不收造币费时，则货币价值，就跟成色重量相等的同一金属片的价值相等；倘若要收造币费，则货币价值，就比未铸货币的金属片为大。其差额，就是造币费。"[①]李嘉图在这里所说的货币，就是指金银而言，他所说的金银，即指货币。这两者在文字上并没有严加区别，因而金属概念跟货币概念，往往混同不分。

货币金属学说的错误，是显而易见的：

第一，货币金属学说误认货币之所以能够成为货币，货币在资本

---

① 李嘉图：《经济学及赋税之原理》，参阅中华书局版，第277页。

第九章　资产阶级货币学说批判

主义经济生活上所发挥的极大的权力的根源,是在于充作货币材料的贵金属的价值上。显然的,这种见解,没有看见使金银贵金属转化为货币,转化为一般等价物的作用(参照本书第一章第二节)。

第二,货币金属学说,对于货币与货币材料的贵金属,不加区别,把这两者混同为一,这是没有道理的。金属货币虽用贵金属铸造而成,但在铸造货币之后,货币跟贵金属必须严加区别。贵金属只是许多商品中的一种,而货币却是起着一般等价物作用的商品,是测量一切商品价值的总衡量。贵金属可供消费之用,故有直接的使用价值;货币,"饥不足以为食,寒不足以为衣",只有经过交换过程,才能够获得供我们消费的物资,故无直接的使用价值。"金银天然并非货币,但货币天然是金银。"①马克思的这个指示,是货币金属学说所不能了解的。

第三,因为货币金属学说主张货币之所以成为货币,是因为货币本身具有币材价值,而对在货币材料价值上,差不多毫无价值的纸币,为什么也会充作货币来行使,它就无法来说明。这也是货币金属学说的一个致命的弱点。

在前面,我们曾经说过,货币金属学说和货币商品学说之间,有着必然的密切关联。因为从金属学说的主张演绎下来,一定要达到这个结论:货币就是贵金属,而贵金属不过是许多商品中的一种,因而货币也不外是一种商品。这是很幼稚的货币商品学说。例如密尔在其所著《经济学原理》第三篇第九章中,曾说:"货币不过是普通商品而已。价值的大小,决定于供给与需要,但其价值的最后决定,则在生产费用。"幼稚的货币商品学说的代表人物,在英国有屠克、富拉尔东、威尔逊等,以及古典学派的学者;在德国则为瓦格涅等。这些人往往过于强调货币的商品性,而陷于不把商品与货币加以区别的错误。固然,货币不能够与商品相分离,货币是由"商品分裂为商品与货币的结果"而产生的,因而货币与商品形成为统一物。但是,由商品世界分化了出来的货币,却不是单纯的商品,它是起着一般等价物

---

① 马克思:《政治经济学批判》,人民出版社版,第117页。

作用的商品，是测量一切商品价值的总衡量，从这点看来，货币是跟商品不同的。幼稚的货币商品学说，因为没有作全面的观察，只看见货币是商品的一面，却没有看见货币与一般商品不同的另一面。

我们的货币理论，是站在劳动价值学说的立场，从价值形态的分析出发，追溯货币的起源，一方面承认货币的商品性，同时又指出了为什么从商品世界里要分化出商品与货币，以及这两者不同之点，这跟幼稚的货币商品学说大不相同。

马克思曾说："像各种商品一样，货币也只能把它自己的价值，相对地表现在别种商品上。它自己的价值，是由生产它必要的劳动时间规定的，并且是由包含等量劳动时间的任何别一种商品的量表现的。金的相对价值量，已经在它的产源地，由直接的物物交换规定了。它当作货币加入流通的时候，它的价值是已经规定好了的。十七世纪末叶货币分析的开端已经说明货币是一种商品，但那只是分析的开端。困难的地方，不是要了解货币是商品，而是要了解这种商品如何，因何，从何变成货币。"[①]这种困难的地方，在本书第一章，我们已经尝试过了，于此不再赘述。

第二节　货币国定学说，货币职能学说，货币票券学说

因为货币金属学说，不能说明在货币材料价值上，几乎毫无价值的纸币，为什么也能充作货币行使，于是主观主义的种种货币学说，就抬起头来了。主观主义的货币学说，认为货币跟商品没有联系，货币没有内在的素材的价值，它不过是单纯的计算单位乃至抽象的价值单位，因而从货币价值学说上看来，这又叫做货币名目学说。在主观主义的货币名目学说中，可以区分出：（一）货币国定学说或法定学说；（二）货币职能学说；（三）货币票券学说。

（一）货币国定学说——货币国定学说的代表者是克纳卜，他在

---

① 马克思：《资本论》，第一卷，人民出版社1954年版，第79页。

其所著《国家货币论》的开头一页便说："货币是法律制度的产物，在历史的过程上，货币有种种的形态，所以货币的理论，也只有从法制史的研究着手才行。"以后又说："货币是票券式的支付手段……所谓票券式者，就是说，为了制造支付手段（货币）起见，虽然并不绝对阻止使用贵重的材料，但也不一定要求非使用贵重的材料不可……所以，由于票据性的缘故，货币的概念就完全和货币的材料分离而独立。"他又说："货币的精神，不在其素材的物品中，而在规律其使用的法律制度中。"

克纳卜的主张，归纳起来，可以分作两点：

（1）"货币是法律制度的产物，货币能够以货币的资格而流通，这完全是由于国家的布告的力量"，并不是因为它含有金属——制造货币的材料——的价值。这是货币国定学说的基本主张，同时，也是对于金属学说的批判。

（2）货币是票券式的名目的存在物，它不过是支付的手段，因此货币的重要问题是单位的问题，货币本身跟制造货币的材料的价值没有关系，这是货币票券学说（见下段）的基础；同时，这也是主观的名目的货币价值学说的一种主张。

我们知道：货币金属学说，专门注意金属的价值，以为货币之所以能够流通，完全由于它有实值（币材）价值的缘故，这实在是一种偏见。货币国定学说，虽然纠正了金属学说的这种错误，但因它强调货币是法律制度的产物，货币本身跟制造货币的材料的价值没有任何关系，而陷于另一种极端的错误。为什么呢？因为：

第一，克纳卜想从法律制度中追溯货币的发生，说明货币的本质，这无异想在法律制度中追求经济发展的规律。因为克纳卜是立脚在法学的基础上来把握经济现象，所以从他的观点看来，法律是本源的第一义的，而经济是派生的第二义的。显然的，这在方法论上是违反马克思列宁主义的，因而它是不正确的。

第二，克纳卜跟一切的名目论者相同，把纸币的发行，认为是国家创造货币的铁证，但我们在第四章第一节就已经说过，纸币的发行，完全是由于货币流通发展本身，而不在国家的恣意行为。"国家的权力在这个地方不过是表面的，国家可以拿任何名称的任何货币分量投到流通界里去，不过跟这种机械的行为完了的同时，国家的支配也告终了。投到流通中去的价值象征或纸币，不能不服从本身内具有的法则。"这样，国家"创造"货币的作用，是很有限的。克纳卜把国家制定货币制度的法制上的机能，误解为货币产生的经济上的机能。倘若说国家的一纸法令能够"创造"货币，那么为什么虽有国家的法令公告，而实际上仍有不能流通的纸币存在呢？这是货币国定学说不能解答的问题。

第三，克纳卜说："对于价值不足的货币，不问何种金属学说都不充分。反之，以后叙述的票券说，不仅说明价值充足的货币，而且说明价值不充足的货币。"克纳卜很得意，以为自己比金属论者还更进一步，他主张货币不过是票券，它本身毫无价值也没有什么关系，例如纸币就是这样。但是，根据我们在第四章研究纸币的结果，我们知道，纸币是货币发展的自然的结果，纸币由金(银)分离，不是说纸币已经完全由金(银)解放出来。纸币的特殊流通法则，只是由于对金(银)的关系而发生，只是由于现实地代表着金(银)而发生。这法则就是：纸币的发行，不能不受一定的约束，即受由纸币所能代表的金(银)在现实流通中的分量所约束。金(银)给予纸币的流通量以一定的限度，超过这限度，纸币的价值就要降低。这就是说：纸币虽是一张纸片，其本身虽然没有什么价值可言，但是纸币是金(银)的代表和象征，它所代表和象征的金(银)有着价值，因而它是价值的象征。克纳卜以及一切的名目论者，根本不了解这点，只把握着价值的纸象征方面，误认货币的本质为象征，完全否认金(银)内在价值的意义，以为货币只是抽象的观念的价值单位，没有内在的价值。然而货币倘若没有内在的价值，它怎样能够充作一般的等价物执行价值尺度的职能呢？例如：尺子本身倘若没有一定的长度，它怎能够度量布疋的长短呢？这也是克纳卜这类人所不能了解的。

（二）货币职能学说——这派理论的最重要的代表人物是希尔弗里黑。据他说：货币是从商品发展来的。但是，货币蜕去其商品的实质，渐次从商品解放了出来。现刻，由于货币从素材观念独立而解放了出来，故强调货币的商品性的理论，是错误的，从而近代货币理论的基础，早已不是货币的素材说或商品说，而是货币的职能理论。货币，依据名目主义或者也有价值，然而这决不是它是素材的价值。因为素材对于货币概念不是决定的。货币，用价值充足的素材可以制造，用没有价值的素材也可以制造。货币的价值，不是素材价值，而是职能价值，这样，货币之所以能够成为货币，货币之所以有价值，完全是由于货币的职能。这就是货币职能学说的主张。

但是，货币职能学说，在否认货币具有内在价值这一点，又陷于货币国定学说和一切名目说的覆辙。货币的种种职能，渊源于货币的本质，倘若货币不是一般的等价物，它本身没有价值，不是价值尺度，那么，货币的种种职能就无从行使，货币职能学说，妄想从货币的职能出发，解说货币的本质及其价值，这是一种本末颠倒的不合理的办法。

（三）货币票券学说——这种学说，认为货币不过是一种票券或是对于财物的凭票。所有者能够用它来换得任何货物，它本身没有内在的固有的价值，它只是对于有价值的东西的一种凭票罢了。因此，货币票券学说，否认货币的社会的价值的存在，认为货币只要是一张纸券就够了。货币的价值，可以因政府当局的意志而自由规定，故称货币价值为裁定的价值或虚拟的价值。这种学说，很早就有了的，从中世纪末期到近世纪初期，洛克、休谟、孟德斯鸠等，也倡导过这种学说。但伴随着各国货币制度特别是金本位制的发展，货币票券学说便一时销声灭迹，然而，资本主义信用经济的巨大发展，第一次世界大战后不兑换纸币发行制的流行，又给这种学说造成了风靡一时的环境。而克纳卜的货币国定学说，更加强化了它的理论基础。班狄克逊、金麦尔、薰伯达、卡塞尔、埃斯突等，都是属于这派的人物。

但是货币能够用纸券、票券来代替，只有在一定的职能上才行。货币要充作价值的尺度，充作一般的等价物，它必须是金（银）才行。货币一旦超越国境，充作世界货币，就必须是价值充足的金银，纸币是不能行使的。就是因为这个缘故，埃斯突的货币票券学说，对于国内货币和国外货币，不能不有完全不同的说明。他在其所著《货币的精神》中说："货币不是财货，国内货币不是财货。这个屡次反复的命题，是本书的基本观念。""国内货币和国外货币，从理论上看来，其本质是完全不同的。一个是对于社会生产物的参加可能性，一个跟别的一切经济财同样是财货。国内货币，没有任何的价值和价格，国外货币，在其本质上，可以认为跟别的经济财同样，有价值和价格。""我在这本书上极力想说明的货币的本质，结局只是国内货币的本质。"这就是说：埃斯突的票券说，根本不能说明世界货币，因而他的货币"理论"没有完整的体系，是不彻底的。此外，误认货币为单纯的票券，否认货币本身内在的固有价值，这也是贷币票券说的根本错误。

＊　　＊　　＊

根据上面三段的说明，可知货币国定学说、货币职能学说、货币票券学说三者，有一个共同的一致主张，即货币本身跟制造货币的材料的价值没有任何关系，货币没有内在的素材的价值，货币只是一种计算单位，是一种象征，这种货币理论，跟主观的价值学说有着密切的联系，故可称为主观的货币论。

但是，这派论客，被纸币流通的现象所眩惑，不了解他们所说的名目的象征，事实上是金银的象征，是在流通中代表着金银的东西。他们只看见价值的纸象征，而误认货币的本质为象征，从而完全否认金银的内在价值的意义。

金属主义者，固执着"货币就是金银，金银就是货币"的观点，不了解在流通过程中，金银本身为什么会变为象征（纸币），因而面对着纸币流通的事实而不能加以说明；反之，主观的货币名目主义者，只看见在流通中金银匿迹，纸币通行的表面现象，就以为货币是一种没有内在价值的象征，而不了解他们所说的象征（纸币），事实上就是金银的代表，它跟价值充足的金银有一定的联系。这都是对于货币的本质，没有正确的理解所引起的错误。

第三节　货币数量学说

货币数量学说，是现时最流行的资产阶级经济学说之一。货币数量学说的叙述，在资产阶级"学者"之间，并不一致，从大体上说来，可以归纳如下：

货币没有内在的独立的价值，货币的价值是在流通中形成的。货币的价值，就是货币的购买力。货币的购买力，直接地被货币的数量所规定。就是说，货币购买力的大小，跟货币数量的多少成反比例：货币的数量如果增加，则货币的购买力降低；货币的数量减少，则货币的购买力增加。倘若商品的数量和货币的流通速度不发生变化，则货币数量跟一般物价成正比例，即：货币数量增加，则商品的价格水平上升；货币的数量减少，则商品的价格水平降低。因此，货币的数量增加，则货币的购买力降低，商品的价格水平上升。货币的数量减少，则货币的购买力增强，商品的价格水平降低。换句话说：商品价格的腾贵，或货币购买力的降低，是由于货币数量的增加；商品价格的降低，或货币购买力的增加，是由于货币数量的减少。

所以，照货币数量学说看来，商品价格的高低，或货币价值的大小，是被货币数量的多少所决定。

这样，货币数量论者认为价格变动的原因，只在货币方面；商品价格的变动，只是货币数量变动的结果，换言之，货币数量是价值变动的原因。货币的流通速度和商品数量的多少，也会引起价格的变动。不过据他们的意见，价格变动的最基本的、最后的原因，还是在于货币数量的变动。这就是货币数量学说的大概的内容。

货币数量学说，已有很久很久的历史。早在公元200年前，罗马高等法院的法官鲍尔斯就曾经说过："货币的价值，被货币的数量所左右。"到了16世纪后半叶，法国的物价暴涨，包丁认为这是金银流入法国的缘故。而意大利的达万探哲也说物价上涨，是因为金银的增加。英国重商主义的代表托马斯曼也认为货币数量增加，可使物价上涨，货币数量减少，可使物价降低。属于货币数量学说的资产阶级学者，在17世纪末有洛克，在18世纪则有休谟、孟德斯鸠等。

休谟的货币数量学说，可以归纳为下面的几个命题："（1）一国的商品价格，是依该国现存的货币分量（实在的或象征的货币）而定；（2）一国的货币流通，代表该国所有的一切商品，按照这个代表物即货币的分量多少的比例,发生被代表物的分量比该代表物的同一分量或大或小;(3)假如商品的分量增加,则商品的价格低落,换言之,即货币的价值高涨;反之,假如货币的分量增加,则商品的价格高涨,而货币的价值低落。"

孟德斯鸠把货币数量学说的命题,最朴素最单纯的描写出来,他说:商品的价格被存在于全世界的全部商品数量与全部金银数量之间的关系所决定。全世界的商品总体,与全世界的货币量是对立的。

古典学派的李嘉图的货币理论,也带着货币数量说的偏向。他说:"商品价格的涨跌,跟货币的增减成正比例,我认为这是不可争辩的事实。"

密尔继李嘉图之后,也主张货币数量学说,他在其所著《经济学原理》第三编第七章至第九章上,论述货币的性质及其价值的决定时,曾说:"货币是一种商品,货币价值的决定,跟其他商品价值的决定是同一原理。货币的供求,暂时决定货币价值的涨跌,货币的生产费用,永久决定货币价值的大小。"密尔所说的货币的供求,决定货币价值的大小,就不外是货币数量学说的主张。

近代货币数量学说,可分为两派,一为美国派,以费休为其代表。他创倡所谓现金交换说,注重以某一时间货币流通数量去说明商品价格。一为英国派,以马夏尔为创始者,以披古与凯恩斯为其代表。马夏尔创倡者所谓现金余额说,认为社会中所有之货币存余总值,适为一国人民所欲以货币形态保持之购买力;他注重以某一时间内之货币贮存量去说明物价水平。这两派所使用的"交换方程式"虽各不相同,议论悬殊,但其立足于货币数量说的根本精神,可以说是一致的。

第一项　美国派

美国派的货币数量学说,可用费休的学说为代表,我们对此学说的叙述则依据费休所著《货币的购买力》一书。

费休先作一个"交换方程式",用以说明他的货币数量学说。所谓"交换方程式",就是表示在一定的社会里,在一定的时期,用货币来作为媒介的交易总额的公式。现刻，假设在某社会中，货币数量总共有 5 百万元，这 5 百万元在一年之内流转 20 次。再假设有面包、煤、布三种商品，在此一年之内，面包的交易额为 2 万万个，每个价格 1 角；煤的交易额为 1 千万吨，每吨 5 元；布的交易额为 3 千万疋，每疋 3 元，这就可以作出下列的"交换方程式"：

$$5,000,000 \text{ 元} \times 20 = 200,000,000 \times 0.1 \text{ 元}$$
$$+ 10,000,000 \times 5.0 \text{ 元}$$
$$+ 30,000,000 \times 3.0 \text{ 元}$$

在上列方程式中，一方面（左边）是货币数量及其流通速度，另一方面（右边）为商品交易额及其价格。现刻，如果用 M 代表货币数量，V 代表货币的流通速度，QQ′Q″代表各种商品的交易额，PP′P″代表各种商品的价格，则此"交换方程式"，可以改写如下：

$$MV = PQ$$
$$+ P'Q'$$
$$+ P''Q''$$

现刻，假若用 P 表示一切商品的价格，或一般物价，另以 T 表示一切商品的交易额，则此"交换方程式"，可以缩写如下：

$$MV = PT$$
$$P = \frac{VM}{T}$$

但是，资本主义社会的信用经济很发达，在实际交易时，除授受现金（M）外，还有巨额交易是用银行存款的支票来清算的，所以，假如以 M′来代表那种可以用支票来提取的银行活期存款，用 V′来代表这个 M′的流通速度，就可以成为这个方程式：

$$MV + M'V' = PT$$
$$P = \frac{MV + M'V'}{T}$$

此外，费休对于现金（M）和存款通货（信用 M′）的关系，认为在大体上两者都依据同一比率而增减。其理由是：（1）银行准备金和存款额之间，略保一定比率；（2）不管个人也好，公司也好，固然在现金交易和支票交易之间，总要保持一定的比率，即使在现存的现金和存款总额之间，在大体上，也要保持一定的比率。这种比率关系，在个人经济中，虽然时常会表现异常的变动，但以社会全体而言却难变动；换句话说，M 和 M′的变动，时常是成比例的。这就是说，M 和 M′的关系，是依同一比率而增减的。费休从这个结论出发，乃对于前面说过的存款货币（M′）应加以考虑的方程式，再回到旧时的数量说来，即由 MV + M′V′ = PT 的方程式，要归纳到 MV = PT 的方程式来。因此，他主张：一般物价的涨跌，是跟货币数量及流通速度成比例的。

根据上面的说明，货币数量学说的主张，可以这样归纳起来：货币数量增加，则货币的购买力降低，货币价值减少，一般的物价水平上升；货币数量减少，则货币的购买力增加，货币价值增加，一般的物价水平降低。货币的这种影响力，也表现于其他要素不变的场合。

所有的数量论者，都认为货币数量的多少，可以决定商品价格的高低。卡塞尔就从数量论出发，努力想以世界黄金量的变动，来说明世界价格水平的变动。他先调查 1850 年至 1910 年间世界一般价格水平的变动，而以其与世界黄金保有量的变动相比较，他所以要采取上述期间的原因，是因为"1910 年黄金的价格水平与 1850 年相同"。他计算在这个期间世界黄金保有量增加了 5.2 倍，每年的增加率为 2.8%，每年黄金的磨损消失量为 0.2%，这两者相加共为 3%，因此，他下结论说：要想维持一般物价水平的安定，世界每年的黄金增加率，不能不是 3%。然而，世界的黄金生产总额，在 1920 年仅约 7 千万镑，自 1915 年达到 9640 万镑的最高额以来，此后只有日趋减少的。所以，为了使黄金价值安定于现在的水平，必须减少对于黄金的需要，因为黄金的需要增加，则其价值就会腾贵，致使一般物价水平降低而引起经济危机。这就是卡塞尔的意见。

第二项　英国派

近代英国派的货币数量学说，始自马夏尔，继之有披古、凯恩斯、罗伯荪等。

第九章　资产阶级货币学说批判

马夏尔是 19 世纪末 20 世纪初叶的英国资产阶级的所谓名经济学家，是剑桥学派的创始者。

马夏尔在其代表著作《经济学原理》中极少论及货币金融问题，及至 1923 年其《货币信用与商业》一书出版后，才提出其现金余额说，对货币金融问题，始有一较有系统的说明。马夏尔认为费休等的现金交易说，不能断定通货流通速度的原因。故马夏尔主张货币的价值应决定于现金的余额。所谓现金的余额，即一国人民以通货形态保留在手中的购买力，这跟随习惯，商业总额，与用货币形态较用其他形态偿付为便利的成数而决定。人们保留在手中的购买力既经决定，倘经济情况变化，其数量亦随之变化。马夏尔认为古代惟有富人保有现金余额，近代有产者则多用支票，故保留现金余额较少，穷人无力保留，故保有现金余额较多者为中产阶级。于此，马夏尔说："让我们假定一国的人民……觉得每人皆有必要储存其多年收入的十分之一为随时可以支用的平均购买力，同时又有必要储存其财产的五十分之一为随时可以支用的平均购买力（即保留于手中的现金——彭），则全国通货的总价值，即等于以上两数之和（即等于全国国民保留在手中的平均购买力）。例如全国收入累积价值为五百万夸脱小麦，同时其财产为二千五百万夸脱小麦，如此，则全国通货的总价值等于一百万夸脱小麦（$1/10 \times 5,000,000 + 1/50 \times 25,000,000 = 1,000,000$——彭）。……假如全国通货共有一百万单位，则每一单位通货即值一夸脱小麦；如全国通货共有二百万单位，则每一单位通货即值半夸脱小麦。"①由此可知，他认为保留在国民手中的现金，依其数量的不同而其价值即随之升降。显然的，这是货币数量说的一种说法。

马夏尔论及金银数量，现金余额，和物价关系的过程时，曾说：金银数量的增减，经过投机过程，影响到物价，物价升降影响及现金余额，而现金余额的大小，又转而维持物价于某种水平，这就是他的现金余额说。

---

① 《货币、信用与商业》，第 44~45 页。

继马夏尔之后的英国派货币数量论者，有：披古①，凯恩斯②，罗伯荪③等。

总之，不管英国派也好，美国派也好，一切的货币数量论者，都以为物价的涨跌，经济情形的好转与恶化，是由货币方面的因素所引起的。因为货币数量的多少——照货币数量论者看来——可以决定商品价格的涨跌；而商品价格的涨跌，就可以通过商品的需要与供给，支配资本主义的商品生产，再由生产过程而影响到其他一切经济部门。这样，通货膨胀论者，就以货币数量学说为其理论基础，妄想以膨胀通货为手段，来刺激物价上涨，促使经济"繁荣"。

资本主义经济危机的主要标志之一，是价格猛跌。价格为什么会猛跌呢？货币数量论者认为这是因为货币方面的原因。于是货币数量论者，异口同声地说：经济危机的原因是在货币方面。黄金不足说，世界黄金分配不均说，信用机构缺陷说，因通货不足而引起利率上涨说……不胜列举的许多说法，所有这些，就是数量论者对资本主义经济危机的病因的"诊断"；从而，他们的药方，就不外是加强金准备，通货膨胀，货币贬值，调整金融机构，降低利率，统制金融等。这一类的奇妙的疗法，就是基于货币数量学说的货币理论的"实践"；同时也就是资本主义国家时常用以"克服"经济危机的不二法宝。

这样看来，货币数量学说，不只是在理论上被许多资产阶级经济学者所倡导，风靡一时，就是在实践上，也是资本主义世界货币政策的理论基础、最高指导原理。

---

① 披古的货币数量学说，见其所著《货币的价值》一文，载 1917 年 11 月的《经济季刊》。

② 凯恩斯的货币数量学说，有详加说明，深入分析批判的必要，见本章第五节。

③ 罗伯荪的货币数量学说，见其 1922 年所著《货币学》及 1928 年与披古合刊之《经济论集》。

第三项　批判

那么，货币数量学说究竟是不是正确的呢？我们的答复是否定的，其主要理由：

第一，我们知道：商品价格的变动，（一）有由于商品方面的原因；（二）有由于货币方面的原因；（三）又由于商品与货币两方面同时都有的原因。

（一）假定货币的价值不变，商品的价值变动——劳动生产力的增进，致使商品的价值减少，则价格随之降低；反之，劳动生产力倘若降低，引起商品的价值增加，则价格亦随之上涨。商品价格降低，则流通必需的货币数量增加。在这种场合，货币价值即使不变，商品价格也可能变动，从而货币数量也跟着变动。由此可知：价格涨跌是原因，货币数量的增减是结果。货币数量论者，对这个事实是没有认识的。

（二）假定货币的价值变动，而商品的价值不变。——在这种场合，"……我们知道，如商品价值不变，商品的价格会与金（货币材料）的价值一同变动，如金的价值跌落，商品价格就会比例地提高，如金的价值提高，商品价格就会比例地跌落。那就是，商品的价格总额提高了或跌落了，流通货币的总额就须同样增加或减少。流通手段量的变化，在这场合，当然是由货币本身引起，但决非由于它的流通手段的机能，却是由于它的价值尺度的机能。先是商品价格与货币价值成反比例地变化，然后是流通手段量与商品价格成正比例地变化"①。这就是说：货币价值增加，则商品价格降低，因而货币数量减少；反之，货币价值减少，则商品价格增加，因而货币数量增加。货币价值的变动是原因，货币量的变动是结果。货币数量学说，犯了倒果为因的错误。

（三）假定货币价值变动，同时商品价值也变动——在这种场合，假如（甲）货币价值增加，同时商品价值也增加；或者（乙）货币价值

---

① 马克思：《资本论》，第一卷，人民出版社1954年版，第110~111页。

降低，同时商品价值也降低，则货币价值变动的作用，被商品价值变动的反作用所削弱、所抵销。假如（丙）货币价值增加，同时商品价值减少，则商品价格猛跌到币值增加程度以上的低度；（丁）货币价值减少，同时商品价值增加，则商品价格暴腾到币值减少的程度之上。所以，不能说无论哪一方面货币价值的变动，都以同一的比例在商品价格方面引起相反的变动。这也是货币数量论者所不能了解的。

我们知道：假如商品量是一定的，则货币流通数量的变动，被商品价格的变动所左右，因为只有价格的变动才影响商品价格总额的变动，从而影响到货币流通数量。商品价格倘若不变，则货币流通数量随商品量的变动而变动。

假如价格和商品量是一定的，则货币流通速度的变动，对于货币数量发生反比例的影响。这里必须指出：假如货币流通的平均速度是一定的，则商品价格总额是原因，而货币量不过是其结果；假如商品价格的总量及其转形的平均速度是一定的，则货币价值是原因，而货币数量不过是其结果。

货币数量论者，不了解货币价值、商品价格、货币数量三者之间的因果关系，而倒果为因，误认货币数量的多少（结果）可以决定商品价格的高低（原因），这是没有道理的。

第二，货币数量论者，不了解货币的本质，不明白货币价值的意义，他们认为：货币价值就是所谓货币的购买力，货币购买力的大小，就是货币价值的大小。货币购买力的大小，决定于货币所能换取的商品的多少，故货币购买力是在流通中、是在货币与商品的一定数量的比例关系中所形成的，因而货币价值是在流通中才形成的。货币没有固有的内在价值。货币是没有内在价值的流通手段，货币在流通中，不过是对于商品表示量的关系，由价格形态而取得价值。货币因为在流通中发生作用，所以取得价值，取得名为购买力的职能价值。这就是货币数量论者的说法。

这样，根据货币数量论者的主张，在货币的购买力中，除了货币与商品数量的关系以外，没有包含什么东西，因而价值的内容完全被排除了出来。

因为货币数量论者，是在货币与商品的数量的相互关系上，才发现商品的价格和货币的价值，所以他们的"学说"，"就是建筑在这个背理的假设上：在加入流通过程之际，商品是没有价格，货币也没有价值；然后在流通过程之内，商品总和一个整除的部分，会与贵金属总和一个整除的部分相交换"。①

货币数量论者，认为货币没有固有的内在价值，这一点是跟本章第二节所说的主观的货币名目论者的见解相同的；而且还可以说前者的货币价值学说，是从后者发展来的。因此，我们对于主观的货币名目论者的批判，可以适用于货币数量论者。因为这两者的不同之点，只在于前者主张货币价值是在加入流通以前，由法律的规定或人们的想像而形成的；而后者则主张货币价值是在流通中形成的。在主张货币没有固有的内在价值这一点，两者是一致的，从而所犯的错误，也是同样的。

第三，照货币数量论者看来，价格是商品对货币关系的数量的表现，他们不了解商品与货币的对置，是证明价值的存在，是证明与商品及货币的自然形态不同的，这两者都有某种东西——抽象的人类劳动——存在。他们在价值中只看见物与物的量的关系，而忽略了隐蔽在物的形态之后的人与人的关系。于是，他们把价值认为是算术的概念，认为只有分量，只有数量的价格。这样，货币数量论者，完全只注意数量的关系，在表面现象的交换中，一切的交换都被认为是数量的关系，所以他们只分析、研究比率，误认这机械的反历史的数学的方法是经济学唯一的正确方法。

第四，法国的阿夫脱良在1925年他著的《货币流通的实际情况与数量学说》中，根据1920年以来法国与欧洲各国通货与物价的具体材料，对于货币数量学说，曾经加以严格的批评，证明了物价的涨跌，货币价值的高低，并不跟货币数量的增减保持相当正确的比率关系，而且物价和货币价值的变化，也不是货币数量增减的结果。

在经济危机期间，基于货币数量学说的"克服"危机的种种企图，

---

① 马克思：《资本论》，第一卷，人民出版社1954年版，第118页。

无一不惨遭失败。这就是实践粉碎了数量学说的幻想的最好证明。

第四节 购买力平价学说

在第一次世界大战中及战后，各国金本位制的停止，纸币的普遍流通，造成了资产阶级一个新货币学说的产生背景。那个学说，就是以物价水平，货币购买力的差额，来说明外汇行市变动法则的所谓"购买力平价学说"，这个学说的代表者，是货币数量论者卡塞尔。卡塞尔在其所著《世界货币问题》中，解说购买力平价学说时，曾说："我们因为外国货币在该国内有购买商品或劳务的能力，所以给予相当代价。根据同样的道理，我们把本国货币送给外国人，就是我们把那种可以购买本国商品或劳务的能力给予外国人，因此，我们应该根据两国间的货币购买力的比率来评定货币价值。"

"现在，假如有 AB 两国，互相承认其自由贸易，便可成立一定的外汇行市，这种外汇行市，倘若不是遇到两国货币购买力发生变动，两国贸易发生特别变化（轻微变动，是别一问题），是不变的，但是，A 国货币若因膨胀而减少其购买力，则 A 国货币在 B 国的购买力（货币价值）也依照同一比例而减少；如果 B 国货币因通货膨胀而购买力降低，则 A 国货币在 B 国的价值便依照同一比例而增加。关于此点，如以数字来说，例如 A 国货币数量，在正常时，是一百，但现在却因通货膨胀而增加到三百二十；同时，B 国货币数量，在正常时，是一百，但现在也因通货膨胀而增加到二百四十；在这个时候，A 国货币在 B 国的价值（新汇市）便应该落到旧汇市的四分之三了。"

从这个理由说来，便可确立一个法则，即："两国通货若是膨胀，则新汇市便要等于两国通货膨胀率之商数乘旧汇市。"用这个方法算出来的汇市（即汇价），便可看做两国货币间的平价。这样说来，所谓平价，是由相异国货币间的购买力之商数而决定的。所以，我把这种平价即汇市标准，叫做购买力平价。这就是卡塞尔的说法。

英国凯恩斯，对于购买力平价学说的说明，曾举例如下："例如

1913年，在美国以1美元所买得的商品，现在要用2美元；在1913年用1英镑所买得的商品，现在要用2.43英镑才行。依照这个标准（战前购买力平价和战前汇市4.86美元=1英镑保持平衡来计算），则现在美元和英镑间的平价，应为 $4.86 \times 2 \div 2.43 = 4$ 即4美元=1英镑。"这就是购买力平价学说的大概的说明。

总之，购买力平价学说，主张外汇行市的涨跌，是被物价水平的差额和货币购买力的平价比率所决定。

购买力平价学说，看来好像能够说明放弃金本位后的外汇行市变动的法则，然而实际上却有许多问题。

第一，购买力平价学说的理论基础和前提，是货币数量学说。因为卡塞尔认为货币数量可以左右价格水平，可以支配货币的购买力，从而可以决定外汇行市的高低，这从他本人的说明就可以知道。但是，照本章第三节的分析，货币数量学说是有许多错误的，因而购买力平价学说的理论基础和前提，颇成问题。

第二，购买力平价论者，既是以货币数量学说为理论基础，故认为货币数量的增减，要引起物价的涨跌，更进而引起外汇行市的升降，因此，货币数量的增减是原因，外汇行市的升降是结果。但是，这跟第一次世界大战后德、法等国的实际情形不符合。实际情况是：往往外汇行市发生升降，引起物价也跟着涨落，物价的涨落，更进而引起货币数量的增减。这就是说：外汇行市的升降是原因，货币购买力的变动是结果；换言之，外汇行市的升降决定货币的购买力，而不是货币的购买力决定外汇行市的升降。购买力平价学说，刚好倒因为果，犯了极大的错误。

第三，从事实上看来，各国的外汇行市，并不跟该国的购买力平价完全一致。实际的外汇行市，往往在购买力平价之上，或者在购买力平价之下。这种事实，照卡塞尔说来，不过是一时的偶然现象，历时稍久，实际的外汇行市，必与购买力平价渐趋一致。这样看来，购买力平价学说，必须作长期观察才能够有效，那么，在这个时期内，就已经承认实际的外汇行市与理论上的平价未必一致，因而购买力平价学说的主张，就没有什么价值了。

第四，我们知道，外汇行市所表现的，是甲国的货币价值对乙国货币价值的比率关系。购买力平价学说，主张购买力的平价，两国的物价水平的差额，可以决定外汇行市，那么，这就等于说货币的价值由物价水平来决定，从而货币不过是商品价格的派生的现象，价格反而规定着价值。这是怎样的不合道理，稍有经济学常识的人，都会明白。

第五节 凯恩斯货币学说批判

第一项 凯恩斯的货币学说

英国资产阶级经济学者凯恩斯，不仅对于近代资产阶级货币学说的发展有很大的影响，而且他和他所代表的英美资产阶级，根据他的"理论"还提出了一套妄想避免资本主义经济危机的"方案"，所以我们对凯恩斯"理论"的分析批判有着重大的实践意义。

凯恩斯货币学说的发展，可分为三个阶段。

在第一个阶段，他的货币学说受其师马夏尔的影响甚深，完全是一种单纯的"静态"的性质，可列入所谓"现金余额学说"（见本章第三节第二项），他的代表著作为《货币改革论》（1923年）。

在第二个阶段，他转入一种复杂的"动态"的货币理论，建立了所谓"交易基本方程式"，其代表著作为《货币论》（1930年）。

他的交易基本方程式，尽管复杂，其货币学说尽管千变万化，但其基本论点仍不外主张货币数量为物价水平的决定因素，只是企图稍微修正一下货币数量说罢了。他之所以不同于其他的货币数量论者，就在于他注重所得、储蓄与投资的相互关系。他以为一定时期内的社会全部货币所得，除了一部分用作购买消费资料之外，其余即为储蓄，此项储蓄，若全部用以作新的生产投资（即储蓄等于投资时），则物价即可稳定，货币购买力亦固定不变。否则，倘若储蓄与投资的数量不相等，便会影响货币数量增加或减少，因而物价必随之变动。显然的，这是货币数量说的一个变形。

第九章 资产阶级货币学说批判

凯恩斯第三阶段的货币学说，详尽地表现在其 1936 年所发表的《就业、利息和货币通论》（以下简称《通论》）中。

现在，让我们根据凯恩斯的《通论》来分析批判一下他的货币学说。

凯恩斯的《通论》的主要内容，就是就业问题的探讨。他之所以研究就业问题，是因为资本主义进入总危机阶段后，资本主义经济的长期萧条和工人大量的失业，特别是 1929—1933 年资本主义世界的经济危机，更使失业问题愈益严重而深刻化，影响到整个资本主义世界动荡不安，摇摇欲坠。他受了这种环境的刺激，为满足资产阶级的要求，弥缝千疮百孔的资本主义经济机构，起而分析就业问题，想发现产生失业的根本原因，并提出在加强对劳动者的剥削的基础上解决失业问题的"方案"，故其《通论》是从就业问题开始讨论的，其本质即为资本主义总危机的观念论的产物。

他认为决定就业量的因素，是社会的有效需要。社会的有效需要是由两个部分构成：第一，是对消费资料的有效需要（消费支出）；第二，是对生产资料的有效需要（投资支出）。消费支出的数量，主要是决定于所得的水平。但照他所谓的"正常心理法则"看来，即"根据人类天性的推理知识与现有经验，可以确认的基本心理法则，就是人们通例随着所得之增加而增多自己的消费，不过消费增加量，并不如所得增加量的那样大"①。这就是说，私人消费的增加，总赶不上所得的增加；当所得增加，而消费未能与之作同量的增加，这就形成为有效需要不足的主要原因之一。因此，他以为若不新增投资以填补所得与消费间之差额或裂口，则就业量就不会增加，这也就是说不能解决失业问题。于是问题就转到投资方面。

凯恩斯以为对生产资料的需要即投资支出，决定于投资的诱导因素。此种因素有二：一为资本的边际效率（即"利润率"），二为利息率。

"资本的边际效率"——凯恩斯说——"依存于资本设备的供给价

---

① 《就业、利息和货币通论》，第 96 页。

格与其预期收益"。"所谓资本设备的供给价格,是指一种恰足诱致资本财产(即"生产资料")生产者重新制造一单位资本财产的价格。"①亦即其再生产所必需的成本。至于所谓"预期收益",是指在资本财产(即"生产资料")存在期间所期望的由出售生产物而获得的各种收益。凯恩斯认为"资本的边际效率",是由企业家心目中所"期望"的投资所得或预期收益来衡量的,故投资量的多少,是以预期收益的大小为转移。

他认为除了资本的边际效率以外,诱致投资的另一主要因素为利息率。他的利息学说与其货币理论,有不可分的关系。他以为利息的高低,决定于货币的供给与需要。货币的供给是指现存的全部货币存量,此由财政金融当局依据其货币政策所决定;货币的需要,则由他所谓的"流动性偏好"所代表。流动性偏好,是指人们宁愿把货币放在流动状态的一种倾向,亦即他所谓"一般欲以货币形态保持其财富的愿望"。

由上述可知,凯恩斯的利息学说,一方面主张利息率的高低决定于货币的供给与需要,把利息解作一种纯粹的"货币现象";同时,又提出所谓"流动性偏好",把利息率看成"一个高级的心理现象"②。这充分暴露了凯恩斯的唯心主义的货币数量学说的丑恶本质。

照凯恩斯看来,货币数量与流动性偏好既是决定利息率的两个因素,如果流动性偏好不变,那么,货币数量的多少就可以决定利息率了。而利息率既是决定投资量的两个因素之一,投资量又是决定就业量的重要因素,因此,货币数量的多少,可以通过对利息率的影响,从而通过对投资量的影响,决定就业量。而货币数量的多少,又决定于财政金融当局的货币政策,故货币政策是可以决定就业量的。凯恩斯即根据这个"理由"极力主张实行通货膨胀政策,以降低利息率,促进投资,逐渐达到"充分就业",避免经济危机。同时,他还极力鼓励浪费(他甚至说:"金字塔的建筑,地震,甚至战争都能使财富

---

① 《就业、利息和货币通论》,第135页、第147页。
② 《就业、利息和货币通论》,第202页。

增加……"①),主张利用通货膨胀政策,举建公共工程以扩大投资,维持投资与储蓄间的均衡,以达到充分就业②,这就是凯恩斯为了要消灭失业,避免经济危机,献给垂死的资本主义的一剂通货膨胀的药方。

第二项 凯恩斯货币学说的阶级本质及其批判

凯恩斯的货币学说,是资本主义总危机时代的产物,是反动垄断资产阶级意识形态的反映。在这里,让我们解剖一下他的学说的阶级本质并加以若干的分析和批判。

资本主义进入总危机阶段后,长期而严重的经济萧条和大批的失业,已经使得资本主义经济体系陷于风雨飘摇的垂死状态中。在资本主义总危机基础上所发生的1929—1933年的资本主义世界经济危机,更使失业问题愈益严重而深刻化,加深了无产阶级绝对的与相对的贫困化,促使资本主义国家内资产阶级与无产阶级的矛盾更加尖锐,加强了工人阶级和其他劳动人民反对资本主义争取社会主义的斗争。垄断资本家面临着摇摇欲坠的资本主义制度,不得不寻求新的斗争手段和方法,来对付日益高涨的工人阶级的革命运动和医治千疮百孔、死期日益迫近的资本主义制度。于此,垄断资产阶级渴望有一种思想和说教,一方面要指出资本主义的若干次要缺点,作为烟幕来欺骗劳动人民;另一方面又要提出一种更巧妙的办法来加紧剥削劳动大众,以保证垄断资本的最大限度的利润。垄断资产阶级分子凯恩斯挺身而出接受了这个阶级的任务,他运用了一套伪科学辞句,把资产阶级经济学中一

---

① 《就业、利息和货币通论》,第129页。
② 凯恩斯从他的《货币论》(1930年)到《就业、利息和货币通论》(1936年),始终坚持要达到充分就业,避免经济危机,就必须使投资与储蓄趋于平衡。他最感得意的公式是:
所得(国民收入)=生产品的价值=消费+投资,
储蓄=所得-消费,
所以,储蓄=投资。
(《就业、利息和货币通论》,第63页)

切废物拼凑起来,写成了他那本《就业、利息和货币通论》。

垄断资本家企图通过经济军事化和准备新的战争来摆脱日益增加的经济困难,保证其最大限度的利润,于是凯恩斯就替垄断资本家的利益辩护,一方面说战争的爆发是由于"人民的一种天然的好战心理"①;同时他又鼓动战争,认为战争可以大大刺激消费,从而战争是增加有效需要的一个因素。他竟然说:"金字塔的建筑,地震,甚至战争都能使财富增加……"②这种荒谬绝伦的反动说法,便为英美帝国主义的反动分子用来辩护英美两国的军事预算的激增和大量军火生产,用来辩护他们在世界各地扩建军事基地,用来辩护他们对朝鲜和中国人民的武装侵略。诚如米克所说:"凯恩斯学说的某些成分,今天在事实上已被用作重要的战争工具。例如,在美国,凯恩斯的学说就常被用来作为大量军备支出的理由。"③凯恩斯学说,所以获得军国主义者、战争贩子们的热烈欢迎,其原因也就在此。在今天,英美帝国主义反动分子,已把凯恩斯思想作为建立自己统治全世界,奴役劳动人民的工具;作为煽动战争,发动反苏反人民民主国家的工具。

凯恩斯歌颂战争,为战争辩护,他对社会主义的诬蔑和仇视④,

---

① 凯恩斯:《就业、利息和货币通论》,第381页。
② 凯恩斯:《就业、利息和货币通论》,第129页。
③ 见《现代季刊》,1950年冬季号,第34页,转引自陶大镛:《凯恩斯主义批判》,载《新建设》,第三卷,第六期。
④ 凯恩斯曾以谩骂的口吻表示他对于社会主义的兽性憎恨,他说:"我如何能够接受我知道不但在理论上有错误且对现社会无关而又不通用,并自认为如圣经一般,是一本无需批评的绝对经济学的共产主义呢?我如何能够喜欢污泥甚于喜欢鲜鱼,并且大大赞扬无产阶级高于那代表生命本质且携带一切人类进步种子的资产阶级和知识阶级的信条呢?"(参看赫黎斯《新经济学》,第152页)

早在1920年列宁就揭穿了凯恩斯的丑恶的资产阶级本质,他指出:"这位臭名远扬的资产阶级人物、布尔什维主义无情的敌人,像一般英国市侩一样,把布尔什维主义描写为丑恶的、残暴的、兽性的东西。"《列宁全集》,第二十五卷,俄文第三版,第334页)凯恩斯的丑恶的、反动的阶级本质,从上述的说话中就可见一斑了。

第九章 资产阶级货币学说批判

他主张用通货膨胀、经济军事化和组织战争以掠夺国内外劳动人民，攫取最大限度的利润，所有这些无一不投合法西斯分子的脾胃。这难怪法西斯报纸杂志总要以愉快的心情来表示其对凯恩斯学说的欢迎，例如法西斯德国经济独裁者沙赫特就曾在《德国经济》杂志上公开说过："凯恩斯思想乃是纳粹经济体系之理论解释与理论辩护。"凯恩斯自己也不否认，他的经济思想、实际建议和法西斯分子的主张有密切关系。凯恩斯在替《通论》一书德文版（1936年）所写的序言上，就曾坦白供认：他的《通论》对法西斯制度，比之对于资产阶级民主制度，更为合适。实际上，目前资本主义国家内法西斯分子及其帮凶们——各资本主义国家内右翼社会党徒，已经利用并正在利用凯恩斯的主张作为加紧剥削工人阶级和剥夺工人阶级基本政治权利的工具，他们更进而要求禁止罢工怠工，对劳动人民实行法西斯的血腥镇压。

在今天，英美等帝国主义国家正在服用凯恩斯的药方，企图挽救腐朽的资本主义制度。但是，这个药方是根本起不了什么作用的。斯大林同志说过："资本主义尽可局部稳定，尽可使自己的生产合理化，尽可把国家管理权交给法西斯主义，尽可暂时压制工人阶级，可是它永远也不能回复它从前所引以自夸的那种'安宁'和'确信心'，那种'均衡'和'稳固性'了，因为世界资本主义危机已经发展到这样的程度，此时革命火焰必然时而在帝国主义中心，时而在帝国主义外藩爆发起来，使资本主义的补缀方法一概无效，使资本主义底死期日益迫近。"①

凯恩斯的药方，不仅无济于事，反而更证实了资本主义的死期日益迫近；更暴露了凯恩斯学说乃至整个资产阶级政治经济学说的严重危机及其丑恶反动的阶级本质。

在下面，让我们就凯恩斯学说的内容再作进一步的分析与批判。

第一，根据第一项的说明，我们知道凯恩斯的《通论》完全是建筑在主观唯心主义上的。他以为失业之所以产生是因为有效需要缺

---

① 斯大林：《列宁主义问题》，苏联外国文书籍出版局中文版，第260页。

乏。社会的有效需要，由消费支出与投资支出两者所构成。消费支出决定于他所谓的消费倾向，而消费倾向又受着十四种心理动机的支配。照他所谓的"正常心理法则"看来，消费的增加，总赶不上所得的增加，故须新增投资以填补所得与消费间的差额。说到投资，他以为决定投资的因素有二：一为资本的边际效率，二为利息率。人们期望未来预期收益所怀的信心或信任状态，为决定前者的重要因素之一。利息率则主要决定于所谓流动性偏好；而流动性偏好的心理的动机又有四种：所得动机，商业动机，谨慎动机，投资动机。这样，凯恩斯就最后归结到：消费倾向、流动性偏好、资本未来收益的预期三大因素。他就根据此等心理动机来说明投资的诱因，社会的有效需要与就业问题。这完全是反历史、反科学的主观唯心主义的说法。

我们知道，社会存在决定社会意识，任何主观的心理的动机，最后总以一定的客观的具体事实为依据。凯恩斯不追本溯源，不探究资本主义社会经济的客观事实，忽略非心理的具体的真实因素，而仅根据个人经济行为的心理动机，作极其肤浅的现象形态的解释。他根本不知道这些主观动机是被客观的、历史上构成的经济条件所决定的，故其学说基础，首先在方法论上就犯了严重的错误。这种错误，是跟他那资产阶级的反动立场分不开的。

第二，凯恩斯的主要论点，是想说明在现阶段资本主义条件下，最大的困难是不易获得足够的"有效需要"；而有效需要的不足，是因为消费不足和投资萎缩。假如投资增加足以抵补消费的不足，那么，有效需要便不致下降了。

但是，凯恩斯没有看见一个重要的事实，即在资本主义条件下，投资的增加更将使生产和消费的不平衡尖锐化。至于凯恩斯最感得意的"消费定律"（即国民所得上涨，消费数在百分比上反而降低），是以他所谓"正常心理法则"为依据的。实际上，据最近很多资产阶级经济学者的调查，他的"消费定律"与国民所得的分配大有关系。他的最大错误之一，就是把工人阶级的消费和资本家的消费混为一谈，实际上，这两者是根本不同的。凯恩斯之所以这样做，是因为他想有意识地混淆阶级界限，隐蔽事物真相，麻痹劳动人民反对资产阶级的压迫、剥削的斗争意志。从这一点也可以看出他的所谓"理论"是充满了资产阶级的毒素的。

第三，凯恩斯认定就业量决定于有效需要，而他所谓的有效需要，严格说来，实际上就是社会的货币总支出。他以为短期内货币与信用的流通速度如不变，则有效需要不足，就是货币与信用的数量不足，由此而产生的失业，是因为货币数量不足而造成的所谓"货币性失业"。就是说，失业之所以发生，是由于国民总货币所得没有全部消费，其中一部分被储蓄去了，储蓄限制消费，从而限制消费资料的制造，致使生产资源与劳动不能全部就业，故欲避免失业，必须增加新的投资，使增加的货币数量，等于被储蓄了去的部分。显然的，这是一种货币数量学说的主张，其严重错误，我们在本章第三节第三项早已指出了。

第四，因为凯恩斯所说的失业是所谓"货币性失业"，所以他倡行的"救济"失业的"方案"，就是增加货币数量、膨胀信用。

凯恩斯曾说："每个工会对于削减货币工资，无论削减的程度如何小，都会反对的，但是，没有一个工会梦想到在每次物价上涨时都以罢工来反对。"①因此，他向资产阶级献策说："雇佣者如果企图减低货币工资，必然遇到强烈抵抗，但倘若用提高物价来和缓地使实际工资自动减低，那就毫无困难。"②所以他极力主张不必削减货币工资，只需用通货膨胀，提高物价，削减实际工资，即可不受工人的反抗，而又使资本家获得高额利润，利于增雇劳动者，消灭一些"非自愿失业者"。于此，凯恩斯主张不用直接办法而用间接的通货膨胀，以便偷偷摸摸地有系统地压低实际工资，加紧剥削工人，让那些垄断资本家获得最大限度的利润。

凯恩斯从他的就业理论中导引出来的通货膨胀政策，给予一切资本主义国家特别是英美两国一个加强对劳动人民进行兽性剥削的有力武器。通货膨胀加深了劳动人民的贫困化，而垄断资本家的利润却不

---

① 《就业、利息和货币通论》，第15页。
② 《就业、利息和货币通论》，第264页。

断地激增。英国工党政府实行这种通货膨胀政策的结果，在 1950 年，根据牛津经济研究所矫正过的官方数字，英国工人的实际工资，较战前低 30%，可是同时英国垄断资本的利润却增加到 2 至 3 倍。美帝国主义通货膨胀政策，使得 1948 年美国工人实际工资比较战前水平低了 32%，可是同时期美国垄断资本利润却达到了 340 亿美元之巨，较战前多了 4 倍。这几年来，英美等国工人的实际工资，还在继续下降。由此可知，凯恩斯从他的就业理论中导引出来的通货膨胀政策，只对垄断资本家有利，因为它可以使他们在加强对劳动大众的剥削的基础上，获得比战时还高的超额利润。

其次，凯恩斯的这个办法——即利用通货膨胀，削减实际工资，牺牲工人来减少一些失业的办法，在极短期中或能欺骗工人而"收效"于一时，但若就长期而言，他们是否长此为这种货币魔术所迷惑，安于其货币工资而不争取其工资率随物价上涨而调整，却很成问题。再说，要使实际工资长期维持于均衡点以下，就必须不断膨胀通货，以刺激物价腾贵。但物价上涨，在性质上是愈来愈增加速度的，通货膨胀难于适可而止，这就很可能推翻凯恩斯的通货膨胀政策所根据的金融基础。

还有，凯恩斯相信"金融当局"可以决定货币流通数量，使货币数量改变。他以为国家银行可以膨胀通货以降低利息率，影响储蓄减少，促进投资增加，所以他曾说："如果我们用变动货币数量办法去管理经济行动。"这是不是一个太简单的想法呢？发行银行是否可以决定货币流通数量呢？我们知道，凡注意资本主义社会货币问题的人，都晓得货币流通数量并不是由金融当局决定的。他的严重错误，即在其对货币机构只有肤浅的认识。何况就业与生产量不能随一定的金融刺激而比例增加的现象亦常被他所忽略。这种缺陷，即使是倾向凯恩斯的资产阶级经济学家也无法替他辩护。

第五，我们知道，在资本主义条件下，跟随资本有机构成的高度化，垄断利润在全部社会所得中所占比例数的激增，于是劳动所得在全部所得中所占比例数便为之削减，故随垄断资本主义的发展，就业量对全部所得的比例有愈益减少的倾向。凯恩斯为了辩护资本主义是

第九章 资产阶级货币学说批判

永恒不变的,从最初即假定技术状态为一定的(即他所谓的"在一定的技术、资源和成本的状态之下"①),从而抹杀上述客观事实,这就使他歪曲了真理而陷于肤浅的解释。因为他把资本主义经济当作一种静止不动的经济在处理,认为它不受技术进步的影响,这就隐蔽了资本家充分利用技术进步来增加劳动强度而缩短必要劳动时间以加强剩余价值的剥削,增加利润,积累资本。而且跟随资本的积累,技术的进步,相对地说来,不变资本的增加必大于可变资本的增加,这就产生了一种永久性的失业者。所以说,"一个剩余的劳动人口,固然是资本主义基础上的积累或财富发展的必然产物,这种人口过剩,也会反过来变为资本主义积累的杠杆,甚至变为资本主义生产方式的存在条件之一"②。

资本主义发展到帝国主义和资本主义总危机阶段,资本主义生产的扩大所遭遇的障碍,就是垄断组织的统治。垄断组织为了取得最大限度的利润,人为地阻碍着生产的增长和同时强制着劳动强度的提高,这又引起失业的激增。由此可知,失业是伴随资本主义而产生的。不仅是这样,而且失业还是压迫劳动市场和工人工资的手段。斯大林同志曾经指出:"……不论哪一个资本家从来不会而且无论如何也不会同意完全消灭失业现象。消灭失业后备军,因为失业后备军底使命就是压制劳动市场,保证工资低廉的劳动人手。"③为资产阶级利益做辩护的凯恩斯却卑鄙无耻地装模作样,说什么他想消灭失业,建立"充分就业"。实际上,凯恩斯的就业理论乃是欺骗劳动人民的工具,加紧剥削工人阶级的阴险办法。

凯恩斯本人既是大资本家,又是代表垄断资本利益的御用"经济学家"。他的坚决拥护资本主义和执拗地反对社会主义的反动立场,必然促使他故意蒙蔽着资本主义社会失业问题的真象,有意识地把失业、经济危机等解释为技术上的错误,而不是渊源于资本主义生产方

---

① 《就业、利息和货币通论》,第6页。
② 马克思:《资本论》,第一卷,人民出版社1954年版,第796页。
③ 斯大林:《与英国作家威尔斯的谈话》,人民出版社版,第3页。

式内在的根本矛盾——社会的生产与资本主义的占有之间的矛盾。凯恩斯的一派花言巧语，其目的就是要在劳动大众中散布幻觉，似乎在资本主义架子以内，失业、经济危机等只是一些技术上的困难和错误，满可以克服，生活也可以改善，想借此削弱无产阶级为反对资本主义、争取社会主义而进行的阶级斗争。

第六，凯恩斯的利息学说也极不正确。他的基本错误，首先是把利息解作纯粹货币现象，好像与利润无关。同时，他故意把利润率称做什么"资本的边际效率"，这也好像与资本家对工人阶级的剥削无关。他有意识地掩饰起资产阶级对工人阶级的日益加强的剥削，遮蔽工人和资本家间矛盾的尖锐化和资本主义社会的日益两极化——一极是巨富，一极是贫困。

其次，谈到利息和信用，他主张信用的供求是货币的周转而不是资本的转让。他想用货币数量来解释利息率的高低，以致将货币与放款资本混同不分。但在实际上，资本主义社会货币数量的增减和放款资本的增减不一定有直接联系。例如，在经济萧条时期，通货收缩，但放款资本的供应，反而增加，这或许就是连凯恩斯自己也不得不怀疑货币政策能否有效地控制利息率的原因之一。①

最后，凯恩斯的"理论"，无疑地是当前资本主义世界政策的基础，特别是在美英帝国主义国家风行一时的各种"充分就业"的方案，大都是依据他的"学说"。例如：英国最著名的柏渥奇方案；英国和加拿大所公布的关于就业政策的白皮书；美国参议员摩利的充分就业方案；法国新宪法规定政府每年应提出一个全国经济计划，以谋求充分就业及合理利用资源；美帝国主义者操纵下的联合国"经济及社会理事会"内的一个委员会就叫"经济与就业委员会"，又于1946年10月至11月在伦敦召开的企图建立国际贸易组织的会议，也名为"国际贸易与就业会议"的筹备会议。近年来为美国的垄断组织和美帝国主义的利益服务的韩森，妄想避免经济危机，追求"充分就业"的一切谬论，都是根据凯恩斯的学说而提出的。但是一切依据凯恩斯"理

---

① 《就业、利息和货币通论》，第164页。

论"而起草的解决"充分就业"问题的方案和拟议，至今还是议而不行，行而无效。因为他的方案，既不能缓和、更不能根本消灭资本主义的内在矛盾。因此，美英帝国主义国家，根据凯恩斯的主张所提出的妄想避免资本主义经济危机的一切药方，都是劳而无功的。客观的事实，早已粉碎了凯恩斯的"通论"。

第二次世界大战以后资本主义经济发展过程，早已说明了资本主义制度的死期日益迫近，任何药方都挽救不了它的死亡。相反的，社会主义体系的经济，正如旭日东升一样，在发展生产的基础上不断地向上高涨。

第二篇　社会主义体系的货币流通与信用

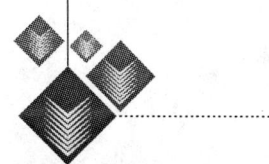

第十章 苏联货币之必要性、本质和职能

第一节 货币在社会主义经济中的必要性

苏联货币是掌握在苏维埃国家手中,根据社会主义基本经济法则的要求,用来发展社会主义经济和准备向共产主义的高级阶段过渡的极为重要的经济工具。

远在苏联十月社会主义革命以前,马克思、恩格斯早已预见到,从资本主义到社会主义的过渡时期,掌握了革命政权的无产阶级有利用货币、信用与银行制度的必要①。但是,时代条件的限制,使他们未能具体地指出这些经济工具在社会主义建设中的作用。

生长在无产阶级革命胜利时代的革命导师列宁和斯大林,创造性地发展了马克思主义货币理论,正确地指出了在社会主义建设中,货币一直是必要的。他们根据社会主义建设的实践,建立了关于货币在社会主义时期的本质和职能的体系完整的学说。

列宁根据无产阶级专政不能使商品货币关系自动消灭,他根据劳动生产物的商品形态的存在,一再着重指出,直到共产主义制度建成

---

① 恩格斯在《共产主义原理》一书中,曾说到无产阶级革命成功后,无产阶级专政将采取种种措施,以消灭私有制并保障无产阶级的生存,他列举的政纲共十二项,其中第六项是:"通过拥有国家资本的国家银行,把信贷系统和银行业集中在国家手里。封闭一切私人银行和钱庄。"(转引自《斯大林全集》,第八卷,人民出版社版,第268页)

以前，商品交换和货币还必须保存①。列宁的指示列入了俄国共产党（布）第八次代表大会所通过的党纲草案中，那里规定："在由资本主义过渡到共产主义的初期中，只要还没有把共产主义的生产和产品分配完美地组织起来，消灭货币便是不能想像的。"②

在过渡到新经济政策时期，为了顺利实施新经济政策，为了恢复苏联国民经济，建立并巩固无产阶级与农民的联系，当时列宁曾着重指出了商品交换和货币的重大作用。他曾经说："商业就是千百万小农与大工业间之唯一可能的经济联系。"③因此，正确地组织商品交换和在国内建立稳定的货币就具有特别重大的现实意义。列宁指出："如果我们能做到使卢布先稳定一个较长的时期，然后又继续永远稳定下去，那我们便获得赢局了。"④苏维埃国家遵循着列宁的指示，在1922—1924年实行了货币改革。联共（布）第十四次代表大会指出这次货币改革的成绩说："过渡到稳定的货币和胜利地加强稳定的货币流通，为经济的继续进步奠定巩固的基础，打开了苏联经济建设方面的新的一页。"⑤因为货币改革而建立的稳定的苏联货币，是巩固城乡联系和工农联盟，实现历届五年计划和动员物质与财政资源在伟大卫

---

① 列宁于1919年5月19日"在全俄校外第一次教育代表大会上的演说"中说："还在社会主义革命以前，社会主义者就说过：货币是不能一下子就废除的……要消灭货币，需要很多技术上的成就，而困难得多和重要得多的是组织上的成就。"(《列宁全集》，第二十九卷，俄文第四版，第329页) 列宁继续指出："货币是不能一下子就废除的，要消灭货币，必须建立亿万人的产品分配组织，——这是很多年的事情。"(《列宁全集》，第二十九卷，俄文第四版，第338页)

② 《联共（布）代表大会、代表会议和中央委员会决议汇编》，上卷，1941年俄文版，第293页。

③ 《列宁文选》两卷集，第二卷，苏联外国文书籍出版局1950年中文版，第916页。

④ 《列宁文选》两卷集，第二卷，苏联外国文书籍出版局1950年中文版，第985~986页。

⑤ 《联共（布）代表大会、代表会议和中央委员会决议汇编》，下卷，1941年俄文版，第14页。

第十章 苏联货币之必要性、本质和职能

国战争时期战胜敌人方面的最重要经济工具之一。

在斯大林同志的著作中，苏联货币理论获得了进一步的发展。他从列宁的基本原理出发，并且创造性地发展了这些原理，他指出过渡时期社会主义工业和小农经济间的经济联系的客观必然性及其重大意义，并断定这种联系不应通过工业品与农产品的直接交换，而应通过商业来实现。商业则需要货币流通。在过渡时期，苏维埃国家不仅必须利用货币以联系城乡，加强工农联盟，而且还要通过预算和信贷以货币形式帮助贫农和中农，限制和排挤富农和私商。这样，苏维埃国家就成功地运用资本主义经济的方法——商业和货币制度——来反对资本主义，来建设社会主义的经济基础。

货币不仅在从资本主义到社会主义的过渡时期中是必要的，而且在社会主义建设胜利的条件下也是必要的。斯大林同志根据苏联社会主义建设的实践，早在1927年11月5日与外国工人代表团的谈话中即已明确地肯定了这一点①。其次，他于1934年在第十七次党代表大会上关于联共(布)中央工作的总结报告中，更批驳了一部分工作人员中认为"……必须实行产品直接交换制，说货币很快就要取消"的"'左派'废话"，他指出："这些与马克思主义相隔十万八千里的人，大概是不懂得，货币在我们这里还会长期存在，一直存在到共产主义第一阶段即社会主义的发展阶段完成时为止。他们不懂得，货币是苏维埃政权从资产阶级经济那里拿到自己手里来适应社会主义利益，尽量扩展苏维埃商业，借以准备条件去实行产品直接交换制的一种工具。"②

---

① 斯大林同志曾说："现在我们需要重新装备我国的工业，并在新的技术基础上建立新工厂。我们需要提高农业发展水平，最大限度地供给农民以农业机器，使大多数劳动农民合作化，把个体农户组织到广大的农业集体合作社网中。我们需要组织一种能够像每个人估计自己的收支预算一样来估计并满足全国城乡需求的沟通城乡的分配机构。一旦我们把这一切都做到了，我们就可以认为不需要货币的时候来了。但是距离这个时候还很远。"(《斯大林全集》，第十卷，人民出版社版，第194~195页)

② 斯大林：《在第十七次党代表大会上关于联共(布)中央工作的总结报告》，人民出版社版，第54页。

斯大林同志从理论上概括了苏联社会主义建设的经验，不断地丰富了关于在社会主义制度下商品生产与交换的学说，明确了社会主义条件下价值法则的作用，从而系统地阐明了社会主义经济中货币必要性的理论基础。他在其划时代的天才著作《苏联社会主义经济问题》中指出，社会主义公有制有两种形式：（一）国家所有制；（二）合作社集体农庄所有制。社会主义的国家所有制是以工农社会主义国家为代表的全体苏联人民的所有制。社会主义的合作社集体农庄所有制是各个集体农庄和合作组织的所有制。与社会主义所有制的两种形式相适应，有两种社会主义经济：（一）国营企业（工厂、国营农场、农业机器站等等）；（二）合作（集体）经济（集体农庄、手工业劳动组合、消费合作企业）。这两种形式，就其社会本性来说，都是属于社会主义性质的同一类型，它们的基础都是生产资料的公有制，然而它们之间仍有差别。这些差别表现在由于它们公有化的成熟程度的不同，因此在生产资料公有化的程度上就有差别。在以国家所有制为基础的国营企业中，全部生产资料是公有的，产品是属于国家的。在集体农庄的企业中，虽然主要生产资料（土地、机器）也属于国家所有，但由于集体农庄的社会主义财产（包括集体农庄的公共企业及其耕畜与农具，公共建筑物等）乃是个别劳动者集体的财产，因此产品却是个别集体农庄的财产。所以斯大林同志指出，社会主义生产的两种基本形式的存在，"……就使得国家所能支配的只是国家企业的产品，至于集体农庄的产品，只有集体农庄才能作为自己的财产来支配。然而，集体农庄只愿把自己的产品当作商品让出去，愿意以这种商品换得它们所需要的商品。现时，除了经过商品的联系，除了通过买卖的交换以外，与城市的其他经济联系，都是集体农庄所不接受的。因此，商品生产和商品流通，目前在我国，也像大约三十年以前当列宁宣布必须以全力扩展商品流通时一样，仍是必要的东西"①。

当然，社会主义制度下的商品生产，是跟资本主义条件下的商品

---

① 斯大林：《苏联社会主义经济问题》，人民出版社版，第14页。

第十章 苏联货币之必要性、本质和职能

生产根本不同的,它并不是通常的商品生产,而是特种的商品生产,它是没有生产资料私有制、没有资本家参加的商品生产,它基本上是由联合的社会主义生产者(国家、集体农庄、合作社)进行的。它的活动范围主要限于个人消费品,它是和它的"货币经济"一起共同为发展和巩固社会主义生产的事业而服务的。

"在有商品和商品生产的地方,也就不能没有价值法则。"①但在社会主义条件下,商品生产的局限性就预先决定了价值法则发生作用的局限性。在这里,价值法则不是独立地起作用,而是从属于社会主义基本经济法则与国民经济有计划按比例的发展的法则而起作用的。因此,价值法则发生作用的范围,已被限制,它可能发生的破坏作用已被防止。它发生作用的范围,"首先是包括商品流通,包括通过买卖的商品交换,包括主要是个人消费的商品的交换。在这里,在这个领域中,价值法则当然是在一定范围内保持着调节者的作用的"②。至于对于社会主义的生产,价值法则是没有调节作用的,它只是影响生产。这种影响表现在为了抵偿生产过程中的劳动力耗费所必需的消费品,在苏联是作为受价值法则支配的商品来生产和销售的。因此,在社会主义企业中,诸如经济核算和赢利的问题、成本问题等,就具有现实的意义,而为经济工作人员所必须考虑的。

斯大林同志对社会主义经济中价值法则的作用的阐明,使我们充分认识到货币在作为劳动尺度和价值尺度方面,在组织有计划的生产方面,在经济核算和赢利方面,在贯彻按劳分配原则方面,在为社会主义扩大再生产及人民生活水平不断提高而进行国民收入的分配与再分配方面,都是具有其全民的计算与监督的作用的。

在社会主义条件下,与特种的商品生产相联系的价值法则的存在,是由社会生产力发展的水平所决定。由于社会生产力发展的水

---

① 斯大林:《苏联社会主义经济问题》,人民出版社版,第17页。
② 斯大林:《苏联社会主义经济问题》,人民出版社版,第17页。

平，就决定了社会主义公有制的两种形式①。在社会主义经济中，虽然劳动不是私人劳动，而是直接的社会劳动，但在国营企业中劳动已在全民范围内社会化，而在集体农庄中劳动只是在该一农业组合的范围内社会化。这是因为国家不能像支配自己的财产那样来支配集体农庄的产品，所以不能把集体农庄的劳动完全看作全国范围内的直接的社会劳动，而只能看作该一农业组合范围内的社会劳动。由于劳动社会化程度的这种差别，由于国营工业和集体农庄间的商品联系的存在，也就没有可能直接用劳动时间来表现和比较用于工业品生产和集体农庄产品生产的社会劳动。因此也就必须像在商品生产制度下的情形那样，以曲折迂回的方法，利用价值及其各种形式来间接地使合作社集体农庄的社会化劳动能够实现为全民性的社会化劳动，从而这就有了体现商品价值的货币的必要了。以货币形式来表现的社会劳动计算，就是在社会主义条件下价值法则所执行的最重要的职责。苏联货币的主要职能之所以是衡量价值的尺度也就是由此而产生的。

同时，由于社会主义制度下的社会分工，在集体农庄和合作社之间，以及在集体农庄内部，也存在着商品关系和货币的必要。

不用说，上述情况只限于在共产主义社会的第一阶段才是这样，到了共产主义社会的第二阶段，由于社会生产力的高度发展，社会主义公有制的两种形式已提高为单一的全民所有制。在这种情况下，商品生产和与此相关的价值法则已不复存在，劳动已能直接用耗费在生

---

① "社会主义所有制两种形式的存在，是进行无产阶级革命和共产主义建设时的历史条件造成的。工人阶级夺取国家权力以后，遇到历史上形成的各种不同的私有制形式：一方面是以剥削别人劳动为基础的大资本主义所有制，一方面是以个人劳动为基础的农民和手工业者的小私有制。在社会主义革命进程中，大资本主义财产被剥夺，归社会主义国家所有。于是就产生社会主义的国家（全民）所有制。同时科学共产主义纲领摈弃那条剥夺农民和手工业者的极端错误的和犯罪的道路。中小商品生产者自愿地联合在生产合作社中，即联合在集体农庄和工艺合作社中，他们拥有的基本生产资料根据合作原则公有化。于是就产生合作社集体农庄所有制。可见公有制两种形式的存在是客观的必然性，它反映出工人阶级和农民走向社会主义继而走向共产主义的道路的特点。"（《政治经济学教科书》，人民出版社版，第424~425页）

产品上的时间数量来计算,那么,货币也就要随同商品生产和价值法则的消灭而一同消灭了。

由此可知,货币在社会主义经济中的必要性,是由生产力以及与之相适应的生产关系所达到的发展水平,亦即由经济基础所达到的发展水平所决定的。社会主义公有制的两种形式,社会主义工业与集体农庄农业两种不同的生产,决定了商品生产、价值法则的存在,从而也决定了使用货币的必要性。

第二节 苏联货币的本质和作用

在社会主义条件下,生产不同的产品——不管这些产品是商品或者不是商品——的社会劳动支出,必须作为同一名称的、质量上又是可以互相比较的数量来计算。消耗于产品生产上的劳动时间,是可以成为这种同一名称的数量单位的。生产产品所耗费的劳动时间的多少就决定其价值的大小。但是,由于社会主义公有制两种形式的社会化程度的不同和一定范围内的商品生产的存在,因此,社会劳动支出还不能直接用劳动时间来计算。要想使这些社会劳动支出还原为同质的劳动而加以数量上的比较和计算,就只有通过价值及其形式的表现才行。就是说,物化劳动的支出,要通过价值的货币表现的价格,才能在商品生产和仅仅保留"商品外壳"的生产资料生产领域内加以计算。

在商品生产整个领域内必须用价值形态来表现物化劳动,这是没有什么问题的。至于在生产资料的生产与分配领域内,由于在社会主义扩大再生产的条件下,商品生产与生产资料生产之间有着密切的联系,所有生产部门的工人都购买商品和国民经济所有部门都要使用生产资料。这样,商品生产领域和生产资料生产领域的密切联系与相互作用产生了一种特殊现象,那就是价值法则对生产资料领域的影响。

首先,在生产资料生产领域内,由于生产生产资料的劳动力的耗费要以消费品来补偿,而消费品又是商品,工人就只能用货币即货币工资去购买。因此也就必须在生产资料的生产中利用货币形态来计算一切其他因素(原料,生产过程中非商品的劳动资料,如机器、厂房等)的劳动耗费等,这些因素和工资一起构成工业品的成本。社会产品要通过货币才能补偿耗费了的生产资料,满足个人消费,实现积累,保证人民物质和文化生活水平的不断高涨。因此,利用价值形态来间接地反映成本,即通过货币来计算社会劳动支出和规定各种产品(包括生产资料在内)的价格,是两个领域的共同的客观要求。

其次,就生产资料的计划分配来说,计划机关所分配的生产资料是用货币计算的,即用价格形态计算的;实行经济核算制的机关相互进行结算时就是将此价格的总额划入供货者的结算账户中。社会主义企业相互供应这些物资时,就应该按照这一价格付款。所以,货币在这里不仅是衡量该产品生产过程中所耗费的劳动量的一个尺度,而且也可用来补偿与生产和分配有关的各种费用。物资的转移首先是借助于货币的价值尺度的职能来实现的。

因此,苏联货币不仅在商品生产领域内,同时在生产资料的生产和分配领域内,也起着衡量价值的价值尺度的作用。所以苏联货币成为价值尺度的决定因素,并不是在商品生产和生产资料生产领域内的价值表现的不同,而是价值的实质的统一,即耗费于产品生产上的社会必要劳动时间,不管这些产品是商品或者不是商品。货币的本质并不决定于社会主义再生产的某一领域,而是决定于整个的社会主义再生产的统一过程。社会主义再生产过程是统一的,从而苏联货币具有统一的性质——那就是在整个社会主义国民经济中只存在一种货币,这些货币不论在商品生产领域内使用,或者在生产资料生产领域内使用,都是用来间接地反映生产费,起着价值尺度的作用。

当然,我们主张无论在商品生产领域内或在生产资料生产领域内,都必须利用货币的价值形态来间接计算社会劳动支出,从而苏联货币是衡量价值的尺度,但是,我们决没有因此就否认苏联货币在商品生产领域内和生产资料生产领域内所发生的作用的差别。在苏联的商品生产与流通中,商品由某一所有者转移到另一所有者以及市场上的商品流通,都是以货币的价值尺度职能和一般等价物作用为媒介

第十章 苏联货币之必要性、本质和职能

的。但在生产资料的生产与分配中,由于生产资料在苏联内部并不出售,而是按计划分配给各个国家企业的,它的所有者只能是社会主义国家,它实质上不是商品,它不在市场上流转,因此,苏联货币虽然是在国营企业内部的生产资料分配方面执行着价值尺度的职能,但它们没有媒介商品流转的流通手段的职能。正因为苏联货币在生产资料的经济周转中不能起流通手段的作用,从而我们不能无条件地称苏联货币为一般等价物,因为马克思是把一般等价物的概念确定为"价值尺度和流通手段的统一……"①,它是以社会劳动为基础而为交换过程服务的。

马克思在《资本论》中指出,"流通是商品所有者相互关系的总和"②,由于商品的"……价值对象性纯然是社会的,所以,不待说,这个对象性也只能表现在商品与商品的社会关系上"③。因此,价值是反映在劳动产品交换过程中不同的所有者之间的社会关系的。在社会主义条件下,只有个人消费品才投入流通变成商品从而成为价值,反映着不同的所有者之间的社会关系。但在生产资料领域内,因为生产资料在苏联内部不能买卖,它们实质上不是商品,但为了计算和计价的需要,它们仅仅保存着商品的形式即"商品的外壳",具有价格。

但是,生产资料的价格即生产资料的价值的货币表现,并不反映价值法则对生产资料运动的调节作用。因为价值法则在社会主义社会里并不是生产的调节者。价值法则在分配生产资料和对社会主义企业供应生产资料方面,不起调节者的作用。向各企业转让生产资料而规定的批发价格,对生产资料的分配并不起任何重大的影响,而且它也不是根据价值法则来规定的;它的规定是为了保证各企业最小限度的必要利润,为了刺激更合理地更有效地利用生产资料来完成和超额完成计划。国家在规定生产资料价格时,要估计到它的

---

① 马克思:《政治经济学批判》,人民出版社版,第89页。
② 马克思:《资本论》,第一卷,人民出版社1954年版,第174页。
③ 马克思:《资本论》,第一卷,人民出版社1954年版,第22页。

成本，但这种估计与价值法则之作为调节者所发生的作用并无共同之处。价值法则仅仅在存在着商品流通的领域中发生调节作用，生产资料既不是商品，那么它们就超出价值法则发生调节作用的范围之外了。

然而，价值法则对生产是有影响的。在价值法则对生产有影响的条件下，价值是用来表现和计算制造产品的社会劳动消耗量的。这样，在生产资料领域内，生产资料的价值或其货币表现的价格，基本上反映制造生产资料时所耗费的社会劳动量，但所反映的是价值的实质，是社会劳动，而不是反映不同的所有者之间的社会关系；因此，在这里，价值仅仅是一个商品外壳，它的实质是社会劳动，它不是实质上和形式上都是商品（主要是个人消费品）的那种商品价值。这说明了生产资料的价值或其货币表现的价格的特点，同时，这也说明了苏联货币的本质尽管是统一的，它们在生产资料生产领域内也是真正的货币，决不是什么形式上的货币，但在这里，由于它们实际上不是流通手段，也不起一般等价物的作用，它们所具有的特点也是我们必须注意的。我们知道，关于这个问题，在苏联学者中间是有着各种不同的看法的①。我们相信，只要占有足够的具体材料，密切联系实际，科学地总结实际经验，对这些问题是有希望给予正确解答的。

社会主义制度下商品生产的一切特点，不能不影响到苏联货币的本质，这使苏联货币既不同于单纯商品经济条件下的货币，更不同于资本主义条件下的货币。在资本主义条件下，货币所反映的生产关系是资本家剥削劳动人民的工具，是使小生产者破产和资本家致富的工具。

在社会主义条件下，由于生产资料的公有化，由于剥削阶级的被

---

① 在生产资料的生产和计划分配领域内，苏联货币是不是一般等价物的问题，在苏联学者中间有着各种不同的论点，论争没有结束，还没有最后的结论。这个问题，关涉到社会主义制度下的商品生产和价值法则的问题，特别是关涉到生产资料的"商品外壳"的本质和价值法则对生产的影响等重大而深入的问题，对这些问题的详尽的分析与论述，有待于此后进一步的研究。

消灭，由于劳动力已经不能变成商品，由于商品生产的范围主要是限于个人消费品，因而货币已不能变成资本，货币不再是人剥削人的工具，所以苏联货币所反映的乃是社会主义的生产关系，首先是工人阶级与集体农民之间的友好合作关系，以及整个社会主义社会一切成员之间的无剥削的互助合作关系。

首先，苏联货币表现着两个友好阶级——工人阶级与集体农民——之间的生产关系，也就是在有组织的苏维埃商业（农产物的收购与工业品向乡村的销售）和在经济上由苏维埃国家进行调节的无组织的集体农庄市场方面，表现着城乡间的联系。苏联货币是组织城乡间劳动人民经济联系的工具。集体农庄庄员按照劳动的多少从集体农庄得到货币收入和实物收入，同时又将从劳动日及其家庭副业上所得到的产品的大部分出售于市场以换取货币。他们用货币来购买国家所出产的消费品。同时，苏维埃国家则通过商业来供应集体农民以品质优良和数量充足的产品。苏联货币无论在城市与乡村，都促进着生产的发展和苏维埃商业的扩展，以创造生产品直接交换的条件，而为逐步进入共产主义社会创造条件。

其次，苏联货币表现着各个人相互之间以及各个人与整个社会之间在劳动过程中所发生的生产关系，这些关系在实现社会主义社会极为重要的"各尽所能，按劳取酬"的社会主义原则时，体现在货币中。苏联货币就是计算和监督劳动量与消费量的工具，它促进上述原则的实现。为了实现这一原则，就必须鼓励每一劳动人民特别关心自己的劳动效果，因而对物化在产品中的劳动的质和量与取自社会的劳动报酬的多少，必须有严格的计算与监督的工具。按劳取酬的原则，刺激着劳动者对自己劳动的物质兴趣。物质兴趣在社会主义阶段是发展生产的有力因素。苏维埃国家把货币作为支付劳动报酬的手段，它对于熟练劳动和沉重劳动都规定高于普通劳动的工资标准，实行等级工资制。只有这样，才能保证彻底消除工资的平均主义，才能保证实现按劳取酬的原则，也才能保证培养社会主义的劳动态度而加速提高劳动生产率，促进共产主义的到来。苏联货币在实现按劳取酬的原则方面起着很大的作用。

苏联货币表现着各社会主义企业间及其与国家间的关系。这些关系，是以生产资料公有制和整个国民经济计划为其基础的。国民经济要能有计划的发展，各社会主义企业的计算与监督是具有重大意义的。为了刺激各企业完成计划及超额完成计划，从而加速社会主义的积累，就应该依照经济核算制来管理企业。经济核算制是服务于国民经济计划的工具，它是自觉地利用货币来实行社会主义企业的管理。苏联货币在实行社会主义的经营方法，巩固经济核算制方面起着很大作用。经济核算制的实施，必须借助于价值的形式，通过货币，国家对企业的生产计划，成本计划，商品销售计划和积累计划等的完成实行监督。例如通过计划成本与实际成本的比较，可以明确实际成本与计划成本脱节的原因、制定减低成本和提高利润性的步骤、刺激企业生产合理化、提高劳动生产率、厉行节约、杜绝浪费和增加社会主义积累。

在资本主义条件下，货币是社会财富的结晶，是社会劳动的结晶，是资产阶级向全体劳动者收受贡物的证据。在资本主义条件下，由于生产资料的私有制和生产的无政府状态，货币是市场的自发盲目性统治人们的权力之集中表现，因而形成货币的拜物教性质。反之，在社会主义条件下，生产资料的公有制，国民经济有计划按比例的发展，消灭了资本主义货币所具有的剥削劳动人民、统治人们的权力。在苏维埃国家有意识的利用之下，货币已成为服务于劳动人民的工具、建设社会主义社会的工具。在苏联国民经济各部门间和各企业间的劳动分配是有计划的，生产的无政府状态被消灭了，因此，在社会主义经济中，商品拜物教被消灭了，人与人的社会关系没有物与物的关系的虚假外表。这样，在苏联，货币的拜物教性质也随之而完全被消灭了。苏联货币乃是一种新型的历史上所不知道的货币。苏联货币的本质，是根本不同于资本主义货币的。

在过渡到社会主义的时期，苏联货币在某种程度上也曾被资本主义成分所利用，然而它这时已经主要是为社会主义服务而排挤着资本主义的了。

此后，在社会主义条件下，货币的作用就起了根本的原则上的变化①。苏联货币是一种具有新内容的旧形式。逐渐变化的结果，新的内容深深地渗入了这一旧形式，并使其完全从属于自己，利用它来发展新的东西②，它是掌握在苏维埃国家手中，用来发展和壮大社会主义经济、对社会产品的生产与分配以及对劳动量与消费量实行一般核算和监督的最重要的经济工具。

在目前，在从社会主义向共产主义过渡的时期，苏联货币，根据社会主义基本经济法则的要求，是用来发展社会主义经济和准备向共产主义的高级阶段过渡的极为重要的经济工具，其意义和作用是更加重大了。

第三节 苏联货币的职能

第一项 作为价值尺度的职能

苏联货币的职能表现着苏联货币的本质与作用。它是根本不同于

---

① 斯大林早在1925年就指出："问题全不在于商业和货币制度是'资本主义经济'底手段。问题在于我国经济中的社会主义成分在与资本主义成分作斗争时利用资产阶级底这种手段和武器来克服资本主义成分，问题是在于社会主义成分卓有成效地利用着这种手段和武器来反对资本主义，卓有成效地利用着这种手段和武器来建成我国经济底社会主义基础。因而也就是说，由于我国发展进程底辩证规律，这些资产阶级工具底机能与用途已经在原则上有所变更，已根本有所变更，已变更得有利于社会主义而不利于资本主义了。"（斯大林：《在联共（布）第十四次代表大会上关于中央委员会政治工作的总结报告》，人民出版社版，第97页）

② 斯大林同志说："在我国社会主义条件下，经济发展并不是以变革的方式，而是以逐渐改变的方式进行的，旧的东西并不是简单地被废除干净，而是把自己的本性改变得与新的东西相适应，仅仅保持着自己的形式；至于新的东西也不是简单地消灭旧的东西，而是渗到旧的东西里面去，改变旧东西的本性和机能，并不破坏它的形式，而是利用它的形式来发展新的东西。在我国的经济流通中，不仅商品是这样，而且货币也是这样，连银行也是这样，它们也失去自己旧的机能并取得了新的机能，同时保持着旧的形式而为社会主义制度所利用。"（斯大林《苏联社会主义经济问题》，人民出版社版，第47~48页）

资本主义国家中货币的职能的。

苏联货币执行价值尺度的职能时，是有计划地表现和计算社会主义经济中的社会劳动的工具。这一职能具体地表现于价格的形成中，表现于产品成本和生产过程中造成的纯收入的确定中，它是符合于社会主义基本经济法则以及国民经济有计划的（按比例的）发展法则的要求的。

无论是在社会产品的商品部分的生产和流通方面，或者是在仅仅保存商品外壳的那部分产品的生产和分配方面，货币都起着重要的作用。货币被利用来分配和再分配国民收入。社会产品要通过货币才能补偿耗费了的生产资料，满足个人消费，实现积累，保证人民物质和文化生活水平的不断提高。

苏联货币是通过其对黄金的联系，执行价值尺度的职能。

大家知道，价值法则、货币和商品生产是密切联系着的。

在社会主义经济条件下，首先，集体农庄生产的剩余物（包括集体农庄庄员在宅旁园地上的副产品）是商品。这些剩余物以买卖方式被集体农庄及其庄员转让出来投入市场，因而被列在商品流通的系统之内。这种商品主要是由农业的原料作物和个人消费的农产品构成的。

其次，在社会主义制度下，一部分社会主义工业的产品也是商品，它也是用买卖方式转让出来作为集体农庄的公共财产和公民的个人财产。这种商品主要是由个人消费品构成的，而也有一小部分是由小农具等构成的。

还有，在社会主义制度下，一部分向国外出售的产品（包括生产资料在内），也是商品。国家将这种产品出售后，就丧失产品的所有权而将所有权转让于买主。

价值法则仅仅存在于商品流通中，通过买卖的交换领域中才起着调节者的作用。

在苏联，生产资料（除了在对外贸易中）不是商品，生产资料集中在国家手里，并不被出售，而是由国家分配给自己的企业，国家在把生产资料交给某一企业时，并未失去这些生产资料的所有权。因

第十章 苏联货币之必要性、本质和职能

此,在国内经济流通领域内,生产资料并未易主,它们始终是全民的财产,不是商品。

价值法则在"销售"生产资料和对社会主义企业供应生产资料方面,不起调节者的作用。向各企业转让生产资料而规定的批发价格,对生产资料的分配并不起任何重大的影响,而且它也不是根据价值法则来规定的。它的规定是为了保证各企业最小限度的必要利润,为了刺激更合理地和更有效地利用生产资料来完成和超额完成计划。国家在规定生产资料的价格时,要估计到它的成本,但是这种估计与价值法则之作为调节者所发生的作用并无共同之处。因为社会主义国家并不将生产资料出售给任何买主,而是有计划地分配于社会主义企业。

表现劳动的特殊价值形态——社会主义货币在社会主义生产的非商品范围内起着另一种作用,和在商品范围内所起的作用不同。在商品流通范围内,它是表现着价值法则的调节作用。而在非商品范围内,它不表现价值法则的调节作用,它是一种新的内容。什么新的内容呢?斯大林在揭示为什么要讲生产资料的价值、成本和价格等原因时指出:"这是为了计价、为了核算、为了计算企业的盈亏、为了检查和监督企业所必需的。但这只是事情的形式的一面。"[1]它只利用生产资料的商品外壳。这种利用之所以可能与必要,是因为在社会主义经济发展中,不是通过变革的方式,而是通过逐渐变更的方式来实现的,旧东西不是简单地被废除干净,而是变更自己的本质来适应新的东西,只保存自己的形式,新东西也不是简单地消灭旧东西,而是浸透到旧东西中间去,变更它的本质、它的职能,不是摧毁它的形式,而是利用这个形式来发展新的东西。所以新内容,在一定时期内,能够利用旧形式来为自己的发展服务。在消费品还是作为商品来生产的时候,而商品生产又和生产资料的生产有密切联系,当在生产生产资料的范围内,耗费的劳动还不能直接用工作时间来表现和进行分配的时候,便非借助于货币不可。

---

[1] 斯大林:《苏联社会主义经济问题》,人民出版社 1953 年版,第 47 页。

苏联科学院经济法律部和经济研究所举行的第一次关于斯大林著作《苏联社会主义经济问题》的科学会议，曾在所发表的文件中指出："在社会主义制度下，在产品生产上所消耗的活劳动量和物化劳动量，由于必要，不是直接用消耗在产品生产上的时间数量来计算，而是用曲折迂回的方式凭借价值及其各种形式来计算的。因此，下列各问题对于社会主义社会具有十分现实的意义：产品成本的水平和构成，劳动生产率和工资的比例，社会主义生产的全部产品和价格水平和构成。"①

这就有经济核算的必要，"经济核算，与考虑价值法则所发生的作用，与运用价值及其各种形式，与在价值上计算耗费和所得的成果，是不可分割地相联系着的，经济核算要求仔细地对耗费进行估价，正确地组织各企业间的结算，准确地确定每一企业的盈亏，不断地检查企业的工作和不断地进行卢布监督"②。

因之，用货币计算生产商品和产品上活的劳动和物化的劳动的耗费量，是苏联国家方面对企业经济活动实行有计划监督的手段，是实行经济核算制的杠杆。

由上可知，在社会主义条件下，价值法则发生作用的范围已被限制，它根本不起生产调节者的作用，它只能在商品流通——主要是个人消费品——及货币流通领域内，才起着调节者的作用。但必须指出，价值法则虽然不是生产的调节者，但还影响着生产，这就决定了不仅仅在商品范围内，而且在整个社会主义再生产的过程中都必须利用价值及其各种形式，因此，货币是在社会主义一切部门中起着重要的作用。

在商品流通领域内，价值法则也仅在某种程度上起着调节者的作用，这种限度是各不相同的，因为商品流通范围本身也不是一致的。在商品流通及货币流通领域中，价值法则的调节作用，在无组织的集体农庄市场上表现得最为明显。如所周知，集体农庄及其庄员在完成

---

① 《苏联经济科学的最重要任务》，三联书店版，第136页。
② 《苏联经济科学的最重要任务》，三联书店版，第136页。

第十章 苏联货币之必要性、本质和职能

了自己对国家的义务之后，可以在集体农庄市场上按市场上形成的价格出售自己的商品。在集体农庄市场上，价格依赖于对某类商品的供求关系而变动。掌握着大量商品并规定了固定售价的苏维埃国家，依靠着有计划的（按比例的）发展的法则，有可能对集体农庄市场的价格运动起其间接影响的作用，尤其可能对这一市场的商品供求关系起影响作用。因此，价值法则在集体农庄市场上的调节作用也是限制在一定范围内的。这明显地表现在苏联政府所实行的降低物价政策也扩展到集体农庄市场商业的范围。集体农庄市场上的物价降低程度是由国家预先加以研究过的，这种情况具有极其重要的原则性的意义。它说明了虽然在无组织的市场中仍保存着价值法则自发作用的若干因素，然而价值法则所起的作用已不是独立的，而是从属于社会主义基本经济法则及有计划的（按比例的）发展法则的，从而，即使在无组织的集体农庄市场的商业方面，商品价值的衡量也不是完全自发的，而是在一定程度上由苏维埃国家有计划的加以计算的。作为价值尺度的苏联货币，正是这种有计划的表现和计算社会劳动的工具。

在国家的与合作社的零售商品的流转中，即在流通着的大部分商品与货币的有组织的市场中，价值法则的调节作用会受到更大的限制。国家在规定商品价格的时候，是估计到价值法则，注意到商品的价值水平的。但是价格与价值并不相符，也不应该与价值相符。苏联的价格政策是利用价格对价值的背离作为经济政策的重要杠杆，作为依据社会主义基本经济法则及国民经济有计划的（按比例的）发展法则的要求来积极影响各种商品的生产、流通与消费的工具。概括地说，在国家的与合作社的零售商品的流转中，商品的价格是由国家考虑到商品的价值，有计划地规定的。在这里，苏联货币之作为有计划地计算社会劳动的工具，是非常明显的。

在国民经济各部门中利用价值尺度这个货币职能的特点，特别明显地表现为如上所述的价格和价值的背离。苏维埃国家利用价格与价值的背离来实现其生产及分配上的任务。具体地说，例如在国家工业化时期，重工业产品的价格就是低于价值，而轻工业产品的价格则是高于价值，其方法就是通过轻工业产品的流通税，用国家收入来补助

重工业，这是国民收入的再分配，从而就促进了重工业的发展，工业化的速度就大大加快了。但就整个社会来说，价格和价值的总数仍是相等的。如在伟大的卫国战争时期，有些企业的产品，因为是国防上特别需要的，以致工资很高，结果成本高于批发价格，企业产生亏空，遂由苏维埃国家予以补贴。如在铜价未提高以前，企业始终不肯以代用品来减低铜的需要，而当铜价被提高以后，代用品马上被利用到生产中去。再如在商品的生产与流通方面，按照苏共中央（1953年）9月全会的决议而大大提高了畜产品、蔬菜及其他农产品的收购价格之后，也就加强了集体农庄庄员从物质上关心集体农庄生产的发展。

苏维埃国家在规定价格时要考虑到三个要素，首先是根据计划所规定的生产成本水平；其次是积累、扩大再生产；再次是劳动人民的物质文化生活。

国家向集体农庄购买谷物、畜产品与农业技术原料，是商品流通与货币流通的一个特殊领域。不过，这一商品流通领域与集体农庄市场上的商品流通有着根本区别，因为在这一领域中，供售量与价格是经由国家严密地计划的，而供售的产品本身或者是义务的（公粮—赋税），或者是预先为国家与集体农庄间用契约（订购合同）所规定的。因此，在农业原料方面，价值法则虽然也是价格形成的因素之一，但却不能起调节作用。

虽然商品流通与货币流通主要局限于消费品同农业原料方面，但是，如前所指出的，由于价值法则对生产的影响，货币起作用的范围并不以此为限，它也被利用于生产资料的生产和分配方面。

社会主义再生产是一个统一的过程，国民经济的各部门都是密切联系着的，这就造成价值法则影响生产的条件。社会主义产品生产中，劳动力的耗费，是以作为商品而生产和流通的消费品来补偿的。在消费品的生产上，劳动力的耗费，只能是社会必要劳动时间，否则生产费用就得不到补偿，而正常的再生产过程也会遭到破坏。同时，消费品的生产，也是离不开制造消费品的生产资料，因此，要求这些生产资料也是耗费的社会必要劳动，才能保证消费品的生产上也是耗

第十章 苏联货币之必要性、本质和职能

费的社会必要劳动。然而，当社会主义生产还存在着两种不同的形式，耗费在产品中的劳动还不能直接用工作时间来计算时，就必须间接地利用价值形态，通过货币和劳动产品相对比的方式，来计算社会劳动。这样，在生产资料的领域内，苏联货币也是必要的和极其有用的因素。

这些原因，决定了作为价值尺度的货币具有在一切工业部门的生产过程中实行计划监督与计算劳动化费的职能之经济上的必要性，因此货币这一职能的起作用的范围，不只限于消费品，而且及于生产资料。

必须指出，苏联货币的价值尺度的职能，和资本主义条件下货币的价值尺度的职能有着根本区别。在资本主义条件下，价值尺度的职能即社会劳动计算，是背着商品生产者通过市场价格的自发波动实现的；而苏联货币的价值尺度的职能，则是被国家当做计算和计价手段有计划地用来确定企业的盈亏等等的。

第二项 作为流通手段的职能

作为流通手段职能的货币，是为销售商品服务，是扩展苏维埃商业，是实现社会主义按劳分配原则和彻底实行国家价格政策的极其重要的经济工具。

苏联货币是被利用在商品流通过程中的。社会主义的商品流通与资本主义的商品流通有根本的不同，苏联的商业是一种十分特殊的商业，是没有大小资本家和投机者参加的商业。在苏联，商品主要是为劳动者的个人消费目的服务的。在资本主义条件下，生产和商品流转的发展是服从于自发的竞争和保证资本主义利润的原则的。而在社会主义条件下，生产和商品流转的发展是服从于有计划地和有系统地保证最大限度满足社会需要的原则的。

我们知道，在社会主义经济的条件下，劳动产品的运动有两种本质上不同的形式。一方面，它是作为生产资料(这些生产资料虽具有商品的外壳，但已经不是商品)有计划分配的过程在进行。另一方面，它又作为商品流通(也就是通过商品的买卖形式)过程在进行。

商品流通范围包括产品从合作社集体农庄企业向国家企业的运动以及产品从国家企业向合作社集体农庄企业的运动。这一范围也包括消费品从生产者(国家企业和合作社集体农庄企业)向消费者(居民)的运动。此外,这一范围还包括着集体农庄市场。

在社会主义制度下,货币作为流通手段的职能主要是限于企业之间和居民之间以及居民的个别集团(集体农庄市场)之间的商品流通。它基本上是作为有计划的过程(受有组织的市场间接经济影响的集体农庄市场的交易除外)在进行。

在商品流通中,即在商品换成货币和货币换成商品的过程中,价值改变着自己的形态,它由商品形态变为货币形态,又由货币形态变为商品形态。货币的运动是通过它直接交换成商品而完成的。商品和货币的运动是同时发生的。

为了正确地组织货币的流通,要求货币的流通量须符合商品周转量的需要。在苏联,货币的发生主要是当作工资和其他形式的劳动报酬发放出来的,或者是作为采购农产品或津贴奖金等发放出来的,而货币的回笼则主要是通过国营商业和合作社商业或集体农庄商业出售消费品,以及国家租税、住宅及其他公用事业的收入等方面收回货币,而其中以商业机关收回的货币周转额为最大。因之,要能使商业的周转很正常的进行,就必须发展有组织的市场,用稳定的价格,供应劳动人民以大量消费品。反之,如果商品周转缩小,就会使过多的货币停留在流通的沟渠中,就可能引起物价的上涨,货币贬值。

在这种情况下,苏联货币就促进着苏维埃商业工作中计划性地贯彻,并刺激它们对消费者更好地服务。这时,国家计划机构就必须间接地、通过市场、通过价值法则在商品流通与货币流通范围内和一定限度内的调节作用很好的计算出社会对消费品的需求。同时,在计划商品的生产时,还必须注意到对商品的需求及其在有组织的市场中的实现过程,并且还要估计到无组织的市场中的商业情况。

如果忽视价值法则在商品流通与货币流通领域中在一定程度上起的调节者的作用,便会造成莫大的错误。如伟大卫国战争结束之后,在苏联的许多生产质量低劣商品的地方国营工业及工艺合作社中,曾

第十章　苏联货币之必要性、本质和职能

陷于极大的困难。在战时及战争刚结束时，商品还很缺乏，居民只好购买质量低劣的商品。但是当质量高的消费品的生产大大增加时，居民即不再购买质量低劣的商品和式样过时的商品，因此使许多合作社及企业都有不受人欢迎的"滞销"商品。这就迫使合作社及地方工业企业迅速改革，不得不用具有一定质量的商品来代替不受购买者欢迎的商品，并降低了成本和价格。

这就是苏联货币通过价值法则对商品生产所起的监督作用。这种作用，在目前对社会主义国民经济的发展上有着重大的意义，因为它不但不与社会主义基本经济法则相违背，而且完全与之相适应。

至于不是商品而又具有商品外壳的产品的计划分配，也像商品流通一样，是与货币运动发生关系。但货币的这种运动并不一定要与分配过程中的产品运动同时进行。货币是独立的价值形态，因此，货币的运动能够早于或迟于产品的运动而实现。而产品的运动却只有在和货币运动联系起来并通过货币运动才能实现。

在苏联，所有一切社会主义产品的转让，均须按照一定的价格，以货币偿付其价值。但在社会主义企业之间产品的运动与居民之间的消费品的运动是不同的。在第一种场合，要借助于国家银行用划拨清算的方式（即不用现金）来进行；在第二种场合，要借助于现金来进行。但即使在划拨清算的方式下，非现金周转与现金周转也有着密切的相互影响。例如企业结算账户上的余额，可用以支付给另一企业，但也可用以支付工资，在后一情况下，就会引起现金的流通。在第二种场合下，即在个人消费的商品从零售商业网流入居民之间时，商品的流通经常伴随着现金的流通。应当注意的是在两种场合下，苏联货币都不是以商品流通过程中消极的中介者资格出现的，而是有计划地监督商品生产的积极的杠杆。

以第一种场合来说，通过经济核算的合同制，苏联货币是购买者方面对供售者方面产品的质量与数量实行监督的工具，并且是实施计划与合同纪律的手段，而计划与合同纪律乃是经济核算制的重要因素。

以第二种场合来说，消费者通过货币作为流通手段对是否遵守计

划的零售价格实行监督，并以卢布去影响生产必需品的商业网和工业而使其改进工作。

由上可见，苏维埃国家利用货币作为流通手段的职能，是当作积极影响商品生产、商品流通和扩展苏维埃商业的工具。斯大林在第十七次党代表大会上的工作报告中，就曾强调地指出货币在扩展苏维埃商业中的重要性，"货币是苏维埃政权从资产阶级经济那里拿到自己手里来适应社会主义利益，尽量扩展苏维埃商业，借以准备条件去实行产品直接交换制的一种工具"①。

同时，苏维埃国家利用货币作为流通手段的职能，在个人消费品的流通范围内，实现社会主义按劳取酬的原则。因为，苏维埃贸易的扩展，保持着日用必需品国定零售价格的稳定。使劳动者能取得与他们对社会所提供的劳动的质量与数量相符合的社会生产品的份额。苏维埃的商业越是办得尽美尽善，就越能把品质优良的商品供给消费者，也就越能够彻底实现按劳取酬的原则。

苏维埃国家还利用货币作为流通手段的职能来对苏维埃商业的价格政策进行一种检查，看它们是否严格贯彻了国家所计划的价格。

这里还必须指出，社会主义经济中作为流通手段的货币，与资本主义经济中作为流通手段的货币，有着根本的不同。在资本主义条件下，商品之转化为货币与货币之转化为商品，是存在着商品经济的对抗性的矛盾。作为流通手段职能的货币，其本身就包含着买卖行为脱节的可能性、危机的可能性与必然性。资本家通常是利用货币作为流通手段的职能来达到其把商品和货币转化为资本的目的，达到其追求利润的目的。商品生产与流通的自发性决定了货币流通的自发性。而具有流通手段职能的苏联货币，则由于社会主义商品生产与流通的计划性，商品流通是实现社会产品的有计划的分配，在商品与货币间没有矛盾，也不是为了追求利润。企业所生产的产品，在进入社会主义企业间的交换以前早已计划好它的消费者，因此就没有买卖行为脱节

---

① 斯大林：《在第十七次党代表大会上关于联共（布）中央工作的总结报告》，人民出版社版，第54页。

与危机的可能性，从而必然是社会主义扩大再生产的不断增长。

在资本主义条件下，由于商品生产与货币流通的自发性，商品和货币流通是分散的、无组织的，货币是从无限不同的各点流出，然后又回归到无限不同的各点。而在社会主义条件下，由于社会主义经济制度的优越性，在有计划的经济的条件下，就能使货币流通集中化，随着有组织的商品流通，货币经常从一个中心——苏维埃国家银行流出，然后又流回这一个中心。这就为货币数量的调节工作与货币流通的计划工作创造了真实的可能性。

第三项 作为支付手段的职能

作为支付手段职能的苏联货币，是实现社会主义社会的社会产品的价值，是实现工资或其他各种劳动报酬的发放，是实现苏联国民经济中信用体系和财务体系的各种支付关系。

作为支付手段职能的苏联货币，首先用以实现对劳动的支付，即国营企业和国家机关支付工人和职员的工资，集体农庄按劳动日计算分配给庄员的货币收入，以及其他各种劳动报酬。所以支付手段的职能，同上述价值尺度的职能和流通手段的职能，都是同社会主义按劳取酬的原则密切联系的。作为价值尺度的货币是计算劳动的耗费，作为支付手段的货币是个人劳动经过货币衡量后以货币的形式偿付的报酬，获得工资的劳动者则利用作为流通手段的货币以购买其所需要的物品，而实现其消费权利。在国家银行拨给企业以工资基金时，必须按照其完成生产计划的进度予以监督，也就是说企业对工资的支用，必须与它完成生产计划的程度相一致。假如某一企业在完成了生产计划时多支用了工资基金，那就意味着该企业所费的工时，并不是计划所需要的，也就不是社会所需要的。其所以要通过货币作为支付手段的职能进行这样的监督，目的就在于厉行劳动的节约，提高劳动生产率，巩固经济核算制。

在货币作为支付手段职能的基础上，发展了社会主义的信用关系。它是在银行信贷和银行及储蓄局存款业务以及对商品和劳务之非现金支付的范围内发挥作用。

由于货币作为支付手段职能的广泛运用，货币流通精确地划分成两个领域：现金的领域和非现金的领域。对于居民的收支是要用现金的，而在国营企业和组织之间，社会产品的运动和积累都是以非现金的清算来进行的。而且所有社会主义企业的暂时浮存资金，都集中在国家银行，因此企业与组织的一切结算也必须通过国家银行来进行。这种非现金结算包括转账（划拨）和相互冲销两种办法。伟大卫国战争以后，相互冲销的方式在苏联获得广泛的发展。在拨款方面，国家长期投资银行对企业办理固定基金的长期拨款。在贷款方面，国家银行供应流动资金方面的短期贷款。短期贷款是按照企业执行经济计划情况和资金在生产商品与产品以及在商品流转中周转率的计划期限，来规定贷款的数目和日期，依照直接的用途监督贷入的货币的支出并要求及时偿还贷款，而对企业发生积极的影响，并且推动国民经济计划的完成和超额完成。因之苏维埃国家银行体系就能利用具有支付手段职能的货币来贯彻和巩固经济核算制，并厉行节约，对生产计划、建设计划、贸易计划及财务计划完成的进度，以及对积累计划的完成，实行卢布监督。

在缴纳保险费，偿付税款和其他义务时，苏联的货币也发生支付手段的职能。因此，苏维埃国家财政机关，通过周转税和利润提成以及清偿其他税款和费用，对国民经济计划、积累计划和国家预算收支的完成进行监督。因为能按期缴纳税款和上缴利润便可以证明全部生产计划和财务计划的顺利完成，而拖延缴付税款及其他款项就象征着再生产过程遭到破坏。

在发展国家信用（指公债）和储蓄事业方面，对具有支付手段职能的货币之利用，也具有巨大的国民经济意义。通过联盟的、加盟共和国的和地方的预算，以及通过其他财政杠杆，国家为着社会主义的利益利用货币对国民收入实行分配与再分配。

苏维埃国家在其建设社会主义社会的过程中，利用具有支付手段职能的货币，通过信用系统，曾加强国营企业和合作社企业在市场上与私人资本作斗争时的阵地，并曾给予贫农和中农以信贷的帮助，用以对小农经济实行社会主义的改造。这都促进了建成社会主义的胜利。在现今的条件下，通过信用系统，使集体农庄变为大型的、多部门的、全面发展的经济，达到集体农庄在组织上和经济上的更加巩固，而为过渡到共产主义社会准备条件。

由上可见，作为支付手段职能的苏联货币，既是贯彻按劳取酬原则的工具，又是贯彻和巩固经济核算制的工具。它不断地促进着社会主义不断地扩大再生产与劳动人民的物质文化生活水平。

必须指出，苏联货币的支付手段职能与资本主义货币的支付手段的职能有着根本的不同。在资本主义条件下，作为支付手段的货币以及在这个基础上产生的资本主义信用，都带有自发的无政府的性质，它助长资本主义生产的矛盾的加深，促使经济危机更加尖锐化；造成剥削的加强，失业的增长，小生产者的破产和劳动人民的贫困化。而在苏联，作为支付手段的货币和信用，是由苏维埃国家有计划加以组织的，是促进和发展社会主义经济的工具。而它的支付手段的职能，也如同流通手段的职能一样，并不包含着发生经济危机的可能性。

第四项　作为社会主义积累与劳动者储蓄手段的职能

在社会主义经济中，积累资金是由于企业劳动生产率的提高，成本的降低，内部潜力的动员等所得来的。这是用货币来计算和表现的。

不断地扩大再生产乃是社会主义经济的发展规律之一。对实现社会主义再生产的扩大和增加，资金的积累是异常重要的。所以在苏联建设社会主义的过程中，苏联共产党和苏联政府对于实行及巩固经济核算制，提高企业的盈利，以求增加积累，是一贯予以严重注意的。在伟大卫国战争胜利后，恢复国民经济及伟大共产主义建设中，提高盈利、扩大积累更充分地显示出它的重要的意义。

社会主义资金的积累是以货币的形式聚积在国家手中。社会主义企业与组织，在银行中的存款户上，不仅包括那些作为随时支付产品和劳务的货币，同时也包括着它们的利润。集体农庄依据农业劳动组合章程把闲散的资金存于国家银行或储蓄银行，它们把这些资金逐渐用于日常的生产。把资金用于投资部分，则存入农业银行。此外，社会主义经济巨大的优越性,保证国家预算中的收入经常超过支出(例如 1950 年就超过达 94 亿卢布),使国家能有系统地每年建立起大量的预备金,这些预备金也是存入国家银行内的。

货币积累表现着物质资源的积累,这就用以扩大社会主义的再生产,如增加固定基金和流动基金等。

至于劳动人民的货币储蓄,是劳动人民的物质文化生活水平提高的标志,是意味着劳动人民将其收入超过支出的部分储蓄起来以为将来的幸福打下基础。这些储蓄是储入储蓄银行或购买国家公债。

在资本主义条件下,信贷机关中的绝大部分存款是属于剥削者的,劳动人民虽也有一部分存款,但那是由于日甚一日的贫困化使劳动者不能不靠近一步降低自己的生活水平,存起一点钱款,以预防失业和疾病等悲惨的日子的降临。而在社会主义条件下,劳动人民的储蓄则不是为"不幸日子"的降临,他们根本不知道有失业这一回事。国家保证每一个劳动者的劳动权,并给予跟他的劳动的质与量相符合的报酬。在苏联,劳动者享有免费的医疗,老人、残废者都有救济金,所以也就没有预防"不幸日子"的需要。他们的储蓄完全是他们物质文化生活水平提高的表现,并且是为了满足其获得贵重物品的日益增加的需求。

由于苏联战后国民收入的不断增长和连续七次的减低物价,苏联劳动人民的储蓄更加增加了。例如战后劳动人民的实际收入平均每人较 1940 年约增加了 68%,农民的实际收入平均每人增加了 73%。1952 年苏联各种工业品和食品的价格,比 1947 年年底平均降低了一半。1954 年苏联实行了战后第七次减低物价,各种生活日用品的价格更低了。由此可以说明苏联在 1953 年 7 月 24 日发行国家公债 150 亿卢布,而于短短的几天的时间内就超额完成,认购数额达 153.43 亿卢布。

由上可见,通过作为社会主义积累和劳动人民储蓄手段职能的苏联货币,把企业组织和机关的货币积累以及劳动人民的储蓄都聚积在国家手里,用以扩大社会主义的再生产。

苏联货币作为积累手段的职能,是与资本主义条件下作为贮藏手段的货币职能有着根本不同。在苏联，货币不转化为宝藏，也不变为资本。在资本主义条件下，积累是属于少数资本家所有的，是资本家用以剥削劳动人民的手段；而在苏联，积累是属于全民所有的，是提高劳动人民物质文化生活水平所必需的。在资本主义条件下，黄金贮藏，是帝国主义扩张和奴役殖民地、落后国人民的工具。而在苏联，黄金储备是物质储备的一种，是保证苏联货币稳定性的因素之一。其次，在资本主义条件下，货币积累不能与物质积累相符合，因为货币是为一切虚拟有价物（股票，证券等）的流通服务的。只有在苏联，由于没有了股票、证券等东西，所以在货币积累的背后，基本上是有着具体的物质的。

第五项　作为国际清算手段的职能

目前苏联的卢布，还具有作为国际清算手段的职能。自第二次世界大战结束以来，随着统一的世界市场的瓦解与社会主义阵营国家世界市场的形成，使得货币结算体系的组织也发生了重大的变化，遂产生了新的、民主国家间的国际结算体系，而这种新型的国际关系，是建立在平等互助和兄弟般友好合作的基础之上的，和资本主义国家之间的国际关系，有着根本的不同。自伟大的中华人民共和国宣告成立后，中苏之间的友好合作，更是日趋密切。于是在这些新型的国际关系的基础上，产生了苏联和人民民主国家以及中华人民共和国之间的频繁的国际结算关系，而这些结算关系的极大部分都是以卢布为价格标准与清算手段而进行的。因此，应该指出，卢布目前不仅在理论上而且在实际上，都已具有国际清算手段的职能了。它既为苏联的经济服务，又为一系列的人民民主国家国民经济的迅速高涨服务。这是与资本主义国家，特别是美国，目前正在利用美元来建立其金元的世界统治，来奴役其他国家，是根本不同的。

显然的，新的世界市场，苏联和人民民主国家各国之间具有新内容的对外贸易关系，需要一种稳定的、不受资本主义世界市场自发势力影响的通货。苏联的货币便是最适合这种新的世界市场的通货。

自1950年3月1日卢布成为有固定含金量的金本位货币以后，

卢布已经成为全世界唯一的具有固定含金量的稳定的通货，因此代表着一定数量黄金的(0.222168公分纯金)卢布之作为民主阵营各国国际清算工具的职能，是具有巨大的意义的。

苏联货币由于含有黄金，所以是国际清算的最可靠的手段。它对英镑、美元有无比的优越性。

总起来说：苏联货币所具有的密切联系着的各种职能，在扩展苏联商业中，在加强城乡经济联系中，在与资本主义成分作斗争中，在小农经济的社会主义改造中，在实现按劳取酬的原则中，在实施经济核算中，在不断扩大社会主义再生产中，在不断提高劳动人民的物质文化水平中，都很好地实现了其服务于社会主义经济的作用。它表现着社会主义的新的生产关系，它与资本主义的货币是根本不同的。

第四节　苏联货币是世界上最稳固的货币

维持苏联货币稳定性的条件，是和资本主义国家维持其通货稳定的条件不相同的。在资本主义条件下，只有黄金才能作通货的保证，货币只有在对黄金的关系上才有相对稳定的可能。但在资本主义总危机时期，银行券实际上已不能兑换黄金，在资本主义国家中，货币早已变成了纸币。所以任何黄金储备也不能保证资本主义国家通货的稳定性。

在苏联，作为表现、计算和监督社会劳动并具有一定黄金含量的货币，是以商品和产品的价值尺度的资格出现的。但是关于货币在社会主义经济中作为价值尺度的问题，不应该与苏联货币之稳定性及苏联通货之保证等问题混淆起来。

在苏联，由于生产资料公有制，由于商品流转和价格均受计划经济原则的指导，而且苏联的商业是没有大小资本家参加在内的新型商业，所以国家手中掌握着大量的商品，按照稳定的价格，通过国家商业和合作社商业系统，迅速地满足人民的需要。因此，保证苏联货币稳定性的基本条件，就是国家手中所掌握的大量商品。斯大林关于解决苏联货币的保证问题时指出：

"如果估计到在我国商品流转中具有决定意义的是有组织的市场，而不是那只有附属作用的无组织的市场，那么我国货币稳定性是由什么所保证的呢？当然不仅是黄金准备。保证我国货币稳定性的，首先就是国家所支配的巨量商品，这些商品是按照稳定价格加入商品流转范围的。试问有哪一个经济学家，能够否认苏联所独有的这种保证要比任何黄金准备更能切实保证货币稳定性呢？"[1]

在资本主义条件下，商品作为货币稳定性的保证是绝不可能的。因为在资本主义条件下，货币与商品是处于完全对立的地位，商品的生产愈多，其价值就愈不稳定。资本主义国家或银行手中积存的商品，由于商品价格的下落，不能成为稳定的通货的基础。积存的商品不是具有稳固价值的基金。商品与积存商品愈多，其价格就愈低。在经济危机时期，积存的商品便要遭受破坏。所以，用这种价值不稳定的东西来做货币的保证，是毫无意义的。不仅这样，更重要的是资本主义国家根本不可能掌握大量的商品，只有在社会主义条件下，或在社会主义成分占领导的经济中，以商品作为货币的保证才是可能的。

从上述斯大林的指示中，可以得出除商品是主要保证外，黄金也是苏联货币的保证之一。黄金对于苏联货币稳定性的影响，在于通过对外贸易的渠道，输入一定量的商品，即有时为了增加商品的供应，可利用黄金自国外输入一部分物资。

苏联货币的稳定性是同苏联共产党所坚持的稳定通货政策分不开的。早在伟大十月社会主义革命胜利后不久，1918年的春季，苏维埃政府遵照列宁和斯大林的倡议，就制定了稳定卢布的计划，但因外国武装干涉及国内反革命的叛乱而未能实行。卢布在国内战争中大大贬值。1921年，开始实行新经济政策，扩展商业成为中心的环节，但如没有稳定的货币流通，这是不可能顺利进行的。当时斯大林曾指

---

[1] 斯大林：《列宁主义问题》，苏联外国文书籍出版局中文版，第522～523页。

出:"倘不整顿货币流通和改善卢布的市价,那么我们国内及国外的经济活动便寸步难行。"①1922—1924年实行了币制改革。1922年10月人民委员会授权国家银行发行切尔逢涅茨(每一切尔逢涅茨等于战前的10卢布金币),1924年1月第二次苏维埃代表大会提出以切尔逢涅茨代替贬值的纸币(苏维埃券,即旧卢布),并把稳定的国库券用于流通方面。根据代表大会决议,1924年2月5日苏联人民委员会宣布命令发行以黄金计算的面额1、3、5卢布的国库券加入流通。在新经济政策时期,苏联货币发挥了它所固有的一切职能。特别是在加强城乡联系及与资本主义成分作斗争中发挥了巨大的作用。在商业信用和银行信用的基础上,作为支付手段的职能获得了巨大的发展。

当建成社会主义经济之后,货币在实现按劳取酬原则及巩固经济核算制中充分发挥了它的作用。

在伟大的卫国战争时期,苏联货币经受了严峻的考验。由于军费的增加,零售商品流转量的大形减少,货币量超过了流通中的需要,因而引起集体农庄市场上物价的上涨。但是,货币流通仍能保持相对的稳定,这表现在配给品的国定价格依然维持着战前的水平。在战后,为了要消灭货币流通领域内战争造成的后果,苏联共产党和政府于1947年12月实行了货币改革,废除了配给制,按照统一的价格进行贸易,从而加强货币在国民经济中的意义。

这一次货币改革与1922—1924年的货币改革不同,它不是根本的改革,因为苏联货币是曾经受过社会主义建设的实践和伟大卫国战争的严重考验,证明它是巩固的,无需从根本上加以改革。货币改革时发行了足价的新币。旧币是按10∶1兑换新币。这是有利于清算投机分子手里的巨额的货币储积,并预防这些分子在废除配给制后按低价来抢购商品的可能。储蓄存款在3000卢布范围以内者,是1卢布抵1卢布,以新币换算之;存款在10000卢布以下者,其中3000卢布不经重新计价直接转为存款,而其余部分则按3∶2的比例折价;存

---

① 《斯大林全集》,第五卷,俄文版,第125页。

第十章 苏联货币之必要性、本质和职能

款在 10000 卢布以上者，10000 卢布按照上述办法折价，而其余部分存款按 2∶1 折价。苏联政府在货币改革时保障了广大存户的利益。集体农庄和合作社的存款是按减少票面价值 20% 换算新币。货币改革没有损害到工人和知识分子的工资以及其他居民阶层的劳动收入，因为这种工资和收入，还是按以前数目用新币支付的。

苏联在与实行币制改革及废除配给制的同时，还实行了减低物价。以后连续降低物价，到 1954 年，已达第 7 次，更保证了卢布购买力的不断提高。大大地提高了劳动人民的物质和文化生活水平。

苏联货币之十分稳定以及物价之能够不断降低，是和社会主义的国民经济制度的优越性分不开的；是和苏联工农业生产的不断高涨，劳动生产率的提高，成本的减低，商品流转计划，价格计划，信贷计划以及现金出纳计划等的严格实施分不开的。

资本主义世界的情况则完全相反，在那里，由于战争与国民经济的军事化，通货膨胀的洪流在泛滥着，货币一天比一天贬值，物价不断高涨，劳动人民生活愈来愈陷于痛苦的深渊里。

在美国，由于物价继续高涨，美元的购买力已大大下降，即使根据美国官方材料，1951 年 6 月美元就其批发价的购买力与战前相比即已降低到 44.2%。但在苏联，由于战后新五年计划的胜利完成，更增大了苏联的经济威力。货币改革的顺利完成，配给制的废除，物价的不断降低，结果使卢布的购买力不断提高。加以在资本主义世界内一般就没有任何稳定的通货。因此，苏联部长会议于 1950 年 2 月 28 日"关于卢布行市改以黄金为基础并提高卢布对外币的比率"的决议案中，规定自该年 3 月 1 日起，废止以美元为基础来定卢布对外币的汇率，而改按卢布的含金量，将其移到更稳定的黄金基础上去。同时又规定每一卢布的含金量为 0.222168 公分纯金。根据这一含金量，卢布对外币的比率如下：四卢布等于 1 美元（过去是 5 卢布 30 戈比）；11 卢布 20 戈比等于 1 英镑（过去是 14 卢布 84 戈比），等等。

卢布市价之改以黄金为基础，标志着卢布是目前世界上实际上唯

一有固定含金量的货币,是世界上最稳固的通货。同时这也表明苏联在与资本主义各国的货币竞赛中,获得了巨大的胜利,充分表现出社会主义经济制度之大大优越于资本主义经济制度,也充分表现出由无产阶级革命之伟大导师列宁、斯大林所建立的关于货币在社会主义下的必要性及其本质与职能的完整理论的无比的正确性。

由以上可得出结论,苏联货币不论在现在和将来都是为胜利地建设共产主义事业服务的。

第十一章　苏联信用和银行之本质与职能

第一节　马克思列宁主义关于信用与银行在社会主义中的作用的学说

信用是社会主义社会必需的经济工具之一。在苏联，信用是以有计划地组织货币资金、货币周转来保证社会主义扩大再生产和组织产品的生产与分配等方面起着巨大的作用。而信用关系的实现是离不开银行的。在苏联，银行是属于社会主义国家所有，苏联国家银行体系乃是实现社会主义建设的重要的经济命脉之一。

关于在社会主义改造事业中利用信用与银行的重要性，远在1848年，马克思和恩格斯领导国际无产阶级革命时发表的《共产党宣言》中就曾经指出："经过拥有国家资本和独享垄断权的国家银行集中信贷于国家手中"①，乃是革命后无产阶级的主要措施之一。

而后，马克思又在《资本论》第三卷中更明确地写出：

"在由资本主义生产方式到共同结合劳动的生产方式的转变中，信用制度会当作一个有力的杠杆来发生作用；但它不过在生产方式本身其他各种大的有机变革的联系中，当作一个要素。"②马克思和恩格斯这种天才的预见，是以人类社会发展的深刻知识为依据的。

到资本主义的最高阶段——帝国主义时代，列宁根据帝国主义时

---

① 马克思、恩格斯：《共产党宣言》，人民出版社版，第42页。
② 马克思：《资本论》，第三卷，人民出版社1954年版，第789页。

代银行新作用的研究，发展了马克思的理论。列宁发现了银行已由信用上的中介变成为与工业垄断具有固定的和密切的信用联系的万能垄断者，银行将工业的一切财务都集中在自己的手中，收购他们的股票，创设新的股份公司从而获得巨大的企业收益；同时，经过活期存款及其他种种财政手续，能探知各个资本家的营业情形，从而实行监督他们，并用信用的扩大或减少、便利或阻难来影响他们，以至于完全决定他们的命运。这就是垄断的银行资本与垄断的工业资本相结合，形成了金融资本。金融资本经过银行使国家的一切经济生活服从于自己的利益，因此，银行在帝国主义阶段变成了资本主义经济的神经中枢。这是金融资本的威力的一方面。但在其另一方面，在资本主义下孕育起来的发达的信用制度，与大工业一样都是社会主义的完备的物质基础。

在资本主义条件下，银行虽创造了社会范围的一般簿记和生产资金的分配形式，但它是从属于私人资本家追求利润的利益的。只有在推翻资本主义制度、无产阶级专政的条件下，信用制度才能对于社会主义建设具有巨大的意义。

总之，要使信用与银行成为建设社会主义的工具，则必须粉碎大货币资本的统治，根本摧毁资产阶级的金融威力，从而创立无产阶级国家的银行体系，把一切信用事业用来服务于社会主义的利益。

马克思、恩格斯在分析巴黎公社革命失败的惨痛历史的教训时指出，由于公社没有夺取"法兰西银行"，将银行保留在资产阶级的手中，保留了资产阶级的财政基础，而同时则剥夺了自己为保卫革命所必需的货币资源，以至于公社的"国民近卫军"曾受到给养不足和非常恶劣的被服供应。

这一经验充分地证明，为要粉碎资产阶级的金融威力，和巩固无产阶级的财政与信贷的威力，银行国有化是非常必要的。

远在伟大十月革命胜利以前，列宁在他的许多著作中，即已指出了无产阶级专政和银行国有化的必要性。列宁认为无产阶级革命的最主要的困难，是在全民范围内建立最正确的计算和监督的组织。它认为没有大银行，社会主义便不会实现，必须把银行变为全国性的簿记

第十一章　苏联信用和银行之本质与职能

机关、全国性的产品生产和分配的统计机关。

所以，1917年，列宁在其有名的《四月提纲》中说明无产阶级革命的任务时即提出：

"国内一切银行立刻合并为一个国家银行，并由工人代表苏维埃监督之。"①在提纲内所提出的这个天才的计划是被布尔什维克第七次党代表大会所通过了的。嗣又被布尔什维克党在1917年七八月间所举行的第六次代表大会所通过的经济纲领中所规定，这个纲领的基本要点是："没收地主土地，把全国所有一切土地、银行及大工业收归国有，由工人实行监督生产和产品分配。"②

列宁于第六次代表大会后，又在其所写的《灾祸临头和防止之法》一书中提出了以下几项对资本家实施监督的主要办法为：

"（一）把一切银行合并为一，由国家监督它的营业，或实行银行国有。

（二）把各个新廸加，即资本家底最大垄断公司（糖业、煤油业、煤业、冶金业等等的新廸加）收归国有。

（三）取消营业秘密。"③

列宁认为，如不实施这些最主要的监督方法，则由工人和农民对资本家和地主之民主监督的实现是不可能的。

列宁曾指示："没有大银行，社会主义是不能实现的。"④

列宁事业的忠实继承者斯大林，创造性地综合和发展了列宁关于信用和银行在社会主义制度下的作用的学说，指出："信用是国家手中最大的力量。"⑤在苏联的经济中，信用同货币一样，乃是苏维埃国

---

① 《列宁文选》两卷集，第二卷，苏联外国文书籍出版局中文版，第19页。
② 《联共（布）党史简明教程》，苏联外国文书籍出版局中文版，第244页。
③ 《列宁文选》两卷集，第二卷，苏联外国文书籍出版局中文版，第102页。
④ 列宁：《布尔什维克能否保持国家政权？》，苏联外国文书籍出版局中文版，第27页。
⑤ 《斯大林全集》，第六卷，俄文版，第241页。

家从资产阶级经济那里拿到自己手里并使之适应于社会主义利益的一种工具。例如在关于社会主义积累一点上，斯大林就曾指出：

"为了把国内余资首先用在工业的需要上，必须不让它分散，而让它集合到我们合作社的和国营的信贷机关中，同时要采用发行国内公债的办法。"[1]

苏维埃国家在建设社会主义过程中，在斯大林的领导下，充分地利用了信用和信用系统。

在社会主义革命的实践中，银行国有化的纲领逐步实现了。1917年10月25日（公历11月7日）帝俄的国家银行就被赤卫军的武装部队所占领，接着在1917年12月27日赤卫军占领了彼得格勒的28家银行和10处分行，外国银行也被封闭。当天晚上，布尔什维克党全俄中央执行委员会就通过了关于银行国有化的法令，明令将私人银行收归国有，银行事业归国家垄断，所有现存的私人股份银行和银行事务所都与国家银行合并。这一工作于1917年年底即告完成。

第二节　信用在社会主义经济中的必要性、本质与作用

苏联信用的必要性，除前述它是建设社会主义经济的重要工具一点外，由于苏联还存在着商品—货币关系，所以也必然存在着信用关系。

在苏联国民经济中，国家财政—信贷系统中的货币资源之有计划的分配与再分配，是不断扩大社会主义再生产的必要条件。

国家预算是社会主义社会动员与分配货币资金的主要工具。

苏维埃国家将其通过税收、利润提存、公债、保险费等所动员的货币资源作为支出用于基本建设、社会文化设施、国防和行政管理等项目上。

此外，由于通过国家预算道路所实行的直接的分配与再分配还不

---

[1] 《斯大林全集》，第八卷，人民出版社版，第117页。

第十一章 苏联信用和银行之本质与职能

是包括被实现了的社会产品的全部金额。如像重新参加到再生产过程的大量资金，即经济机关的自有流动资金和留归企业的利润等，都是归经济机关支配而不通过国家预算；如像合作社利润与集体农庄收入的大部分，也都不归入国家预算。加以预算资金的主要转让方式，是无须偿还的资金供应，因之，这种方式就不适于满足产品生产和销售过程中所发生的货币资金方面的临时的季节性的需要。

所以苏维埃国家还必须通过其信用系统而进行货币资金的有计划的再分配。

以上通过国家预算和通过信用系统的两种资金分配与再分配的方法，都是必要的。因为唯有这两种方法的结合，才能使社会主义国家有可能最完满地与最巧妙地灵活运用其一切货币资源以巩固经济核算制和扩大社会主义的再生产。

现在说一下货币资金再分配的信用的方法。

资金再分配的信用方法，是由再生产过程中资金周转的性质决定的。我们知道，经济企业和组织的资金是由固定资金和流动资金两部分所组成。

固定资金包括房屋、建筑物、设备、动力装置、传送装置、机器、车床、器具、仪器、办公用具、运输用具等。即参加再生产过程中的一切劳动手段和劳动工具的价值的货币表现。

流动资金包括原料、材料、燃料和辅助材料等劳动对象的价值的货币表现，以及在制成品的余额、库存和在信用机关账户中的货币资金等。

苏维埃国家在赋予国家企业和组织以固定资金和流动资金时，是按照社会主义扩大再生产的需要，或是用预算的方法，或是用信用的方法，以期达到最正确地运用社会基金的目的。

固定资金和流动资金，在参加生产过程时，带有不同的性质。固定资金，是在其整个存在期间内保持着自己的原有形式参加生产，但只是逐渐部分地把其价值转移到被生产出来的产品上去。而流动资金，则是一个生产周期内就能完成一个完全的周转，将其价值完全转移到被生产出来的产品上去。

由于固定资金与流动资金在其价值的周转上的迟速不同，也就决定了它们的不同的形成来源。固定资金的形成，因为其补偿需要若干次的生产周期才能做到，所以要求较长时期的投资，其来源主要靠预算拨款和经济机关自己的积累。至于流动资金，则因为其在一次生产周期中就可以得到补偿，所以周转较快，它的形成则靠再生产过程中所腾闲出来的暂时浮存资金。

流动资金又分为自有流动资金与借入流动资金。

自有流动资金，是基于每一经济企业和组织的商品生产与销售计划而决定的，它是依据计划中的最低需要数量由预算拨款形成的。自然，自有流动资金也可以由企业和组织的积累予以补充。

除自有流动资金外，经济企业和组织尚能向银行借入流动资金。借入流动资金，是用以满足经济企业和组织所有其他为计划所预定而又不能由自有流动资金所支应的各种需要及临时需要。

既然流动资金的一部分，是由再生产过程中所腾闲出来的暂时浮存资金所形成的，那么浮存资金的来源又是怎样的呢？

首先要指出，暂时浮存的货币资金之向银行集中，并不是偶然的，是由于社会主义再生产的规律性及经济企业、组织、机关的社会主义的性质所决定的。在苏联，社会主义的企业和组织，依照法律规定必须将货币资金保存在国家银行的账户上。集体农庄依照农业劳动组合标准章程第十二条的规定，也应该将闲置的货币资金保存在银行或储蓄银行中的往来账户上。

在苏联，暂时浮存货币资金的来源有以下几种：

第一，从资金周转中所暂时腾闲出来的货币资金。其所以会腾闲出来，是由于经济机关收回所销售产品的货款的时间，与投放在生产所需要的资金的时间，在任何时候都不能一致。并且其进款的金额与开支的金额也不能是相等的。这样就引起经济机关为了生产上的支付如购买原材料、发放工资和缴纳税款等而必须在其账户上经常储存着一定数量的浮存货币资金。

第二，由于国家预算的收入经常超过支出，以及国家收支方面的进款时间与资金支出的时间不一致。例如农业税之在第四季大量收

第十一章　苏联信用和银行之本质与职能

进。因此，在联盟的、各共和国的以及各地方的预算账户上，也存在着巨额的暂时浮存的资金。

第三，各种不同的社会组织、信用机关、保险机关等也拥有暂时间歇的资金。

第四，集体农庄和其他合作社组织的收入中，也有着一部分暂时浮存的货币资金，保存在信用机关的账户上。

第五，居民所取得的收入中，暂时还没有支付出去的部分，也形成暂时闲置资金。此外，居民的储蓄之大部分，也是保存在储蓄银行中。

由上述可知，整个国民经济的暂时浮存货币资金，都汇集在社会主义的信用机关里，信用机关掌握着大量的货币资源则加以合理的运用。

由上述可知，信用在社会主义经济中的必要性，就在于苏联还存在着商品—货币关系和价值法则，要建设社会主义经济，就必须善于扩展商品的生产与流转，利用价值法则和货币的职能，从而也就必须善于利用信用这一工具，作好苏联经济中资金的分配与再分配，才能使社会资金得到最有利的运用，并巩固经济核算制，不断扩大社会主义的再生产。如果没有资金的再分配，那就不可能创立重工业，就不可能建立成千的国营农场和成万的农业机器站，就不可能从国家财政上支助集体农庄的建设，就不可能在最短期间内从技术上改造国民经济各个部门。如果不巩固经济核算制，那就不可能有效地管理社会主义企业，那也就谈不上社会主义积累和扩大再生产以及加强苏联的国防威力了。

在了解苏联信用的必要性以后，我们必须认识苏联的信用和资本主义国家的信用之间是有着本质上的区别的。

在资本主义国家中，信用乃是借贷资本的自发运动，是由工商业资本家及货币资本家等的借贷资本，自行地流入银行所构成的。它助长着资本的集积与集中；它表现着资本主义经济的对抗性的矛盾和盲目性；它服从于垄断资本的利益，尽其剥削的功用。

在资本主义垄断时期以前，信用使资金可能迅速由这一个部门转移到另一个部门，是在平均利润率的法则影响下进行的。在垄断资本主义时期，资本家为追逐最大限度的利润，通过资本输出、战争和国民经济军事化，信用成为较强的帝国主义国家在经济和政治上奴役较弱国家的工具。例如臭名远扬、罪恶昭彰的"马歇尔计划"，就是美国垄断资本家用为数不多的贷款，企图在资本主义的欧洲取得完全支配权。

由于资本主义信用的发展，必然会加深生产过剩的危机，促使资本主义的一切矛盾尖锐化，加速资本主义灭亡的到来。

在社会主义条件下，由于消灭了剥削，生产资料公有与国民经济有计划地发展，根本不知道什么是危机。信用与信用系统不是自发形成的，它是实行社会主义计划经济的工具，是建设社会主义经济的工具，是以卢布来监督生产计划与产品流通计划的工具，是组织各经济部门间正确清算关系的工具，是加强社会主义积累的工具，是分配与再分配社会资金的工具。列宁指出：

"大银行就是我们为实现社会主义所必需的'国家机关'，我们可以把它作为现成的机关从资本主义方面夺过来，而我们在这里的任务只是要把这个绝妙的机关中的资本主义弊端斩去，使它成为更巨大、更民主、更包罗尽致的机关。"①

列宁又继续指出其支行遍布全国的统一的社会主义国家银行的巨大意义，"这可以说是社会主义社会底一种骨干"②。

在资本主义下，由信用机关所汇集起来的资本，大部分投放在股票、债券和国家公债方面。在苏联，银行系统中的资本没有任何部分被用于发行有价证券和交易所的投机。在苏联用于商品周转的信贷，也不像资本主义国家那样服务于商品囤积和抬高物价，在苏联信贷也更不可能像资本主义国家那样用于土地投机与土地抵押。

---

① 列宁：《布尔什维克能否保持国家政权？》，苏联外国文书籍出版局中文版，第27页。

② 列宁：《布尔什维克能否保持国家政权？》，苏联外国文书籍出版局中文版，第27页。

第十一章　苏联信用和银行之本质与职能

由上可知，苏联信用的阶级本质是根本不同于资本主义信用的阶级本质的。

于此，还必须揭穿资产阶级与小资产阶级关于信用作用的诡辩的观点。

帝国主义的辩护人，金融资本的走狗们，如像连纳尔、希尔费丁、英国工党以及右翼社会党人，都狂吠通过资本主义银行来组织和调整经济就可能过渡到社会主义。他们说，无产阶级不应该推翻资产阶级的政权，不需要革命，不需要生产资料公有制。只要通过信用和银行的组织功用，资本主义就可长成为社会主义。这都是机会主义者们为了拯救资本主义的反马克思主义的荒谬"理论"。他们有意识地抹杀马克思列宁主义的基本原理，如果不解除资本家，如果不摆脱生产资料的私有制，那么，你就休想建立计划经济。因之，资本主义银行根本就不可能有计划地组织资本主义经济而防止经济危机，更不可能使生产与分配服务于劳动人民的利益。

还有，金融寡头的代言人凯恩斯所标榜的通过信用来调整资本主义的"理论"，是不须另外提出理由来加以批判的。他的理论的目的，不外是企图在"调整资本主义"的欺骗性口号之下，保证现代资本主义的最大利润。

事实胜于雄辩，资本主义总危机时代的资本主义的实践，经济危机周期的缩短，进程的改变，长期的特种萧条，危机的深刻化，银行与信用危机的严重性，都实际上粉碎了早已为马克思列宁主义科学所揭穿的帝国主义辩护者关于"调整资本主义"的诡辩与欺骗。

以下我们再来谈苏联信用的作用。

信用在苏联国民经济中的作用，是与苏联信用之服务于无产阶级的本质，以及社会主义经济的性质分不开的。

苏联信用的主要的职能，是在于有计划地利用社会主义经济中的资金，并加速社会主义的扩大再生产。

社会资金之有计划地利用，不仅是为了合理地使用货币资源，并且在为组织和巩固经济核算制、替商品生产与商品流通计划的卢布监督、财务计划和积累计划的完成、以及加速资金的周转等方面，创造着必要的条件。

　　前面已经说过,苏维埃国家对资金分配与再分配的方法有两种:一为通过国家预算的方法,另一为通过信用系统的方法,两种方法都是必要的。但通过社会主义银行信用所实行的货币资金之有计划的再分配,与通过国家预算及财政系统的其他环节所实行的再分配有所不同。这种不同是在于前者有偿还性,银行信用是必须偿还的。

　　前面已经说过,在社会主义条件下,经常拥有一定的暂时浮存的货币资金可供利用。而社会主义企业与组织的流动资金,则区分为自有流动资金和借入流动资金两种。这样,在借入流动资金的形成方面,暂时浮存在银行的货币资源,就可以通过短期信用的形式加以利用。这种形式由于其具有明确的目的性、期限性与偿还性,便充分保证了所有者收回资金的可能性。信用的目的性,是指的提供银行贷款要有严格规定的目的,不许在规定目的以外随便使用。贷款的数额是由计划规定的资金需要来决定,超计划的储备和开支,是不予以贷款的。并且这一贷款是有一定的物质价值(即根据计划中的物质积累或流转)做保证的,同时贷款的期限则与产品生产及其销售计划也相符合的,到规定偿还的期限是必须偿还的。这样,银行信用就成为以卢布监督经济企业和组织活动的最有效的一种方式。因为信用的提供是直接取决于计划的任务以及任务的完成情形,而借入资金的归还是由计划指标的完成来保证的。由于规定了信用的偿还期限以及不偿还时的一定制裁,如提高利息率、停止借款、强制出卖欠款企业的商品等。因此,就迫使借入资金的经济企业和组织,必须善于利用资金,加速商品生产与销售的过程。如果经济企业和组织到期不能偿还的话,适足说明它对计划的数量指标与质量指标未能完成。

　　在此,还应当指出,银行在提供信用时,事先要研究经济企业和组织对其全部流动资金(包括自有的与借入的)的利用情况是否正确,因之,短期信用对于经济企业和组织的自有流动资金的利用便产生了监督作用。也就是说,每一经济企业和组织,必须对其自有的流动资金加以充分地利用。

　　苏联信用,乃是为争取完成并超额完成计划而斗争的工具,它促使资金周转加速，加强减低成本，提高劳动生产率，增加社会主义积累。银行可以帮助经济企业和组织发现原材料储存过多的现象，有加速生产过程的可能性，也有加速产品销售和及时收取货款工作的可能性等，所有这些都说明了银行信用乃是社会主义节约的有力工具。

以上是就短期信用来说。长期信用也有其监督生产的作用。例如集体农庄、合作社用于改良土壤、改进技术、培养新作物等方面的长期投资，除依靠它们自有的积累外，还要依靠银行的贷款。这也同样是有目的性和偿还期限的，因此集体农庄和合作社也要尽量利用它们的资金。

在苏联，信用还用在提高劳动者们的物质福利这方面，例如银行对劳动者们的个人住宅建筑及集体农庄庄员购买牲畜等，都提供着长期贷款。

再有由于社会主义信用所引起的非现金清算（划拨清算）的实施，促进着支付纪律与结算纪律的巩固，并加速着货币的流通与在支付周转中它们的节约使用。在苏联，国家银行是在经济周转中实施非现金的相互清算的最有力的组织。

在苏联，信用服务于有计划地调节货币流通的目的，根据国民经济计划各种指标所编成的国家银行信用计划和现金计划，乃是调节国民经济中现金的周转的工具。国家银行乃是社会主义经济信贷、结算及出纳的中心。

总之，苏联信用的作用，是立足在国民经济计划工作的基础上有计划地运用社会资金，是在贷款的目的性与偿还性的条件下将社会主义企业和组织、国家预算和居民的暂时浮存的货币资金，利用到扩大再生产的需要上去。通过卢布的监督，它巩固着经济核算制，它促使完成和超额完成计划，它帮助着劳动人民建立住宅，它在一定程度上调节着货币的流通。因此，它是国民经济中极为重要的工具。

现在我们来回顾一下在社会主义建设各时期中苏联信贷的发展。

苏联信贷制度的基础，在伟大十月革命胜利，决定银行国有化的时候起即已经奠定。但外国的武装干涉及国内战争，破坏了信贷政策的顺利实施，到军事共产主义时期结束，新经济政策的实施，才又加强了信贷的意义和作用，扩大了信贷业务。在 1923—1924 年到 1925—1926 年，国家银行的结算额从 836000000 卢布提高到 3691000000 卢布，各信贷机关（不包括信用合作社的地方组织）总结算额，则从 1092000000 卢布提高到 6436000000 卢布，活期存款额、定期存款额等的余额，自 228000000 卢布提高到 1410000000 卢布。这表现着经济企业和组织的暂时浮存的资金，经过银行机构而达到满足各企业和组织在周转资金上的需要。

在新经济政策时期，大规模工业对流动资金有着极大的需要。大部分都是靠银行贷给。

但在新经济政策初期，与银行信用并存还有着商业信用，商业信用在当时虽曾起过良好的作用，但却变成了监督计划的完成与发展经济核算制的障碍。因为它可以使企业在未完成计划时也能利用商业信用，这就大大削弱了银行信用的监督作用。同时，以票据为担保的贷款，掩盖着银行资金的真实去向，使银行不能对其贷款的范围，加以有计划的控制。

直到 1930—1931 年信用改革，苏联中央执行委员会与人民委员会在 1930 年 1 月 30 日"关于信用改革"的决议中指出："在社会主义经济部门中迄今所实行的赊卖制度，实使信用运行过程复杂化，使信贷计划化感到困难，所以应加以废止，完全以银行信用来代替。"①

这样，取消了商业信用，废止了一个企业或组织对另一个企业或组织在信用中提供产品和劳务的制度，使各企业和组织不能以互相赊卖商品来弥补其财务上的亏空。短期信用的职权被集中在国家银行手里，对自有的和借入的流动资金间实行严格的划分，确立了企业和组织流动资金不同形式的来源，借入的流动资金是由国家银行的短期信用所供应，因之大大加强了计划和经济核算的作用。

关于信用改革对于社会主义经济建设的重大意义，斯大林曾在联

---

① 1930 年 2 月 1 日《消息报》，第三一号。

第十一章　苏联信用和银行之本质与职能

共(布)第十六次代表大会上关于中央委员会政治工作的总结报告中指出："合理组织信贷事业和正确运用货币贮蓄的工作，对于国民经济的发展是有着重大意义的。党为解决这个问题所采取的措施是朝着如下两方面进行的：把全部短期信贷事业集中于国家银行；在公营经济部分中实行划拨清算制。于是，第一，国家银行变成为统计产品生产和分配的全国性机关；第二，有大量的货币从流通范围中间空闲出来。毫无疑义，这些措施一定会(而且已在)促进全部信贷事业的整顿和我国金融的巩固。"①

到 1939 年，国家银行着手于重工业的流动资金的信贷工作。

在伟大卫国战争前夜，苏联国家银行信贷业务的提高情况，表现在国民经济各部门对国家银行的纯粹负债，从 1930 年 1 月 1 日的 38 亿卢布，增到 1935 年 1 月 1 日的 139 亿卢布，1938 年 1 月 1 日的 329 亿卢布，在 1941 年 1 月 1 日则超过了 400 亿卢布。②

到 1941 年 1 月 1 日的时候，苏联国民经济中的物质有价物将近 40%，是靠银行信用来弥补。现在，国民经济的流动资金中信用的比重是比较更高了。

在战后，为了实现第四个五年计划，信用在汇集社会资金、资金再分配，以及增加社会主义积累方面的作用更加增大了。1946—1950 年苏联国民经济复兴与发展的五年计划法规，在说到为了完成五年计划的基本任务所必须做的各项工作中，其中一项就是：

"巩固国民经济中的货币流通与信用关系，提高国民经济中利润与经济计算制的意义，以做为生产增长的补充推动力……"③

萨布罗夫在其"关于苏联共产党(布)第十九次代表大会关于一九五一——九五五年苏联发展第五个五年计划的指示的报告"中，说到

---

① 斯大林：《在联共(布)第十六次代表大会上关于中央委员会政治工作的总结报告》，人民出版社版，第 89 页。
② 参见吉雅琴科：《苏联财政与信用》，三联书店版，第 21 页。
③ 参见《一九四六——一九五〇年苏联国民经济复兴与发展的五年计划》，东北书店版，第 49 页。

为了任务的顺利解决，"……必须加强财政机关在下述方面的作用：以卢布来经常控制生产和建筑的进程、商品的流通、贵重物资的积累、企业和经济机关的财经活动"①。

现在，苏联信用是促进共产主义社会建设速度的一种重要工具和极有力的因素。同时各人民民主国家，由于社会主义性质经济占领导的地位，再依据苏联的经验，也顺利地利用着信用这一工具以进行自己国家的工业化和农业的集体化，而迅速地建设着社会主义社会。

第三节 苏联利息的本质和作用

在苏联信用与资本主义国家信用的根本区别，还表现在信贷业务的利息方面。

在资本主义条件下，信贷资本表现为商品，它的使用价值在于被运用于生产的过程中能够带来利润，而利息就是这一资本商品的价格。借贷利息无非就是剩余价值的转化形态，它反映着剥削关系。借贷资本的转移是受利息率的变动所盲目支配着的，借贷资本家们总是把自己的资本移到可以获得最高利息的地方去。

但在苏联经济中，已经没有借贷资本这一范畴，正像根本没有资本一样。因此利息既不是借贷资本的价格，也不是剩余价值的一部分。在苏联，利用银行信用，也需要付利息，利息只是利用银行贷款的报酬金，是社会产品价值的一部分。

另一方面，为了将浮闲的资金吸引到经济周转中去，使社会资金得到最合理的运用，也给予存户一定的利息的鼓励。1926年，斯大林在《关于苏联经济状况和党的政策》一文中，曾经这样说：

"积累的道路很多，其中必须指出的主要道路至少有下列几条：第一，为了把国内余资首先用在工业的需要上，必须不让它分散，而

---

① 《苏联共产党（布）第十九次代表大会关于一九五一——一九五五年苏联发展第五个五年计划的指示》，人民出版社版，第73页。

让它集合到我们合作社的和国营的信贷机关中，同时要采用发行国内公债的办法。自然，存户因此应得到一定的利息。"[1]

所以，对于把自己的暂时浮存的货币资金存入银行的经济企业、组织和居民来说，利息是一种奖励金；而对于那些利用银行贷款的企业、组织和居民来说，利息又是一种利用银行贷款的报酬金的性质。它的意义就是服务于社会主义的建设。

在苏联，利息并不决定信贷资金的运动，因为，信贷资金的形成与利用，是在国民经济计划的基础上进行的。信贷的本身也是有计划的。

至于利息率的决定：

在资本主义条件下，利息率的高低是由借贷资本供求关系的盲目的变化而决定的。而在苏联，利息率的水平，则是由国家从全国的利益出发而有计划地加以规定的。在规定利息率时，苏联国家一方面要考虑到刺激企业和合作社组织以及集体农庄把货币资金储存于银行，并且鼓励居民的货币储蓄参加到经济周转中来。同时另一方面，国家也要考虑到信贷资金利用的方向及其利用情形。

苏联存款的利息率：在国营企业和合作社组织的结算账户方面，一般是按2%计息；在集体农庄的往来账户方面，一般是按3.5%计息；在储蓄银行中劳动者的存款方面，一般是按2%到5%计息。

在苏联，利用贷款的利息率：在国营企业和合作社组织的短期贷款方面，是抽息2%到4%；在对集体农庄与合作社等的中期与长期贷款方面，以及在对个人住宅建筑贷款方面，是抽息1%到3%。

利息在社会主义经济中是有其积极的作用的，利息促进社会主义企业和组织的经济核算制的巩固，因为各企业和组织利用银行信贷要偿付利息，这也就是说信贷方面的开支要列入生产和流通成本中去，所以企业和组织在利用信贷资金经营时，不仅要作到可以补偿这些开支，而且还要获得利润。

银行利息也促使经济企业和组织节约流动资金的使用和加速自有

---

[1] 《斯大林全集》，第八卷，人民出版社版，第117页。

资金的周转，减少对贷款的过多要求，从而也就达到最合理地再分配社会资金的要求。所以，利息可以说是当作信贷的纪律而存在的。

此外，利息在巩固信用系统中的经济核算方面，也起着重大的作用。因为银行从贷款方面抽取的利息，除用以支付结算账户和往来账户方面的利息外，还要弥补银行机构经费的资金来源，否则它就会亏折。因此，在信用机关中也就贯彻着经济核算制。

总之，在苏联，利息的本质和作用，是与资本主义条件下的利息根本不同。在资本主义条件下，利息是服务于资本家对劳动者的无偿劳动的榨取，是剥削的本质，它的运动是由资本主义追求最高利息的自发的盲目的规律所支配着。利息率的决定，是由借贷资本的盲目的供求关系所决定着。而在苏联，由于废除了剥削，生产资料的公有，已没有借贷资本和剩余价值等范畴，根据国民经济之有计划的发展，利息是苏维埃国家有意识地利用来服务于共产主义的建设的；通过它来达到最合理和最节约地运用社会资金，促进经济核算制的巩固，它是由信贷计划决定的，所以没有盲目的行情波动，不需要在信贷需求的临时变化的影响下重新修订。总之，在认识社会主义利息的本质与作用中最重要的一点，在苏联，信用与利息，是为不断扩大再生产和提高劳动人民的物质文化生活水平方面起着重大的作用，它是服从于全体劳动人民的利益的。

第四节　苏联信用系统的结构与职能

国民经济中信用作用的发挥，大部分决定于信用系统的结构与活动能力。

在苏联，银行是国有的，它是国家机关的一部分。《斯大林宪法》中规定着：管理银行是苏联国家最高国家政权机关和国家管理机关的职权之一。

银行的国有化是掌握国民经济命脉，建设社会主义的重要措施，因此，在伟大十月革命胜利的第一天，就宣布了银行的国有化。

银行国有化和银行事业在国家手中的垄断，奠定了苏联信用系统的基础。

经过对一切困难的克服,在苏联建立了社会主义信用的系统。

社会主义信用系统的构成如下:

甲、苏联国家银行是国家唯一的结算中心与发行中心,是唯一的国民经济短期信贷银行,并且是与外国进行结算的机关。

乙、长期投资银行(包括工业银行、农业银行、商业银行、中央公用事业银行与地方公用事业银行)是办理基本建设资金的拨款与长期贷款的银行。应当指出,各长期投资银行对包工的建筑组织也提供短期信用,但这些信用在这些银行信用投资的全部金额中的比重不大。

丙、储蓄银行是吸收居民的待用资金来满足社会主义扩大再生产的需要,并促进国家信用的发展。国家信用,就是国家直接以债务者的资格出现的那种信用关系,国家借助于债款,吸收补充的资金以供应有关共产主义建设需要的全国性的开支。在苏联,国家公债是国家信用的主要形式。

第一项 国家银行

以下我们来说明一下国家银行的职能。

苏联国家银行是 1921 年 10 月 12 日成立的,它隶属于财政部。国家银行在所有的共和国、边区、省、市和几乎一切地区里都有自己的分行或结算办事处与分理处,到现在差不多将近五千个分支机构遍布在全国各地。苏联国家银行,在苏联信用系统中居于主导的地位。

根据苏联人民委员会 1931 年 3 月 20 日所通过的决议:

"一、国家银行要成为社会主义经济部门的结算组织,要成为全国性的统计生产和分配产品的机关;

二、国家银行要保证对商品生产和商品流通计划的执行过程和国民经济社会化部分中财政计划的执行情况、资金积累过程,进行有效的经常卢布监督;

三、国家银行要保证巩固企业和经济联合组织的经济核算制,使其成为整个社会化部分执行计划(数量任务和质量任务)的主要杠

杆。"(1931年3月21日《消息报》，第79期)

从这些基本原则出发，苏联国家银行具有如下的主要职能：

第一，在苏联部长会议批准的信贷计划范围内给国民经济各个部门(建筑的机关除外)以短期贷款，通过这一贷款，以保证信贷资金的有计划的利用，和对经济企业与组织的工作实行日常的卢布监督，这样就促进着经济核算制的巩固。

第二，在结算账户与往来账户上保存经济机关以及预算机关的暂时浮存资金。办理社会主义企业和组织之间的非现金结算。其方法是将适当金额从支付者的账户上注销并将其记入供售者的账户。这样，由于非现金结算的合理组织，大大地节约了货币资金，并促进着国民经济中资金周转率的加速。

第三，办理国营企业和合作社组织的现金出纳业务。按照立法的规定，国营企业和合作社组织必须把自己的全部现金进款交到国家银行，国家银行出纳部门在严格遵守现金支出规则的条件下由他们的账户上提供现款以供企业和组织的各项开支，例如工资开支，采购方面的开支，业务经营的开支等。以工资一项来说，国家银行在付出现款的时候，就要在批准的工资基金的范围内对企业生产计划的完成情形进行监督。

第四，执行苏联(联盟的，共和国的，地方的)国家预算的现金出纳业务。这样，预算资金之集中于国家银行，就使得有可能把它们暂时浮存的资金利用于短期信用的需要上去。

第五，是国家的唯一发行中心，国家银行适应着国民经济计划，它在办理经济部门的信贷结算业务与现金业务的过程中，对货币流通实行有效的计划调节。所以在苏联从来也不发生通货膨胀。

第六，办理长期投资专业银行委托的业务。

第七，办理苏联与外国各种货币的结算业务。因为苏联的对外贸易是由国家垄断的，外汇也是由国家垄断的，所以外汇资金完全集中于国家银行，国家银行通过对外贸易银行来实行某些对外支付及接受外国的支付。这样，外汇资金便能够适应苏联国家的利益而支用。在苏联，经济企业和组织要向外国购买物资，是必须经过对外贸易部的核准的。这样，就实现着对外贸易的监督。同时，由于外汇资金之集中在国家银行，和有计划地规定苏联卢布的对外行市，就加强了国家银行在与外国银行的相互关系中的地位，并使苏联卢布不受资本主义世界通货紊乱与通货贬值的影响，因之，它也是巩固苏联国家经济独立性的重要因素之一。

国家银行还执行与各人民民主国家的结算，以及为加速发展它们的国民经济而由苏联提供的信贷援助方面的业务。

由上可知：苏联国家银行在执行及完成其任务中实行着社会主义企业与组织的结算业务与现金业务的职能，它是社会主义经济中唯一的结算中心、现金中心与发行中心，它掌握着国民经济中的全部短期信用。因此，它就能把集中起来的社会资金用信贷的方法加以再分配。它能对货币流通进行有计划的调节；它能通过卢布的监督来巩固经济核算制和监督商品生产与流通计划的完成。同时在与外国结算方面，它也发生巨大的作用。

第二项　长期投资银行

现在我们来说明长期投资银行，即专业银行的职能与任务。

在苏联，为要把短期信用与基本建设投资加以明确划分，于是在国家银行之外又设立长期投资银行。

长期投资银行办理着基本建设的拨款、长期贷款和结算业务，以及对建筑机关的工作进行日常监督。

基本建设工作，是为了建立和扩大固定资产。而固定资产在社会主义再生产过程中，是要经过若干次生产过程才能完成其周转，才能全部转移其价值，它与流动资金在一次生产过程中就全部转移其价值是不同的。因此，为建立和扩大固定资产，就需要把一部分社会基金用作长期投资（就是把一部分社会基金在很长时期中抽出），这是必须有特殊的资金来源的。这样就很明确地划分开用于投资的基金及用于流动的资金的界限。

长期投资银行，是在投资方面实行系统的监督，一切指定为投资用的款项，无论是预算拨款或是经济企业和组织自己的折旧提成和利润，均存入专业银行的账户中，以便保证正确地利用这些款项，符合于国民经济计划的要求。

此外，长期投资银行，也办理国民经济中的长期信贷业务。

所以长期投资银行的职能，不仅是对于建立与扩大固定资产，而且对于改善计划工作和促进经济核算制的巩固，都有其巨大的作用。

在苏联，基于各种经济建设部门的特点，分别组织了以下几种长期专业投资银行。1932年5月5日根据苏联中央执行委员会和人民委员会通过组织长期投资专业银行的决议，成立了四个长期投资银行：（一）工业银行；（二）农业银行；（三）全俄合作银行（1936年改为贸易银行）；（四）中央公用事业银行。

以下我们来分别加以论述：

（一）工业银行对工业、运输业、电气事业、邮电、航业、公路、铁道等部门的基本建设进行长期投资拨款。

（二）农业银行对国营农场、机器拖拉机站等进行长期投资拨款，并对集体农庄和农村居民发放长期贷款。

在此必须指出，由于集体农庄的财产是集体所有制，尚不是全民所有制，因之集体农庄的基本建设投资是要依靠他们自有的资金来进行，而当自有资金不足的时候，则由农业银行给以长期贷款。这与国家对国营企业和组织的拨款（资金供给）不同，要按照规定的期限偿还给国家的。这样就使得国家必须对集体农庄的基本建设拨款进行监督。例如，农业银行可以检查集体农庄自有的不可分割基金的利用。要首先利用其不可分割的基金，才可能利用国家的长期贷款，这样就不但使它们的公有财产免于浪费的损失，而且更促进他们完成和超额完成计划。

（三）贸易银行对国营贸易和各种合作社基本建设进行长期投资拨款。合作社的借款，是要按期偿还给国家的，因为它们的财产是集体所有制，还不是全民所有制的缘故。

（四）中央公用事业银行和地方公用事业银行对公共文化事业（如科学、教育）建设进行长期投资拨款，并供应工人、职员用于个人住宅建筑的长期贷款。

长期投资银行，除中央公用事业银行外，都是有其自己的分支行网的。中央公用事业银行，是通过地方的，即各共和国、边区(省)和市的公用事业银行来进行工作。而各地方公用事业银行，是隶属于联盟和各自治共和国的部长会议及边区(省)和市的劳动者代表苏维埃执行委员会管辖的。

在前面已经说过，长期投资银行可以委托国家银行来代行其一部分职能，这就是说，当工程所在地没有适当的专业银行分行的情形下，长期投资银行就可委托国家银行代其执行基本建设拨款工作和建设单位的信贷结算业务。

必须指出，长期投资银行，除公用事业银行以外，没有自己的现金机关，关于现金出纳，完全是由国家银行为其服务。这是与前面所讲的国家银行是唯一的现金中心这一点相关的。

总之，在苏联，长期投资银行是专门服务于社会主义基本建设的资金供给工作，及长期信贷工作。由于固定基金周转的长期性，所以它与国家银行是分工的(短期信用则集中于国家银行)。通过它，对国家拨款的正确利用和经济机关的自有资金之及时地正确利用实行经常的监督。它又依据基本建设部门性质的不同，组织了上述不同的专业银行。

第三项 储蓄银行

此外，我们还要说明苏联储蓄银行的职能与任务。

储蓄银行在苏联银行结构中，占着重要的地位。

在苏联，由于劳动人民物质福利的不断增长和居民的货币储蓄的不断增加，因之在苏联的信用系统中也就有国民劳动储蓄机关存在的必要。国民劳动储蓄银行的任务，是办理居民的现金——结算业务，吸收并组织劳动人民的货币储蓄。同时，储蓄事业也是国家信用的形式之一，它把保存在它那里的居民储蓄的经常浮闲的余额投入国家公债，办理认购国家公债和以现款出售债券的工作。这样，国家就吸收了社会资金以供应共产主义建设事业的需要。并且，通过居民的有组织的储蓄和储蓄银行所办理的非现金结算就缩减了经济周转方面对现金的需要，因而也就大大有助于调节货币流通。

最后，我们再谈一谈苏联信用制度的优越性。

最大的优越性表现在：苏联的财政系统与信用系统的统一性，信用系统是财政系统的一部分。整个信用系统的领导是属于苏联财政部，这就保证着信用事业与国家财政的密切联系，短期信用与长期信用的严格划分，各个信用机关间的分工合作。而苏维埃国家就可能从整体上利用财政方法与信用方法，实行货币资金的分配与再分配，从而促进了苏联国民经济的稳步上升和人民物质福利的不断高涨。

这在资本主义国家是根本不可能的。在资本主义条件下，由于资本主义的基本矛盾，由于国家之服务于垄断组织，由于垄断集团之间的激烈斗争，根本就不可能有银行与银行之间，以及银行与国家预算之间的协调。它们总以追求最大利润为其目的。在目前，帝国主义的整个财政与信贷，都是服务于战争和国民经济军事化，其后果必然是民用生产的萎缩，失业现象的增加，劳动人民的更加贫困化，阶级斗争的愈益尖锐化。

社会主义建设的实践充分证明着，依据伟大革命导师列宁、斯大林的信用理论所建立起来的苏联信用系统是无比优越的。在目前，苏联银行已经成为社会产品的生产与分配的全国性的核算机关和监督机关。不远的将来，随着社会主义向共产主义的过渡，银行机关也将逐渐转变为"……共产主义社会的中央会计处"[①]。到那时，在组织经济工作方面，银行机关的职能和任务更将大大地向前发展了。

---

① 见《联共（布）党纲》。

第十二章 苏联货币流通制度与货币流通的计划工作[①]

第一节 货币流通的计划基础

社会主义国家的货币制度与资本主义国家的货币制度的本质区别及其优越性之一，具体表现在货币流通的计划化，关于这一点，已经在前面谈过了。

只有在社会主义经济条件下，或在社会主义经济成分占国民经济的领导地位的条件下，整个国民经济（其中包括货币流通）的计划化，才有可能。诚如斯大林教导我们说："要做到有计划地领导，必须具备另一种工业体系，即社会主义的而非资本主义的工业体系，至少必须具备国有化的工业、国有化的信贷系统、国有化的土地、同农村的社会主义的结合、工人阶级掌握的国家政权等。"[②]

在苏联，货币流通之所以能实行计划化，大部分是由于国家能够直接计算出居民从社会主义企业那里所得到的收入及大体规定出其开支的用途。

前面已经讲过：在苏联的经济中对现金的周转和非现金周转范围，是有着严格划分的。在社会主义经济内部，绝大部分支付周转都是用非现金结算进行的，只有社会主义企业与居民或居民相互之间才是现金周转的范围。

---

① 第十二、十三、十四各章，主要根据古莎柯夫等著《苏联货币流通与信用》（中国人民大学出版）的有关材料编写的。

② 《斯大林全集》，第十卷，人民出版社版，第280页。

因此，在社会主义经济中，现金的运动，概括起来不外是沿着下面几个方向进行的。

最主要的货币流动方向：首先是社会主义企业与组织对居民的支付，如支付工资，补助金，按劳动日支付给集体农庄庄员的现金等；其次是居民对国营企业和合作社组织的商品和劳务的偿付；再其次是居民向财政系统缴纳捐税及其他支付，如购买公债，偿还私人住宅建设贷款，存入储蓄银行的款项等。

此外，还有一条补充的货币流动方向，这主要是由于城市居民到集体农庄市场上购买农产品，引起城市居民手中的货币流向乡村居民，不过这一货币流动方向，在苏联货币流通中所占份额不大。

最后，还有一种比较更小的货币流动方向，这就是集体农庄庄员到集体农庄市场上购买农产品和个别公民彼此间为购买家庭用品或支付劳务费时而发生的货币流通。

由上可知，社会主义经济中现金流通的范围主要是由社会主义企业和组织与居民间的相互关系、以及各居民阶层之间的相互关系来决定的。因此，计算和计划居民货币收支对于决定现金的需求量和货币流动方向来说具有决定性的意义。

居民货币收支平衡表，是苏联国民经济计划化的一个工具，它反映着全体居民和各居民阶层的货币收入额和收入来源，又反映着居民的货币支出额及其构成情况。

根据居民货币收支平衡表，可以帮助解决国民经济中一些主要问题，如巩固货币流通，扩大商品流转，以及通过各种方法（如提高劳动生产率，增加职工与集体农庄庄员的收入，扩大消费品的生产，逐步减低商品零售价格等）来提高人民的物质文化生活水平。它的基本任务，是要在居民货币收入与为出售给居民而制造的商品量及应由居民偿付的劳务量之间建立正确的比例关系。在制订全国国民经济的工资总额计划时，在制订消费品的零售价格计划时，在制订税收计划或确定可能的居民储蓄额时，都要利用居民货币收支平衡表。此外，现金计划的计算，也是要依据居民货币收支平衡表来进行的。

居民货币收支平衡表每年编制一次，将每一季度分别划开，并且包括在计划期内有关货币流通的指标。它的表式如下：

第十二章 苏联货币流通制度与货币流通的计划工作

居民货币收支平衡表

Ⅰ. 货币收入	Ⅱ. 货币支出和储蓄
甲. 从国营企业和合作社组织方面的收入 1. 工资 2. 从集体农庄领得的货币收入： （一）按劳动日分配的货币收入 （二）从集体农庄领得的其他货币收入 3. 出售农产品的收入 4. 抚恤金和补助金 5. 津贴费 6. 财政系统的货币收入（公债与存款的奖金和利息、保险赔偿费、贷款） 7. 其他货币收入	甲. 在国营企业和合作社组织支出和储蓄 1. 购买商品与公共食堂的饭食： （一）在国营与合作社的商业企业（食堂、饭店等包括在内） （二）向集体农庄 2. 偿付劳务： （一）房租与公用设施的费用 （二）运输邮电费用 （三）生活福利设施的费用 （四）在文娱企业（电影院、戏院等）的开支 （五）对其他劳务的偿付 3. 捐税 4. 国家保险费的缴纳 5. 社会团体的缴款与合作社的股款 6. 贷款的偿还 7. 储蓄： （一）认购国家公债的缴款 （二）购买国家有奖公债 （三）国家银行与储蓄银行存款的增长额
总计（1—7）	总计（1—7）
乙. 居民在出售商品与提供劳务方面的收入 1. 在集体农庄市场出售商品的收入 2. 非合作化手工业者的收入与其他收入（劳务收入等）	乙. 从居民购买商品的开支及对私人劳务的偿付 1. 在集体农庄市场购买商品 2. 对购买居民商品及使用私人劳务的其他支出
总计（1+2）	总计（1+2）
此外，一切货币的寄入与运入货币收入总计	此外，一切货币的寄出与运出货币支出与储蓄总计

Ⅲ. 居民现金积存量的增加与减少

从上表可以看出，在居民货币收支平衡表中，将货币的收支按照它们主要的种类来分类，如工资，从集体农庄领得的货币收入，购买商品与公共食堂的饭食，及偿付劳务等。这样便反映出居民货币收支的结构，同时，它又反映出各居民阶层之间的货币周转动态。从表上可以看出居民从国家、合作社组织和集体农庄方面得到的收入额，城市居民收入通过集体农庄市场而转归农村居民的部分，并且还可以看出居民的货币收入重新汇集到国家银行的金库里去的途径。最后，从该表上还可以看出居民手中现金余额的变化。如表中的收入多于支出，则居民手中的货币就多了；反之，如支出多于收入，则居民手中的货币就少了。

目前编制居民货币收支平衡表时，不仅按照非农业居民与农业居民来编制，同时也按照地方区域来编制，所以在各地区之间货币流通的调剂和计划方面，也具有重大的意义。

这样，由于对居民货币收支的结构与规模有所了解，便能提供出关于货币流通计划工作的必要资料。

第二节 国家银行的现金计划及其结构

居民货币收支平衡表，只能作为调节与计划货币流通的一种资料，而能够从业务上影响货币流通的积极工具，则为国家银行的现金计划。国家银行的现金计划，是苏维埃国家调节与计划货币流通时的重要武器之一，同时也是对商品生产与商品流通过程实行卢布监督的工具之一。根据现金计划可以确定通过国家银行出纳库的现金周转额。现金计划对于货币流通的这个作用，是因为国家银行乃是整个国民经济中的结算、出纳和发行的中心。

国家银行的现金计划和居民货币收支平衡表有如下不同之处：有一部分居民货币收支是不表现在现金计划上面的，如集体农庄市场上的商品交易以及非合作社社员手工业者的买卖行为等。这就是说，国家银行的现金开支和居民得自社会主义企业与组织的货币收入基本上

第十二章 苏联货币流通制度与货币流通的计划工作

是一致的。与此同理，国家银行的现金收入是和居民付给社会主义企业与组织的货币额也是一致的。由此可知，国家银行的现金周转，尽管是占居民货币收支的绝大部分，但反映不出所有的居民货币收支。不仅如此，即使是居民从社会主义企业与组织领得的货币收入，或是居民付给它们的货币支出，也不能百分之百的反映在国家银行的现金收支计划上，因为各企业与组织和居民的结算，也有一些是不使用现款的，如从工薪中扣除捐税等。此外，商业机关在一定限度内，也能从自己的卖款中，支给居民工资，用不着特别从国家银行提取现金。不过上述款额数目并不大，所以国家银行的现金收支，基本上是和居民与社会主义企业和组织之间的现金周转相一致的。

在社会主义经济中，货币流通计划的任务何在呢？

过去有些学者认为：货币流通计划的目的，在于正确地规定流通中所必需的货币量。自然，国家需要考虑和计算流通中的货币量，否则可能引起流通中的货币超过经济周转的需要，因而引起物价的波动。但是，如果说计划货币流通的主要任务或唯一任务就是决定流通中所必需的货币量，便是不正确的。因为这样就混淆了货币流通计划的目的和方法。货币流通量是受许多因素的影响而变化的，然而国家主要的是必须使货币如何更正确地为扩大再生产服务，所以我们说货币流通量的正确规定，只是使货币能够很好地为扩大再生产服务的一种手段，而不是货币流通计划之主要目的。

要使货币很好的完成它的使命，货币的稳固性是很重要的，维持和加强货币的稳定性就是货币流通计划的特殊任务，然而它不能包括货币流通计划工作的所有任务。在一定的条件下，维持货币的稳定性，也可能处于次要地位，虽然这是特殊的情况。

货币流通计划工作的基本任务，是它能够为社会主义扩大再生产服务，并给予扩大再生产过程不断的监督。第一，货币流通计划工作能促进产品生产和流通计划的完成，并在完成过程中给予资金的补助，例如企业要发放工资，就需要向国家银行领取必要的现金。第二，在完成生产和流通计划过程中，所发生的缺点，很快的会反映在货币流通的计划上，这就使这些缺点更易及时改正。

所以说货币流通计划的任务，就是要对国民经济中货币流通的方向作这样的组织工作：使货币流通不仅要保证社会主义扩大再生产过程的不断实现，而且要积极加快其速度；对物质生产与流通过程中发生不均衡现象时要发出警告，并促其消灭。

现金计划是按照平衡表的方法编制的，在它的收方规定国家银行出纳部门的现金收入，付方则规定银行出纳部门付出的现金。现金计划的收入部分反映国家银行出纳部门现金收入的经济来源，支出部分则反映国家银行所付出的现金的特定用途。

现金计划的表式如下：

苏联国家银行现金计划

收　方	付　方
商业机关货款收入	工资支付
铁路运输、水运和空运部门进款	居民存款支付
捐税收入	采购农产品支付
房租及其他公用事业收入	集体农庄存款支付
地方运输部门进款	采购非农产品支付
居民存款收入	私人住宅建设贷款支付
集体农庄存款收入	补充邮电机关库存
邮电机关收入	补充储蓄银行库存
储蓄银行收入	抚恤金、补助金和保险赔偿金支付
文娱企业进款	业务费、出差费和其他费用支付
公用生活设备企业的进款	
其他收入	
国家公债缴款收入	
合　计	合　计
报告期开始时的库存现金（库存限额）	报告期结束时的库存现金（库存限额）
由发行准备基金拨入库存现金数	由库存现金拨入发行准备基金数
总　计	总　计

252

第十二章　苏联货币流通制度与货币流通的计划工作

现金计划表式中各收支项目，都建立在有关国民经济各项指标的基础之上。例如"商业机关货款收入"这一科目，就是以零售商品流通计划为根据；"工资支付"这一科目就是以列入计划的工资基金为出发点的。由于现金计划是按照国民经济计划的各种指标来编制的，所以现金计划诸指标的完成，也就是国民经济计划诸指标的完成，所以现金计划就是对国民经济计划的执行情况实行卢布监督的积极工具。

在现金计划的收入方面，最主要的科目就是商业机关和公共食堂的进款，这一部分进款占国家银行出纳部门全部现金收入的60%到80%。在计划这个科目时，虽然是依据零售商品流通计划，但是必须注意：商业机关和公共食堂虽然照规定要把它们的销售进款缴入国家银行，但在一定限度内有权把一部分现金收入直接用于日常紧急开支和支付工作人员的工资。商业机关动用现金的限额，是由政府规定的。在城市和乡村中经销工业品的企业，其动用限额规定为该企业零售商品流通总额的2.5%；在城市中经销食品的企业，共动用限额为3%；而农村中经销食品及杂货的企业，其动用限额为5%；公共饮食业及铁路和水路运输业的餐馆和食堂，其动用限额为7%。但是国家银行可以根据实际需要具体定出限额。

国家银行在计划这个科目时，应设法减低商业机关的现金留用限额，如果银行能加强对它们的联系，就可以达到这个目的。此外，银行还要监督商业机关的进款及时的缴交银行，以及发掘增加商品流通额的后备力量，这样，银行的现金收入就增加了，因为它意味着该部分现金直接流入国家银行便会不发生停滞的现象。

铁路运输、水运和空运部门的进款和地方运输部门的进款，在国家银行现金收入的总额中也占有相当大的比重。在计划这两个科目时，应根据客运计划和各地运输机关的计划来计算。同时，国家银行必须尽量为这些企业扩大服务的范围，并严格监督现金支付纪律的遵守。

捐税收入，是根据苏联财政部关于税收和保险费的材料而计算出来的，主要是农业方面的捐税。及时收齐农民的缴款（农业税和其他缴款)对完成现金计划的收入部分也具有重大的意义。

在现金计划收入方面的科目中，集体农庄存款收入是有其特点的。把集体农庄的浮闲现金都吸收到集体农庄在国家银行所开立的往来账户中来，对于现金计划的执行具有巨大的意义。虽然根据农业劳动组合标准章程第十二条的规定，农体农庄必须把自己的货币资金缴存入国家银行或储蓄银行中的往来账户，但是它们的收入中还有很大一部分款项不是通过信用机关而自行支付的。在吸收集体农庄资金时，只能在自愿的基础上进行，因此就需要国家银行机构在进行这一工作时必须极其灵活，并首先要求国家银行要为集体农庄办好现金—结算业务。国家银行必须尽量帮助集体农庄从组织上和经济上巩固起来，并要与集体农庄建立相应的相互关系。因此，国家银行为集体农庄办理现金业务，必须与下列两项工作结合起来：为集体农庄办理结算工作，帮助集体农庄整顿会计制度和记账工作。

现金计划支出部分的最主要科目就是企业和组织对工资的现金支付。这笔款项约占国家银行出纳部门全部现金支出的80%。国家银行在计划这一科目时，要根据政府所批准的计划工资基金。但是也必须把一些未列入计划工资基金内的各种劳动报酬的付款估计进去。属于这一类劳动报酬的，如社会主义生产竞赛奖金，自厂长基金中提出的奖金，劳动组合成员的工资和工艺合作社雇佣人员的工资等。

同时，还要从工资基金中扣除商业机关和公共食堂由其进款中直接支付的工资以及用划拨方式转入国家预算的各种代扣款项（如税款，公债缴款等）。因为这些支付并不向银行支取现金。

集体农庄的现金支出，主要是集体农庄用以支付庄员劳动日所得的货币。这种支付的全年金额，是从集体农庄的收支概算表得来的，而其按季分配额，则须按照下列各种材料来推算：按劳动日预付货币收入的期间及数额，与庄员进行最后结算的期间。银行计划这个科目的任务，便是要帮助集体农庄合理组织货币收入的分配工作。

现金计划与信贷计划有着直接的联系和相互依赖关系，这种相互依赖关系首先表现于：现金计划的收入与支出的差额，必须与信贷计划的金额以及货币发行的结果相符合。国家银行不仅是信贷机关,而且是货币发行的机关,所以它不仅能依靠吸入的资金,而且也能依靠货币的发行来贷款给经济部门。如果现金计划中现金的支出恰好等于现金的收入,则信贷计划中就无需增加货币发行;如果现金计划中现金的支出超过收入,则信贷计划中规定用于贷款的发行额必须等于超额部分。这是因为非现金范围内,一个账户资金的减少,同时就是另一账户资金的增加,对信贷计划的余额并无影响,所以信贷计划差额的变化就是表明现金周转的变化。

现金计划与信贷计划也有其区别,虽然二者有直接的联系与相互依赖性。

第一,信贷计划表明季初余额和季末余额,而不能表明季度中的周转额。只表明余额是符合信贷计划的要求的,因信贷计划是表现国民经济中对信贷的需要情况。现金计划虽然其中也有表现余额的,但主要是表明周转额。

第二,信贷计划中不划分现金与非现金的界限,而现金计划则只包括现金的周转。

第三,在编制信贷计划时,只是把分行的一部分业务材料列入计划内。信贷计划的主要材料是以集中方式取得的各项国民经济指标。而现金计划则是由下而上的根据国家银行机构的业务活动编制的。现金计划的执行更是如此。

第三节 现金计划的编制和执行

现金计划是按季度编制的。国家银行各个环节,从区分行起都要编制现金计划。国家银行机构在编制现金计划时,应根据各企业、组织和机关货币收支的计划材料与报告材料,其中包括:

(1)银行所服务的企业、组织和机关(集体农庄除外)提交的现金计划,也就是客户向国家银行分行提出的领取现金申请书。计划中载明:该经济机关在计划时期内可能发生的现金收支以及必须向银行领取和缴存的现金。同时,现金计划中还载明:计划季度内工资与其他各种劳动报酬的计算法、代扣款的数量以及根据规定期限所编制的工资支付日期表。

(2)区财政科所提交的税款收入的计划数字。

(3)保险机关所提交的保险费的收入和保险赔偿费的支出数字。

(4)邮政局和储蓄银行分别提交的反映各该机关现金计划收支的现金计划。

(5)区和市的财政科及区社会保证科所提交的各项抚恤金与补助金的支付报告书。

(6)区商业科提交的季度的零售商品流通计划。

(7)区农业科提交的集体农庄报表和年度收支预算的汇总材料。

国家银行各分行掌握以上各种材料及其他有关资料,加以分析和审查,在一般情况下必须校正这些材料,同时还要运用前一时期内各种有关的材料作为参考,然后确定本区域内现金计划的收支情况。

在确定了现金计划收支两部分数额以后,就可得出现金计划的差额,这个差额反映出货币补充发行的需要量或货币回笼的可能性。

国家银行分行将现金计划草案连同说明书一并提交上级区行,区行要把各分行送来的现金计划草案合并成为省、边区或共和国境内统一的现金计划草案。在草拟区行现金计划草案时,区行不仅采用各分行的现金计划草案,而且还要采用从本区域内各有关组织所提出的各种材料,这些材料是:

(1)省内(或边区、共和国内)零售商品流通计划;

(2)旅客和行李的现金运费收入计划;

(3)农产品和原料的现金采购与收购费用开支计划;

(4)关于捐税和保险费的收入、保险赔偿金的支出以及抚恤金与补助金的支出等项目的计划材料;

(5)关于储蓄银行和邮电机关的现金计划收支的材料;

(6)长期投资银行的现金计划(按工资、出差费、营业费等项目编制的申请书)。

各区行的现金计划草案,是编制国家银行综合现金计划草案时的原始材料。但是综合现金计划的各项主要科目(如商业机关进款、税收、工资开支等），则是根据国民经济计划和国家预算的各项指标编制的。区行现金计划中各项有关材料，则主要供编制地区计划和修正整个计划之用。

国家银行所编制的综合现金计划草案，由苏联财政部提请苏联部长会议批准。计划季度内政府的发行指令（货币发行或货币回笼的指令），也要与现金计划一起提请批准。现金计划一经批准，便成为一种必须绝对执行的指令。

政府批准综合现金计划以后，国家银行理事会主席即可批准各区行的现金计划，并将已批准的现金计划下达到区行，区行行长则根据理事会批准的计划，批准各分行的计划，并下达到各分行。

国家银行各级机构在执行现金计划过程中，要进行一系列的业务活动和监督活动，特别是要注意商业机关现金的缴纳工作，这一工作主要是由国家银行的代收机构来执行的，它的任务是与广泛的贸易网保持经常的联系，保证及时收款。银行还要注意企业工资基金是否符合其生产计划完成的程度，如发现工资基金有超支情形，要根据一定的条件来支付。例如，如果企业因未完成生产计划而发生的第一次超支，但未超过月度工资基金的10％，则银行不必征得上级财政机关的许可，即可照付工资。如第二次再超支，银行必须经上级财政机关的许可，才能支付。这是银行对企业的工资基金动用的监督，它对争取卢布的巩固有着巨大意义。

此外，国家银行对采购费开支的监督以及对行政管理费、业务费、出差费和其他费用的预算与定额的严格遵守，对于现金计划的执行是有重大意义的。同时，国家银行机构在检查现金纪律各项要求是否遵守以及从国家银行领到的款项或从进款中自行支付的款项是否按指定用途使用时，不但要实行事前监督，而且要实行事后检查。

总之，在执行现金计划过程中，国家银行各行处必须积极地检查和吸收额外的现金，并设法节省现金支出。只有这样才能执行政府的发行指令，才能保证货币流通的继续巩固。

第四节　流通中货币的种类和货币发行的程序

苏联流通中的货币有三种：

（一）国家银行券　面值为10、25、50和100卢布。根据法律规定：国家银行券是以黄金、各种贵金属和国家银行的其他资产来作为保证的。

（二）国库券　面值为1、3、5卢布。它是以苏联全部的财产作为保证的。

国家银行券和国库券都具有无限的通用力和同等的支付能力。

（三）辅币　又分为镍币（面值为10、15、20戈比）与铜币（面值为1、2、3、5戈比）。按照法律规定，辅币的支付能力是有限制的：对私人的支付，每次不得超过3卢布；而国家机关则应无限制地收纳辅币。事实上，辅币在流通领域中的数量是较少的。

苏联的货币单位是卢布，每1卢布等于100戈比。卢布的含金量为0.222168公分纯金。

所有各种货币——国家银行券、国库券和辅币，都是由作为全国发行中心的国家银行统一发行的。

为了正确地组织货币的发行和回笼，国家银行理事会有权在区行和分行设置银行券、国库券和金属辅币的发行准备基金。大多数分行均设有发行准备基金，这种分行称为"基金分行"。有些分行没有设置发行准备基金，则称为"无基金分行"，不过无基金分行数目并不多。发行准备基金是不能参加流通的，其数额是有限制的，而且完全由国家银行掌握。

为了办理企业与组织的现金业务，国家银行机构设有所谓"库存现金"。库存现金即现金的经常准备。每个分行库存现金是有限额的，所谓限额，就是规定在每天营业终了时留存在出纳库中一定数量的金额。区行连同其所属分行的库存现金限额由国家银行理事会决定，而分行则由区行决定。假如在每日业务终了时，库存现金的余额超过规定限额1000卢布，那么便将当天超出的全部金额转入发行准备基金，亦即将该项金额回笼。此外，当分行接到区行所发出的关于货币拨入基金的特别指令时，也是货币的回笼。

货币的发行，就是将银行券和辅币由发行准备基金转入库存现金，每一次货币的发行都要经国家银行理事会的批准才能进行。分行根据实际需要，可以请求区行从准备基金中拨付现金来补充库存现金。区行电请理事会批示。经批准后，区行即可调整所属分行的发行额。实际上，发行货币是由分行通过办理其客户的现金业务来实现的。货币发行纪律是最严格的国家纪律。不经理事会批准而擅自发行货币的责任者，不仅是失职，而且应受法律处分。

所有发行业务的办理都非常机动，办理这些业务是用电报和专用密码来进行的。由于大多数分行均设有发行准备基金，所以在从事货币发行与回笼的业务时，都不需要运送现金。至于无基金分行在补充其库存现金时，通常是借助于其附近的基金分行，在这种情况下就要运送现金。

这样的集中的而又相当灵活的货币发行程序，使国家银行理事会及其区行可以灵活运用所有现金，而同时又能保证苏联政府和国家银行理事会对货币流通进行统一的管理与调度，并保证货币的发行与回笼能与国民经济的实际需要量相符合，这充分表现了苏联货币制度组织方面的优越性。

第十三章 苏联的结算制度

第一节 社会主义经济中的货币结算

社会主义经济中,由于存在着商品货币关系,一切产品的移转,均有通过货币进行结算的必要。所以结算关系的合理组织,对于国民经济是有重大意义的。这是因为供售者因提供生产品(或提供劳务)而获得货币资金,就有可能用以取得继续生产所必需的原料、燃料,或用作其他开支,也就是继续流动资金的周转过程。相反的,假如供售者不能及时获得支付,就会影响到它的再生产,甚至使再生产过程中断。

在社会主义制度下,发生货币结算关系的场合是各种各样的,但主要的结算关系则不外下列两种范围:

一、社会主义经济部门内部的结算关系,包括社会主义企业和组织之间的经济结算,也包括它们与财政系统和信用系统的结算。

二、社会主义企业和组织——其中包括财政信用系统——与居民的结算关系。

第一类货币结算的特点在于:货币资金在公营经济范围内转移。参加这种结算关系的,是国营企业和合作社组织。因此,国家可以直接调剂这种结算关系。苏联立法规定所有国营企业和合作社组织均应将其货币资金存入国家银行或专业银行的账户上,并且彼此之间要用划拨转账或相互冲销的方式即非现金结算的方式进行结算。

第二类货币结算却完全不同,这类结算的特点在于参加这种结算关系的,有时候,一方面是社会主义的企业和组织,而另一方面是居民；也有时候，一方面是财政信用系统，而另一方面是居民；再有时候，参加结算的双方都是居民。在这类结算关系中，国家的直接调剂是不可能的，而且是不需要的。因为，作为结算的一个参加者——居民在对国家执行了货币的义务以后，可以按照自己的意图来支配自己的收入。国家在这方面进行调剂的目的，就是要根据居民的货币收入和商品的及非商品的开支水平以及它们在地域上的分布情形，来保证他们的收入和支出之间的计划比例。这些特点，决定了在这个领域中占主要地位的是现金结算，即利用现款进行结算的方法。

由上述可知：现金结算与非现金结算，各自有其不同的适用范围。现金结算与非现金结算的明确划分，乃是社会主义经济中货币结算的特点，而这种划分的实质，也就是严格地限制了现金结算的范围，就是说，社会主义经济内部的结算，通过立法的规定被排斥于现金结算的范围以外。在资本主义社会内，限制非现金结算和现金结算适用范围可能性是完全没有的，因为选择这种方式或那种方式的结算是资本主义企业主的私事。资本主义国家不但不能调剂经济关系，而且恰恰相反，国家本身就是操纵在资本主义垄断组织手中的工具。

现金结算与非现金结算，不仅在适用的范围上有明确的划分，而且它们本身就有根本的区别。现金结算中，货币主要是以流通手段的职能出现。它对于国民经济的作用是：现金周转主要是按照"各尽所能，按劳取酬"的社会主义原则，替个人消费对象的分配过程服务作为目的的。

至于进行非现金结算，一切货币关系都不用现金参加，而是通过付款人和收款人的账户登记的方法来办理。在这种结算中，货币主要表现为支付手段的职能。这种结算要通过银行来进行，银行不仅保存货币资金和管理非现金结算参加者的账户，并且也积极地组织这种结算。

非现金结算的正确组织，对于国民经济有巨大的积极作用：首先，由于所有经济企业和组织都要把货币资金存入银行，并且它们的支付也必须通过银行来进行，这样，企业的一切日常活动，都会在国家银行的账户上反映出来，从而国家银行，就可能对企业的经营活动，实行日常的监督。

早在1918年，列宁就指出了组织非现金结算的重要性在于它能使国内的货币周转和商业周转都处在国家的监督之下，列宁说：

"把银行事业完全集中在国家手中，把一切货币和商业周转都完全集中于银行。实行银行往来账户的普及化：首先由最大的国营经济开始，然后把国内所有经济都逐渐过渡到银行往来账户的义务管理。货币必须保存于银行而且款项往来也必须通过银行。"①

其次，非现金结算的广泛推行，就能减少流通中的现金，这一方面可以节约与货币发行和流通有关的社会费用；另一方面也有利于国家有计划地调节货币流通。

最后，非现金结算可以促进资金周转的加速，因为结算程序的简化，供售企业就能迅速地取得货款，这就意味着该企业资金周转的加速；而资金周转的加速，又会引起流动资金的节省，增大企业的赢利性。

虽然现金结算与非现金结算之间有明确的划分，但是二者又是经常交织着：现金周转会成为非现金结算的源泉，而后者也会转化为现金的形式。例如，为居民服务的商业企业、文娱企业、日常生活设备企业及其他企业和组织，把自己收进的现款存入国家银行，国家银行把它登记在这些组织的账户上；到后来，这些进款就成为供售者和财政机关间划拨转账的源泉。供售者虽然只是在其账户上通过划拨方式收进款项（并未收进现款），但也能从国家银行收回现款，用以支付工资、采购农产品及满足其他需要。由此可知，非现金结算和现金周转都不是孤立的、彼此隔绝的，而是统一的货币结算制度之不同的形式。

苏联的结算制度，较之资本主义国家的有巨大的优越性。

首先，我们知道，生产资料的私人所有制，决定了资本主义经济

---

① 《列宁全集》，第二十七卷，俄文版，第131页。参见沙巴诺瓦：《苏维埃划拨结算制度的特点与优越性》，载《计划经济》，第30期。

第十三章 苏联的结算制度

中结算制度的性质。为私人所有的资本主义银行之所以利用划拨结算，其目的是为了贪婪最大利润。资产阶级广泛地利用划拨结算乃是为了从资本主义信贷系统中动员资金，扩大信贷事业和增加经营资本，也就是说为了垄断资本的利益而更残酷地剥削劳动人民。

美国的银行垄断资本家，在采用有利于资产阶级的划拨结算时，尽量设法把更多的支付周转网罗在内，不仅对于大的周转额，即对于中等的周转额，甚至对于人民的消费支出等方面都表现着他们的积极性。他们为了达到这个目的，就广泛地组织信贷机构网，银行发行各种支票，并在大企业中办理代付工资，把工薪较高的职员和工人的工资转入他们的活期存款账户，通过这种种方式，把各方面的资金都动员到资本主义银行里去了。

资本家们又常常强制农民和工人接受支票，这种支票只能在地方的小商店购买货物，但这些小商店往往就是这些资本家开的，在这种情形下，农场的农民和工人便受到了双重的剥削，不仅直接地掠夺他们的剩余生产品，而且间接地强迫他们在一定的地方购买物品，这里的价格当然是比较昂贵的。

由此可知，资本主义的银行，把劳动人民的日常收入也都变成了资本，利用它进一步加强资本主义的剥削。

与资本主义相反，生产资料的社会主义公有制是苏维埃制度的基础。归国家所有的银行系统是苏维埃国家机关的一个组成部分。在这样的条件下，非现金结算制度便有了完全不同的阶级本质。在社会主义经济中，正如前面所已指出的，划拨结算制度是为人民利益、全社会利益服务的，不是像在资本主义制度下那样为剥削阶级服务。它与资本主义的结算制度的重要区别以及优越于资本主义结算制度的地方，也就在这里。

在资本主义经济中，划拨结算无论如何发展，仍必须以信贷组织中的黄金储备为其狭小的基础；尽管银行施用千方百计，但是资本主义经济是无法摆脱黄金枷锁的。正如马克思所说："货币——贵金属形态上的货币——依然是基础；照事物的性质来看，信用制度是永远不能和这个基础脱离的。"①这种情况，在资本主义经济危机时期，最明显地表现出来，那时候，一切信用的锁链都瓦解了，资本家们再也不相信划拨结算，而是狂热地追求着现金，非现金结算的骤然缩小甚至崩溃，会给予资本主义经济以最沉重的打击。

在苏联，非现金结算的发展，完全有另外的一种性质。社会主义经济是计划经济，这里没有生产过剩的危机，因而也就不会发生金融危机，支付停止和破产的情事。而且，在组织形式上，苏联的非现金结算制度，还有下述的许多优点：

第一，通过苏联的唯一短期信贷中心（国家银行）进行结算，能将整个国民经济中的所有的浮闲的资金动员到银行来。这就成为国民经济信贷资金重要来源。

第二，由于取消了许多结算环节，而将绝大部分的非现金结算集中于国家银行，这就减少了用于流通过程的社会劳动的总消耗量，社会主义的划拨结算，比资本主义制度下的划拨结算所需要的流通费用大大减少了。

第三，苏联非现金结算组织的统一，创立了最合理的、技术上简单而又巩固的结算形式。在结算时所使用的一切凭证（存折、付款通知书、支票、托付书等）是统一的，于是一个企业所填发的凭证，其他企业也可以利用。在资本主义经济中，进行计算和编制凭证是非常复杂的事情，因为那里的各个参加结算者，无不是唯利是图，所以它所编制出来的凭证，根本不能用于另外的机关或银行的分支机构。

以上所述，仅仅是苏联结算制度的几个主要的优点，但是从这些优点里也可以看出苏联的结算制度具有如何的优越性。

第二节　苏联组织非现金结算的一般原则

苏联于1930—1931年的信用改革，在建立社会主义的非现金结算制度中起了决定性的作用。在这次信用改革中，完全取消了商业信

---

① 马克思：《资本论》，第三卷，人民出版社1954年版，第788页。

用，而代替以直接的银行信用，消除了作为非现金结算方式之一的期票的流通，确立了直接通过银行的非现金结算方式，使国家银行成为社会主义社会之唯一的结算中心。

现行苏联结算制度的最重要特点如下：

（一）国营企业与合作社组织的货币资金，都集中于国家银行的结算账户，它们之间除了小额的零星支付以外，都不得使用现金进行结算，由于小额的支付必需使用现款时，始能从银行取得现款。当然，国营企业与合作社组织，与居民之间发生支付关系时，是要使用现款的，此时由国家银行付给现款，如发放工资就是这种情形。

（二）对于存放在国家银行中各个账户上的资金，全归各该账户的所有者（例如社会主义企业和组织等）自由支配，但必须受国家银行的监督。国家银行监督对规定的结算规章和程序的遵守情况，不许有非法积压资金的事情发生。

（三）支用结算账户的款项，必须取得所有者的同意，但是法律另有规定（如司法机关的判决和仲裁机关的裁决，财政机关关于过期预算缴款的指令等等）时除外。

（四）在社会主义经济部门的支付周转中，不是采用一种结算而是采用几种结算方式。这就保证着结算制度的灵活性，使其能高度适应国民经济各部门商品生产和商品流通组织的特点。但是无论采取哪一种结算方式，都必须遵守非现金结算组织的基本原则。

苏联组织非现金结算的基本原则有三：

（一）商品运交购买者或劳务已对购买者提供以后，则商品和劳务就应得到完全支付，正和禁止购买者对供售者预付款项一样，禁止以信用方式提供商品和劳务。

（二）只有在供售者对供应商品和提供劳务的条件（如合同上所规定的数量、种类和价格）的执行情况已经由购买者详细的检查以后，才能偿付商品和劳务的账款。这种偿付账款的程序是以造成经常地相互监督为其目的的，因为所有经济机关都经常地或为供售者或为购买者。

（三）社会主义企业之间的结算必须经过银行来进行，但是为了不让银行担负过多小额结算业务，在一定额度以下的小额支付，可以不通过银行，例如在不同城市间的支付金额在 1000 卢布以下和在同一城市中 500 卢布以下以及小城市的 100 卢布以下者，都可以不通过银行结算。

前面已经说过，社会主义企业和组织的一切货币资金，都要存入国家银行中的结算账户上。此外，一切国家机关和社会组织也要把它们的货币资金存入国家银行，但是后者不开设结算账户，而开设往来账户。同时，给由预算拨款的企业和组织以及集体农庄等也开立往来账户。

结算账户和往来账户有什么区别呢？开设结算账户的单位，是实行经济核算制的企业和组织，这些单位能够根据自己的意图而支配其结算账户上的资金。至于开设往来账户的预算拨款的国家机关，它们的资金通常都是有严格指定的专门用途的，也就是说不是受这些机关的自由意图支配的；集体农庄和社会组织的往来账户，主要是保管货币资金，因为经济结算在它们的货币业务中并不占很大的地位。

前面曾经指出：结算账户的所有者对于该账户上的资金是有自由支配的权利的，但是，这必须是在正常的情况下，也就是说在结算账户所有者及时支付向其提出而又为其承认的请求以前，才是如此。在特殊情形下，当结算账户上缺乏足够的资金去支付一切到期的债务时，上述支配权利要受到暂时的停止，而由银行自动地按照下列业已确定的法律程序来进行。

这种法定的付款程序是：(一)工资和与工资同等的支付，以及用于社会保险的额外费用；(二)税款和对财政系统的非租税支付；(三)基本建设和大修理的折旧和缴款；(四)对国家银行的到期贷款和逾期贷款的债务；(五)对购买者已经接收的商品和供售者按其进款次序所提出的其他合法请求之支付。

上述资金的强制处理的程序不能适用于集体农庄的往来账户；在那里，任何情况下都需要有集体农庄本身的书面命令或法院的判决。这是因为集体农庄把资金存入银行是根据自愿的原则，国家银行从各方面予以优待，以鼓励集体农庄的浮闲货币资金存入银行。

第十三章　苏联的结算制度

在社会主义经济中，各个企业是按照物资周转的计划期限和生产量领取流动资金。由于按照计划任务准备季节性储备物资，或为支付季节性开支而临时需要增加流动资金时，可以利用银行的短期信用。有计划地调剂流动资金，可以保证企业得到生产上所需要的货币资金，这些货币资金实现于物资流通过程，即企业将卖出的各种成品或商品所得到的货币用于物资储备或用作其他生产开支。如果经营没有亏损，而且严格地遵守了资金周转计划定额时，那么这个企业就不会在日常支付上感到货币资金的不足。

但是，个别企业也可能产生支付迟滞（不能及时支付债务）的现象，虽然这种现象一般都是暂时性的。这种现象，可能引起很坏的后果，例如一个供售者不能按期收得货款，必然形成财务上的困难，甚至引起供售者也不能支付它的债务；另一方面，企业不能及时付款，就意味着非法地占用其他企业或预算系统或信贷机关的资金，以弥补其业务上的亏损，破坏了经济核算制。因此，巩固支付纪律不仅是企业本身的责任，同时也是国家银行的责任。

那么，个别企业所发生的破坏支付纪律的现象，原因何在呢？

首先是由于个别企业没有完成生产计划或销售计划，如原料、辅助材料和制品的过多的贮存，冻结了大部分货币资金。

其次，企业的财务工作有重大缺点，如将流动资金冻结在各种副业企业及基本建设中，或者核算和表报工作不健全也会造成破坏支付纪律的现象。

最后，银行方面信贷和结算工作上的某些缺点，也能影响企业支付的迟滞，例如贷款期限规定得不正确，凭证传递的组织不简便，或业务技术处理不迅速和不准确等等。

为了巩固支付纪律，银行除了应深入了解企业的财务经营情况帮助其改进和改善银行的信贷结算工作，以防止支付迟滞现象的发生外，银行也要采取信贷和结算方面的制裁以影响那些不履行付款义务的企业。例如，为了保障供售者的利益，向未付款者征收每一过期日万分之五的罚金；责成企业对于未付款商品负责保管，按照规定的程序从债务人账户上强制注销应付债务的金额等。

第三节 苏联非现金结算的主要方式

现行苏联非现金结算的主要方式，可概括如下：

埠际结算方式——包括：（一）承兑，（二）信用证，（三）特种账户等；

本埠结算方式——包括：（一）缴款通知书（在承兑结算方式下），（二）付款委托书，（三）结算支票，（四）计划付款；

专门化结算方式——包括：（一）经过销售组织之转运发货时的结算，（二）与运输组织的结算，（三）相互结算。

承兑、信用证和特种账户三种结算方式，在苏联的应用比较广泛，特别是承兑方式，大部分支付周转额都是通过这种方式来进行结算的。

第一项 承兑结算方式

承兑结算方式的一般程序是：供售者把发货单寄给购买者，同时把缴款通知书三份和发货单的附件送交它自己开有结算账户的国家银行机关请求银行代收货款；为供售者服务的银行将缴款通知书寄交为购买者服务的银行，该银行即通知购买者承兑，经购买者承兑后，即从购买者的结算账户上付出一定的金额，同时通知供售者的银行将该项金额收进供售者的账户。见图1。

承兑（意即承认付款）的期限按照规定为三天，购买者在此期限内检查提示承兑的凭证。主要是根据缴款通知书及发货单上所载的关于发运商品的条件（如商品种类、数量、价格等），检查其是否符合合同规定。如果三天的期限已经届满，购买者不声明拒绝承兑，则缴款通知书就被认为已经承兑而且应予付款的。这种方法叫做否定承兑。在1936年以前，还普遍实行着肯定承兑，那时付款人每次办理承兑手续时都要到银行去，而且在支付凭证上作适当的签字。随着拒绝承兑现象的逐渐减少和工作上的计划纪律的加强，于是绝大部分社会主义企业都改用了否定承兑。

第十三章　苏联的结算制度

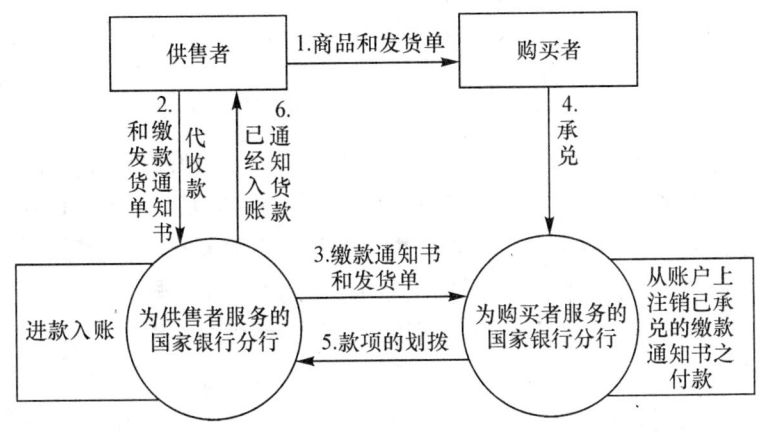

图 1　承兑结算方式图解

假如供售者所提出的缴款通知书，上面记载着购买者并未订购的商品或者是已经填写过缴款通知书并已由购买者付讫的商品，以及在双方合同上已有规定的其他情形下，都可以拒绝承兑。由于在一般情况下商品的运到比较缴款通知书和发货单为迟，因此承兑是不需要检验商品的，商品的质量不适合不能作为拒绝承兑的根据，商品运到后如双方发生争执，则由仲裁机关和法院来判决。

从 1936 年起，购买者除全部承兑外，还有权作部分承兑。在此以前，购买者只能完全承兑或者拒绝承兑。有时候虽然购买者同意支付一部分账款，但不能接受全部的支付，也只好采取拒绝承兑。在采用了部分承兑以后，如果供售者提高合同规定的价格，破坏了商品供应的数量和期限，在缴款通知书或发货单上计算错误等情况下，购买者只能部分拒绝承兑，而不能全部拒绝承兑了。这样，给承兑方式以很大的灵活性。

购买者对外埠供售者的缴款通知书的支付，应在承兑的三天期限届满后的不迟于七天的期间内进行。付款所以要延期七天，是为了使付款的经济机关能够设法去动员为付款所必要的资金和调整其开支，在七天以后如果还没有付款，这时候就具有按规定程序强制付款的执行凭证的效力，并且购买者每过期一日应向供售者支付账款总数的万分之五的罚金。如果购买者经常有破坏支付纪律的事情，银行还可以采用上节所述的其他制裁方法。

承兑结算方式的主要优点，在于它提供了对卢布监督之可能性。在承兑方式下，付款是在购买者所在地进行的。购买者有权对破坏供应条件的到货拒绝付款，这迫使供售者不得不认真执行自己的义务。承兑结算方式同时也是以保护供售者的利益为前提的。由于拒绝承兑的期限有一定的限制，而拒绝承兑的理由也有一定的规定，所以购买者不可能滥用拒绝承兑的权利。国家银行应经常检查承兑规则的遵守情形。

承兑结算方式另一重大的优点，就是它替货币资金的机动运用造成了有利的条件，因为，在这里货币资金的运动追随着商品的运动，预定用来支付货款的货币资金，在实行支付以前，并不从付款企业的周转中提出，而且可以用作其他日常的需要。而信用证结算方式则与此相反，在那里商品的运动追随着货币资金的运动，在实际支付以前，货币资金必须预先保留着，这难免使资金周转率迟缓。

第二项　信用证及特种账户结算方式

信用证和特种账户结算方式，是在供售者所在地用专门预定的资金来进行的。所谓信用证就是为购买者服务的银行对为供售者服务的银行所发出的命令书，使其对供售者所提出的发货单给予支付，而发货单上所开的商品是按照购买者所规定的条件发运来的。申请签发信用证的金额不得少于 1000 卢布，信用证的有效期为 25 天，必要时可以延长至 45 天。

信用证结算方式的一般程序是：首先，为购买者服务的银行收到购买者签发信用证而提出的申请书后，就从购买者的结算账户中将信用证的金额拨出，同时将信用证寄给供售者银行，供售者银行通知供售者信用证业已收到，令其将货物按购买者规定条件向购买者发出，供售者将发货单提交银行后，经银行加以审查，即将款项拨入供售者的账户上。详见图 2。

第十三章 苏联的结算制度

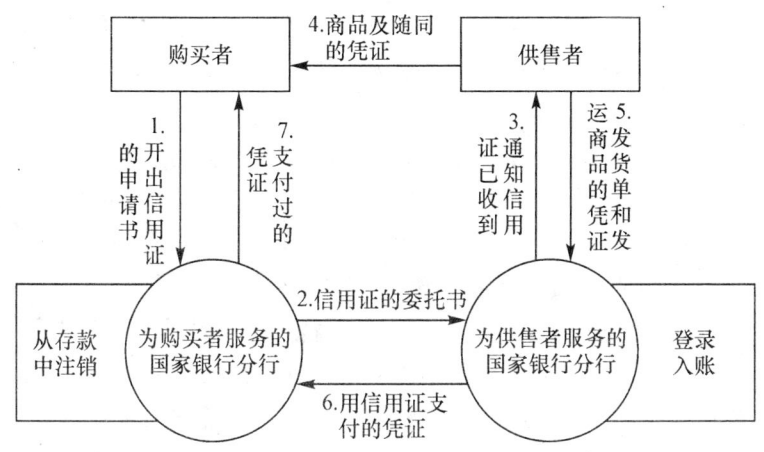

图 2　信用证结算

既然由信用证支付资金是在购买者不在场时进行的，关于发运商品的条件之遵守情形，普通是委托银行加以监督，因此，在信用证的委托书中必须注明某些重要项目，以便为供售者服务的银行实行监督时有所依据。这些项目是：（一）信用证的金额；（二）发货单支付程序(需要不需要购买者的全权代表承兑)；（三）供售者名称；（四）商品或劳务的清单；（五）信用证的期限。

在发货单不经购买者承兑的情况下，购买者还可以在信用证委托书中规定补充条件，国家银行应当检查那些条件的遵守情形，如像商品运送到一定的指定车站，货物运输的方法等。

在信用证委托书中所规定的条件范围有严格的限制，因为国家银行机构不能深入了解个别发货的一切细节，而只能监督重要条件是否遵守。信用证结算方式的重大缺点就在这里，不可避免地会削弱购买者对供售者的监督。信用证方式的另一缺点，就是预定用来支付发货单的资金在实行支付以前，就从购买者的周转中提出来了，这就限制了资金运用的机动性。但是，信用证方式也有其优点，因付款是在供售者所在地用预定的资金来进行的，对于供售者来说，货款的取得是有保障的。

信用证结算方式的应用是不普遍的,主要是在非正常的供应或一次有效的交易下,或作为对那些拖延付款的购买者的实行制裁的情形下使用。

特种账户大体上和信用证方式相同,但有几点区别:

(一)信用证是为某一个供售者发出的,只是按商品的发货单偿付;而特种账户可以为一个或几个供售者设立,还可以用这个账户上的款项来支付收发货物所需的开支以及与运输机关进行结算;

(二)信用证有一定的有效期限,而特种账户是没有限期的;

(三)信用证的金额,须全部一次从购买者账户上拨出,不能补充增加,特种账户则可以经常地由购买者转拨资金来补充;

(四)信用证的款项存入为购买者服务的分行中,而特种账户的款项是汇入供售者所在地银行的特种账户中。

第三项 缴款通知书和计划付款

在本埠结算方式中,缴款通知书(在承兑方式下)的结算是最通用的方式。这种方式和埠际间的承兑方式基本上相同,所不同者,供售者在向银行提交缴款通知书不用发货单就可以请求代收,承兑的期限一般是两天,承兑期满时即应付款,而没有像埠际承兑那样的付款延期,因为供售者同购买者处在同一城市,可以直接处理自己的相互关系,不需要埠际结算时所必需的那种优待。

计划付款也是一种很优越的本埠结算方式。这是在购买者和供售者双方保持着经常的经济联系时采用的,在这种情形下,每次发货的数量以及应付的货款,都是预先知道的。根据购买者同供售者在合同上的规定,银行定期地(例如每日)从购买者账户上拨出一定金额转入供售者的账户上。经过一定期限后(例如半个月),再根据供售者实际发售的商品数量,与购买者已付款额相比较,确定其结算情况,假如前者比后者还多,那么就把所差的金额从购买者的账户转入供售者的账户,也就是说购买者要补充尾欠;如果后者比前者还多,则以相反的程序处理之。

计划付款的方式加速了结算的过程,简化了结算的手续,并巩固了支付纪律,有很大的优点。苏联在目前,此种结算方式已盛行于商业机关与面包、糖果、乳制品、肉制品和蔬菜的供售者方面,还将要进一步推广于其他部门,特别是工业企业。

第四项 相互结算方式

企业和企业之间以相互冲账的原则进行的结算,就是相互结算,这种结算方式,近年来在苏联得到很大的发展。例如,1940年,实行相互结算的国家银行办事处有62处,至1946年年末即增至179处,至1950年10月1日,再增至597处。1950年第三季度,经济机关相互冲账的划拨结算的比重,由1940年占总支付发生额的11%增加到占37%。①

社会主义经济中,企业之间的相互联系非常密切,而且带有经常性,企业一方面是购买者,同时又是供售者。这就为相互结算提供了有利的前提。

相互结算的基础,首先在于:两个企业彼此间发生着相向的要求,例如甲企业应付乙企业8万卢布,而同时乙企业应付甲企业10万卢布。在这种情况下,只要乙付甲2万卢布就了清全部支付周转额。

此外,在几个企业之间,虽然并未发生直接的相向要求,但是它们有着经常的经济联系,也可以相互冲账。例如,进行生皮加工的制革厂,把原料发送给制鞋厂以及制皮饰品的工厂,前项应收款为1.4万卢布,后者为1.2万卢布,而同时另一方面生皮加工厂在购原料时应付生皮供售者2万卢布,在这样情况下,由于相互冲账的结果,只须从鞋厂的账户上付出1.4万卢布,从皮饰品厂付出1.2万卢布,而在生皮加工厂的账户上收进6千卢布,在生皮供售者账上收进2万卢布。也就是说冲销了2万卢布的支付周转额。

相互结算有三种主要方式。第一种方式是一次冲账。这是在相互要求或相互联系都带有偶然性质时应用的,这又可分为两种主要形式:

---

① 参见沙巴诺瓦:《苏维埃划拨结算制度的特点与优越性》,载《计划经济》,第30期。

第一种是两个企业参加时的冲账，这是在两个企业发生了相互要求而这种相互要求带有偶然性质时采用的。其方法是在规定的日期内进行冲账，冲账后的差额则由债务人的结算账户上拨出，而拨入债权人的账户上。

第二种是几个企业参加的集团冲账，上面所举的生皮加工厂的例子就可说明。

这种缺乏经常性的相互结算，其经济效果是较低的。

相互结算的第二种方式，就是结余额的定期结算。这是两个企业之间有经常的相互供应产品或相互提供劳务时使用的。在这种方式下，企业不立即付款，而到合同所规定的时期届满后（至少每月不得少于一次）算出相互要求的结余额，这个结余额则由债务人偿付。

这种方式仍没有广泛的流行，因为它必须两个企业有经常的相互要求之存在。

第三种方式，就是经过相互结算局的结算。相互结算局是由国家银行组织起来而处于国家银行监督下的专门机构，其任务在于办理多数企业间彼此的相互结算业务。参加者不仅是本埠的企业，也可以是外埠的企业；不仅是一个经济部门内部的企业，而且可以涉及不同部门的企业。

经过相互结算局实行冲账的程序，参加者都把彼此相互发出的结算凭证送交结算局，结算局给每一参加者设立一个账户，在这个账户上记载它的应收金额和应付金额。定期地（至少六七天一次）按照所有的账户算出结余额，这个结余额的清偿则系通过结算账户上的划拨来进行的。

相互冲账时，如债务者的账户上没有必要的资金，则银行可以贷给十天之内的结算信贷，但是，这种贷款的对象必须是那种偶然缺乏与债权者结算所必要的资金的企业。

相互结算有许多优点：首先，缩减了企业为办理结算所必需的货币资金，因为大部分债务是被冲销了；第二，它加速了凭证传递时间并简化了结算过程；第三，减少了支付迟滞的现象，巩固了支付纪律；第四，不需要再制定参加冲账的凭证，大大地减轻了银行结算工作的负担。

第十四章　苏联的短期贷款制度和国家银行的信贷计划

第一节　短期贷款的组织原则

在本书第十一章里我们已经说明了社会主义经济中信用的必要性及其对于国民经济的积极作用，在此基础上，本章要进一步考察一下短期贷款的组织。由于苏联的短期贷款是全部由国家银行发放的，所以这里所论述的就是国家银行的信贷业务和信贷计划。

社会主义经济中，究竟哪些需要方面是银行贷款的对象呢？概括地说有这样四种：

第一，在受季节性影响的经济部门，因季节关系而产生的流动资金额外的需要。我们知道，企业和经济机关的流动资金，是由自有资金和借入资金（由银行借入）共同组成的。自有流动资金的规模，是根据最低需要决定的。为了确定流动资金的规模，必须订出各种生产材料——原料、材料、燃料等的最低储存量。在计算这种储存量时当然要考虑到这些物资的供应情形以及企业的生产量。例如，供应地与企业距离较远，储备就需要多些；距离较近，储备就可减少。同时，企业的生产量增大，则储备也就需要增多。这样决定的各种物资储备的最低额，也就是它们的储备定额，这些储备定额的总和就是企业流动资金的最低需要量。

在季节性部门中，流动资金规模的波动是很大的。例如，在农业经济中，货币资金的投用，从准备耕种的开支起开始增加，在收获时期达到最大的规模，然后则又大为减少了。又如制糖厂在甜菜收获后，就要增加甜菜的储备和糖的生产，流动资金当然也要增加。这样，就引起这样的情形：到了一定的季节，这些企业的流动资金需要量就相应地扩大，自有的资金便感到不足，因而这不足的部分就需要向银行贷款来解决。这种贷款对象，便是用于物资的季节性储备方面以及季节性的生产开支的流动资金的额外需要方面。

第二，在不受季节性影响的经济部门，例如，在机器制造业中，整年内对于流动资金的需要量是相当稳定的。因此，在这种部门中，便不像上述农业和制糖业那样因季节性影响而发生额外资金的需要，它的流动资金主要靠自有资金来满足，向银行贷款的需要很少。但是，这种情形会削弱银行对企业所实行的卢布监督的，所以国家在拨给这些企业的自有流动资金时，其数额是仅能满足定额的一部分，而定额的其余部分，是靠银行贷款来构成的。这种贷款对象，就是用于工业企业维持生产材料、在制品和制成品计划余额有关开支的方面，以及商业机关和供销机关处在流通中的商品方面。

第三，经济机关投入与现行结算制度相关联的结算中的资金，也是不能用自有流动资金来弥补的，这便形成了短期贷款的第三个对象。

第四，经济机关对于流动资金的临时性需要。例如，因运输的偶然的阻滞，使经济机关的货物不能如期发送，这时就会造成商品物资的超计划储备，因此，可以向银行请求贷款，以解决经济机关临时性的资金困难。但是，这种临时性需要，必须不是因为经济机关经营的不良，始能获得银行的贷款。

此外，还有企业用于合理化措施上的开支，和增加日用必需品出产的措施上的开支等，也是银行短期贷款的对象。

由于贷款对象的不同也决定了两种不同的贷款方法：

第一种贷款方法，就是按商品物资余额发放贷款。在以商品物资的季节性储备或生产上的季节性开支作为贷款对象的时候，可以采用这种贷款方法。这种贷款方法的特点：银行要先检查经济机关是否确实具备贷款对象的条件，要根据所提出的证件查明是否有商品物资的超定额余额或不能用自有资金弥补的计划开支，然后才能发放贷款。

第十四章 苏联的短期贷款制度和国家银行的信贷计划

同时贷款的偿还期限则是以季节性储备的减少情形或季节性生产开支的收回情形为基础来决定的。经济机关为了取得这种贷款，必须在贷放之际开具适当借据，在借据上规定贷款的偿还期限，这就是定期贷款的方式。

第二种贷款方法，就是按商品物资周转额发放贷款。这种贷款方法是毫无例外地适用于国民经济的一切部门，特别是在非季节性部门构成定额一部分的物资储备和开支方面，则更是一种适合的贷款方法。贷款的对象是在定额限度内的材料消耗，它的一部分是靠银行贷款来生产的。这种贷款的数量和期限则是由生产品的生产和销售计划之执行进程来决定的。在按商品物资周转额发放贷款时，贷款是在经济机关为偿付每一信贷对象时授予的，为了使偿付不致迟延，按照普通发放贷款的程序是不行的。因此这种贷款方式，最好是借助于专用贷款账户来实现。每次放款并不要分别地办理手续，如像贷款对象的检查，定期借据的签订等，均不必在每次贷款之际办理。但是到了一定日期，银行就要检查贷款对象是否与专用贷款账户付出的金额相符，这就是所谓专用贷款账户的调整。这种方式的灵活性，保证其不断地为商品物资周转额服务。

无论短期贷款的对象是哪一种，也不论采用哪一种贷款方法，国家银行在发放一切短期贷款时，都要根据以下的基本原则：

（一）贷款的计划性、目的性　从以上关于贷款的对象的叙述中，我们知道，只有经济机关已有贷款之确定的对象时，就是说根据经济机关流动资金构成之现行办法，必须依靠信贷资金来满足的那种需要已确定时，银行始能提供贷款。因此，短期贷款是按照计划规定的目的和数额发放给经济机关的，国家银行按照经济机关贷款对象的实际情况，在规定的限额内决定贷款的数额。为经济机关规定的每季银行计划贷款最高金额叫做限额。

在实务上贷款限额有四种：

（1）季末限额，就是到下一季度开始时经济机关欠国家银行的债务的最高额；

（2）季内超越的限额，在季度内的个别月份里，经济机关欠国家银行的债务可能超过季末限额，这种超越的额数就是由季内限额来规定的；

（3）降低限额，是利用专用贷款账户办理贷款时，为减少季度内债务总额而采取的，它也是一种过渡的和辅助性的限额；

（4）贷放限额，就是国家银行贷款方面存在有经常债务时，为了限制新贷款的数额，则采取一种贷放限额，它规定发放新贷款的最高款额。

贷款限额的规定，保证了苏联信用的最重要原则即贷款目的性的遵守，起着加强卢布监督和巩固经济核算制的作用。

（二）信贷的偿还性、期限性　银行信用是按照计划规定的商品物资的储备、加工和销售的期限或售货进款期限来发放的。在办理贷款手续时，经济机关向银行开具定期借据，在该借据上规定贷款偿还的一定期限。在实践上，贷款偿还期限的决定，须视整个计划期内对贷款的需要量的变化而有所不同。例如，如果在季度内贷款对象的余额增加，那么银行就仅规定季末限额，而不必规定贷款的缩减，因为偿还期限转到以后的季度去了。相反地，如果预计在计划季度内贷款对象将要减少，那么就要按照储备额和投资的计划缩减情形，来计划偿还已获得的贷款。在这种情况下，贷款的减少就要表现在季末限额的降低上面。

正由于贷款的期限是依据计划所规定的商品物资的储备、加工和销售的期限等来决定的，经济机关为了要想按时偿还自己的债务，就应当使货币资金从周转中解放出来，但这只有在完成和超额完成商品生产和销售计划时才能做到。因此，正确决定贷款期限是有效地进行卢布监督的基本条件之一，是加速资金周转率的手段。

（三）贷款的物资保证性　通常作为银行贷款对象的那种物资储备就是银行贷款的物资保证。如用于生产开支的贷款，则是以投用这些开支所获得的未来产品作为这种贷款的保证。保证的要求促成对信用的最重要原则即贷款的目的性的遵守，而且同时又保障着贷款的归还性。在实际上，保证的存在，证明着信贷资金并不是用来弥补经济机关经营中的亏损，而是作为贷款保证的物资的出售能使经济机关把资金用来偿还债务。在苏联，没有物资保证时，银行贷款的发放只能作为例外，而且每次都要经过苏联部长会议的批准。

国家银行要对经济机关的贷款保证加以检查，这种检查一方面是根据该经济机关所提供的会计报表和业务报表，另一方面也根据库存实物来检查。保证的检查是用以下的方法进行的：把在经济机关支配下的计划贷款对象的价值和在这些对象方面欠银行的债务额加以比较对照。倘若欠银行的债务多于保证的价值，那就是保证的缺乏，此时就不管原来规定的偿还期限是否到期都应当归还贷款，因为这时经济机关已不再需要这笔贷款，或者经济机关已不应继续使用这笔贷款。

向国家银行贷款的经济机关，必须按照计划所规定的目的和使命利用贷款，和确切地按照规定期限偿还贷款，此外向国家银行按期呈送所规定的报表等，都是遵守信贷纪律所不可缺少的要求。

经济机关严格地遵守信贷纪律，有很大的国民经济意义，因为国家的货币资金即信贷资金之能否正确利用完全取决于此。破坏信贷纪律，不仅使国家银行资金的有计划运用发生困难，而且通常是证明着经济机关工作中可能有缺点及其对生产计划和财务计划的执行没有完成，因此，为巩固信贷纪律的斗争，乃是对商品生产和流通计划的执行进程实行卢布监督的银行机关工作的主要部分之一。

国家银行除采取种种措施，如随时了解经济机关完成产品生产和销售计划的情形、盈利情况以及财务经营情况等，以防止破坏信用纪律事情的发生；此外，国家银行也采取信贷制裁的方法，主要有下列各种：

经济机关对银行的债务逾期时，银行就将这笔贷款登记到逾期贷款的账户上，这种贷款要提高利息，为年利百分之六。经济机关在偿还债务以前，没有权利支配其结算账户上的资金，只能按照规定的程序在银行监督下开支。如果经济机关对贷款偿还的逾期不是经常发生的而且很快就能消除，那么在债务偿清后，银行就可以恢复经济机关的普通贷款程序，并允许其自由支配结算账户上的资金。

但是，对于逾期偿还贷款已经不是个别的现象而且具有经常性的经济机关，银行则不能以上述的制裁为限，而应当向上级组织提出关于在这些经济机关改善财务状况以前，部分地或全部地停止贷款的权利。不过，停止信贷对经济机关的影响是很大的，因此，银行在采取这个步骤时是要特别慎重的，对于那些属于地方和共和国管辖的经济机关，只有在省的或共和国的国家银行区行行长批准时才能采取这种制裁；而对于那些属于联盟的经济机关，则必须取得国家银行理事会主席的批准才能采取这种制裁。

对于那种蒙受亏损、保不住自有流动资金而且经常破坏信贷纪律和结算纪律的经济机关，只有在其上级经济组织（总管理局，托拉斯）担保时，才能获得贷款，假如逾期不能归还，银行则有权向担保者征收。

除这些措施以外，银行还可以采取其他有影响性的措施，如强制出卖属于该经济机关的商品，用收进的货款来偿还逾期的债务等。

第二节　短期贷款的主要种类

前面已经讲过：社会主义企业的流动资金，一部分是靠信贷资金来形成的。因为流动资金是流动的生产基金和流通基金的总和之货币表现，所以信贷资金参加着这两种基金的形成。流动生产基金的任务在于用最少的费用来为不间断的商品生产过程保证必需的条件，而流通基金则是为生产品销售过程服务的。

短期贷款参加了产品的生产过程，又参加了产品的流通过程，所以短期贷款的种类是极其繁多的，对于各种短期贷款之比较详细的考察，属于《信贷与结算组织》一书的使命，在这里只能概括地说明其主要种类之特点。

第一项　商品及物资超定额储备贷款

用于商品和物资之计划内的超定额储备（主要是季节性储备）的贷款，差不多在一切国民经济部门都可以得到。在轻工业和食品工业以及其他各种从事农业原料加工的部门，都广泛利用这种贷款。国营农场和木材工业以及泥炭工业企业也都依靠这种贷款储备季节性的材料、燃料、石油制品和粮食等物资。此外，采购机关、商业机关和供销机关也利用这种贷款来储备工业产品和采购农产品。

一般来说，以商品和物资之超定额储备作抵押的贷款，其数量不得超过规定的限额，期限的规定也要根据这些商品和物资的季节性储备的设置和利用的计划。从而，这种贷款保证着为生产过程不断地进行所必要的生产储备之促成。同时，由于这种贷款具有一定的目的性和严格的限额，它可以防止超计划储备的形成，又由于它的期限性还可以促使经济机关加速投进生产储备中的流动资金的周转速度。

但是，采购机关和从事农业原料加工企业，为了支付采购的生产品而获得的贷款，则是采用专用贷款账户进行的，而且在支付已收到的原料时的贷款是不受限额的限制的，这在商品和物资超定额储备贷款中，是特殊的情形。

除上述特殊情形外，普通商品和物资的季节性储备贷款，都是采取以贷款对象已经支付过的余额作抵押的定期贷款的方式。在限额的范围内，这种贷款的数额决定于超过定额以上的商品和物资余额，银行就是按照这个数额来发放贷款给经济机关。同时，在这个数额中，相应于已付款部分的超额储备的贷款额，要转到经济机关的结算账户，而相应于过期未付或到期应付的部分的贷款额，则要用来直接支付供售者的货款。此种贷款的偿还期限，则应根据担保品的变动计划来规定。如果经济机关没有按期完成生产计划，那么就要影响到担保品变动的计划，也就是说大量的流动资金还停滞在生产储备的形式上，这时贷款要按计划期限的届满来偿还，并不依存于超定额的储备之存在，因为在这种情形下，那种储备是超计划的而且不应予以贷款。

第二项 季节性开支的贷款

和上述第一种放款差不多，用于季节性开支的贷款，也是与季节性经济部门中资金周转的特点相联系的，这种贷款以用在短期生产方面占主要的地位。例如，在农业、食品工业（如制糖）、泥炭工业和木材工业等许多部门中，于一年的个别季节内生产开支急剧增加，而在该季节内资金的收进则大大地落后于实际的需要量。这些开支,包括在制成品的成本内,将来是可以靠制成品销售进款来补偿的。但是经济机关在其生产品销售以前,就已经感到对增加流动生产基金的临时需要。这种需要要靠银行贷款来满足。

除生产开支外,用于经常修理和大修理的开支,以及杂费的开支,也会产生季节性的波动,这些费用也包括在季节性生产开支的贷款内。

用于季节性开支的贷款,要有一定的目的性,并且不得超过限额的范围。同时,这种贷款还必须根据进行各种工作计划的限期来发放。贷款的数额和期限,要按照计划规定的产品出产情形及销售情形来确定。用于季节性开支的贷款总额不能超过制成品的成本,而债务偿还的期限则不得迟于计划规定的产品销售期限。

国营农场农耕贷款是生产开支贷款的主要对象,这种贷款的数额,是按各种工作(播种准备工作、播种工作、收割准备工作、收割工作等)实际完成程度来发放的,但也要考虑到它们的计划成本等方面。在规定贷款偿还期限时,要根据完成收割和向国家交付产品的期限来确定的,因为国营农场是靠向国家缴纳产品而取得的收入来偿还贷款的。

第三项　工业企业的按周转额的贷款

在 1939 年以前,银行对重工业的贷款,主要只限于以在途结算凭证为担保的贷款和临时需要贷款,因而当时重工业企业的生产开支大部分是靠它们的自有流动资金来弥补的,银行贷款参加很少,这就削弱了银行对重工业企业的卢布监督作用。自 1939 年起,政府就责成银行对煤炭业、冶金业、机器制造业试办按周转额发放贷款。

和以上两项贷款不同,以上都是和季节性有关的贷款,而重工业则不受季节性影响,因此,这种贷款的对象就不是超定额的物资储备,而是构成定额一部分的物资储备,采取按周转额贷款的一种贷款方式。

工业企业按周转额的贷款,包括对在制品的贷款和对制成品的贷款两种。对在制品的贷款,其限额照规定为在制品定额的20%,其余80%则由企业的自有流动资金来弥补。在确定贷款数额时,是每月根据企业的资产负债表并照顾到上月份商品出产计划的完成情形加以决定的。如果完成了或超额完成了商品出产计划,则贷款数额就要按照既定的限额数量来发放;如果未完成商品出产计划,贷款金额就要相应减少。这种贷款的偿还期限为一个月,在取得资产负债表的日子以前来规定,因为根据该表可以检查月度商品出产计划完成情况。

对于制成品的贷款,其限额照规定为制成品定额的50%,其余50%则由其自有流动资金来弥补。在确定贷款数额时,是按照制成品的实际出产量及其计划的周转期限加以决定的。例如,企业每日出产量为20万卢布,制成品的周转率为8天,因此,制成品方面的定额为160万卢布,而贷款限额则为80万卢布。当然,在发放贷款时,还要看企业实际完成计划的情形,假如企业每天出产的制成品价值不到20万卢布,那就不能贷给限额的全部,而应相应地减少。至于贷款偿还期限,则是根据制成品的计划周转期限来规定。

从1941年起开始试行按照生产开支总和周转额的贷款。是以利用这种贷款的企业所开立的专用贷款账户的方式来办理的,国家银行从这种账户支付所有已经收到的生产材料,而企业则每天或两三天一次从自己的结算账户转出应该参与材料支付的一定份额的金额。

从专用贷款账户来偿付商品货款,有付款限额的限制。付款限额则是按照生产预算所规定的用在购买生产材料上的费用,并考虑到季度开始时所存在的超计划余额,而在每一季度加以规定的。

这种贷款的偿还期限,是按照整个生产周期——即从购进生产材料直至制成品发运给购买者为止——来规定的。这样,就弥补了上面那种以在制品为对象的周转额贷款的缺点,而能监督全部生产过程,并促进工业企业流动资金周转率的加速。

第四项 商业机关的日常商品流通贷款

对商业机关的日常商品流通贷款是为商品的流通过程服务的。银行贷款对于发展苏维埃商业有着重大的意义，通过银行的贷款，国家控制着商品流通的全部过程，而且用卢布监督着商品流通计划的进度的执行情况。商品流通贷款在组织货币流通的计划工作和巩固卢布方面也起着巨大的作用。如前所述，这是因为商业机关的销货进款，是国家银行现金计划的主要收入项目。

这种贷款不受限额的限制，但是政府规定商业机关支付货款所需费用中，须有一定份额的自有资金参加，其余靠国家银行贷款来支付，前者的份额是：国营商业的自有资金参加份额为30%，批发的消费合作社组织为10%，零售的消费合作社组织为15%。这样，信贷资金便参加了商品的日常流通。

这种贷款是通过专用贷款账户来办理的，凡是商业机关所收到的并经其承兑过的缴款通知书，都从这个专用贷款账户来支付；而商业机关的销货进款也记入该账户上，商业机关对专用贷款账户方面的债务之偿还就要依靠这种收入。每隔15天，进行一次专用贷款账户的调整。在调整时，银行要检查商业机关自有流动资金是否参加了贷款支付和是否有贷款保证，就是说，要检查商品周转期限的遵守情形。

这种贷款的偿还期限是按照商品周转率的计划期限来规定的，根据1948年第四季，恢复了不同期限的信贷，并且把商品的计划周转期限分为五类，由共和国的、边区的和省的中央机关与银行方面协议，在周转率的平均标准范围内，为每一商业机关规定商品的周转期限。

第五项　结算贷款

经济机关从开始发出商品起，直到从购买者那里收到货款为止，在这一段时期内，会有一部分资金积压在流通领域中。因此，在流动资金的构成中应当有那样一笔资金，使供售者在所发出的商品或所提供的劳务取得付款以前，可以依靠它来实行生产的开支。但是，国家在拨给经济机关的自有流动资金时，是没有包括这一部分资金的，这主要是因为结算所需资金的多少，随结算方式的不同而变化太大，所以事先很难预计。因此，结算中所需要的流动资金，是完全依靠银行

第十四章　苏联的短期贷款制度和国家银行的信贷计划

的短期贷款来满足的。

为结算服务的贷款叫做结算贷款，它没有限额的限制。结算贷款包括以下几种形式：

(1) 承兑结算时以在途中的结算凭证作抵押的贷款；
(2) 对提出信用证的贷款；
(3) 开立和补充特种账户的贷款；
(4) 为与运输机关结算而购买限额支票簿的贷款；
(5) 相互结算时偿还债务的贷款。

在途结算凭证抵押的贷款，是发放给按承兑方式结算的供售经济机关的，贷放时是以供售者提交银行代收的缴款通知书为根据。贷款的数额等于发运该批产品的实际开支，即缴款通知书上所载货款的金额，减去利润和流通税，而加上运费和包装费。

这种贷款的期限为正常凭证传递所需要的时间，其中包括：(1) 从为供售者开户的银行分行到为购买者开户的银行分行的凭证传递时间，以及相反过程所需要的时间；(2) 两个银行分行办理凭证手续的时间；(3) 承兑期限和合法的支付延期。

第六项　临时需要的贷款

这种贷款是对于个别情况下经济机关临时所发生的资金需要来发放的。产生这种临时需要的原因是：一时收到过多的材料订货；生产任务的临时变更；制成品产量计划的超额完成；停止给不负责任的付款人发运商品等等。

这种贷款的发放数额，是按照个别具体情况来决定的，但必须在国家银行机构所分摊的限额范围以内，期限不得超过四十五天。在贷款时经济机关必须采取一切所能做到的办法来消除引起这些困难的原因。

第三节　国家银行的信贷计划

在社会主义经济中，一切经济活动都由统一的国民经济计划来决定和指导，这便形成了社会主义中信贷关系计划化之可能性的基础。在资本主义制度下，正如整个经济的计划化是不可能的一样，信贷方面也是不可能有计划的。

苏联的短期贷款是由国家银行在信贷计划的基础上来进行的。信贷计划的任务就是按照统一的国民经济计划的需求来组织货币资金的再分配，国家银行通过信贷计划来动员社会主义经济中各方面的暂时浮闲的货币资金，使其用于社会主义扩大再生产的需要上。

国家银行的信贷计划是综合的计划，因为它是以国民经济各部门的计划和财政系统的计划（国家预算、长期投资银行的财政——信贷计划、国家保险公司和储蓄银行的财政计划）为基础，而与国民经济各部门和财政系统有着直接的业务联系。决定信贷资金的来源及其数量以及投用方向的国民经济各种指标，就是信贷计划在动员与运用信贷资金方面的基础。因此，通过信贷计划还可以监督各个部门的计划和整个国民经济计划的执行情形。

国家银行的信贷计划是政府批准的计划法令，其中规定了信贷资金的吸收来源和数量，并规定发放国民经济短期贷款的方向和数量。与其他的国民经济计划不同，信贷计划同现金计划一样，是每季度编制和批准的。

短期贷款的资金来源有三：（一）外来资金；（二）货币的发行；（三）国家银行的自有资金。

外来资金是短期贷款资金的主要来源，其中又包括：

（1）结算账户上的资金余额　各经济机关在国家银行账户上的存款余额是比较稳定的，虽然个别经济机关的存款余额变动可能很大，但是结算账户上存款余额的总和却是比较稳定的。同时随着社会主义扩大再生产之不断扩大，这种余额也是一天天加大的。

在结算账户中，不仅包括经济机关在其日常经营活动中闲置出来的资金，而且也包括预定用于计划开支和对国库与专业银行进行缴款的积累。此外在大修理的专门账户上也汇集了巨额的货币资金。这些都可以作为国家银行发放短期贷款的来源。

（2）预算账户上货币资金余额　联盟预算、共和国预算和地方预算账户上的货币资金余额,也包含在国家银行外来资金的构成中。因为国家银行办理预算出纳执行业务,所以能运用预算账户上的资金余额。

(3)保险机关、储蓄银行和专业银行的存款余额 保险机关在国家银行存有准备金以备支付保险金之用;储蓄银行为准备存户提存,也有现金准备存入国家银行;长期投资银行从预算获得用以支付基本建设拨款的资金,在没有支出以前,都存入国家银行。这些资金也是短期贷款的资金来源之一。

(4)集体农庄保存在往来账户上的暂时浮闲资金 与国营企业和合作社组织不同,集体农庄可以自行选择结算的方法和保存自己货币资金的方式。不过大多数集体农庄已经广泛采用非现金结算,按照农业劳动组合标准章程第十二条规定,它们把浮闲货币资金存入国家银行或储蓄银行的往来账户。国家银行通过加强对集体农庄在信贷的结算和现金出纳方面的服务的方式,争取这种资金来源的增多。

(5)结算中的经济资金 在非现金结算时,已从付款人的账户中拨出而尚未转入收款人账户上的金额,暂时停滞在银行的周转额中(联行往来的账户上),这也可以用于短期贷款的需要。

(6)国家机关、公共团体的货币资金余额 货币的发行虽然也是信贷资金的来源之一,但是货币发行的数量,是由经济周转对于现金之实际需要量来决定的,而不能无限制地利用货币的发行来满足信贷方面的需要。

国家银行的自有资金也可以用于国民经济贷款。它包括法定基金、准备基金及未被分配的利润。法定基金数额的大小,是由政府规定的。其来源便是预算拨款和国家银行的利润。准备基金是用以弥补国家银行业务上可能发生的亏损,它是由利润提成构成的。国家银行的利润则是由于它所收入的贷款利息总额,超过了银行对吸入存款所付出的利息、机关经费开支和银行业务开支总额而构成的。利润总额中有50%要解缴联盟预算,余下的部分则归入准备基金(当准备基金已达到法定基金的数额时,则可用以增加法定基金,或把它归入联盟预算收入项下)。因为解缴给联盟预算的那部分利润,要到年终才全部上缴，所以也可用作信贷资金的来源。

在信贷资金的运用方面，所有各种贷款，是按照三种方式计划的：

（1）按照国民经济部门，规定出各企业和组织的贷款限额，并列出各个贷款的对象，如上述商品及物资超定额储备贷款，季节性开支贷款等。

（2）按照贷款对象，规定整个国民经济贷款总额，把贷款总额在国家银行机构间加以分配，但不规定企业的贷款限额。如商业机关的日常商品流通贷款和各种结算贷款。

（3）以准备金的形式，部分地分配于国家银行机构，以备发放临时需要的贷款，因为临时性贷款是无法预先估计的。此外，在信贷计划中还可以规定国家银行理事会的准备金。

信贷计划的编制是由三种表式构成的：（1）综合信贷计划；（2）信贷资金来源计划；（3）计划贷款分配的计划。后面两种表式具有辅助性质。

综合信贷计划，是一种平衡表的形式，其中包括信贷资金和贷款投放两方面的对照。其任务是提供关于计划季度内信贷业务规模的总的概念，但不能揭示出资金来源中和国民经济各部门间贷款分配中的内部变化，因此，它需要其他两种表格来补充。

信贷资金来源计划，是短期贷款资金来源的详细的一览表。分为国家银行自有资金、往来账户、经济事业资金、信用机关、预算账户、其他负债等项目，其中每一项目又分成更详细的项目。例如"信用机关"项目中，又分为长期投资银行和储蓄银行等等。

计划贷款表能确定出提供给国民经济各部门的信贷规模之大小。在这个表式中按各部来分配贷款，而内部则按个别对象来分配贷款。

编制信贷计划草案时，先要由国家银行审核各部和主管机关在计划季度内提出的信贷申请书。在审查过程中，要检查申请的贷款是否符合实际需要，自有流动资金是否运用得当等。经国家银行理事会审核后，即把确定的数目列入信贷计划草案中。关于信贷资金的数额以及结算贷款和临时需要的贷款，则由国家银行的中央计划经济局统一

第十四章 苏联的短期贷款制度和国家银行的信贷计划

编制。

在编制信贷计划过程中,应特别注意各种指标的平衡工作,假如资金来源与信贷数额的运用之间不能适应,则一切都应重新加以审查,或者设法扩大资金来源,或者收缩贷款的发放,或者用二者相配合的方法。至于货币的发行,虽然也是信贷资金的来源之一,但是在利用它来平衡信贷计划时,是需要周密考虑的。

信贷计划是国家银行在苏联财政部的同意下编制的,草案编好后,即由苏联财政部送请苏联部长会议审查和批准。一切有关各部和主管机关都把自己有关信贷计划草案的各部分的意见,报告政府,而由国家计划委员会作出整个综合信贷计划的结论。经政府批准的信贷计划,就成为国家银行和各经济机关必须执行的法令。

在信贷计划批准后,国家银行理事会取得有关主管机关的同意,在各企业和组织之间分配计划的贷款,按照不同的特定对象给它们规定贷款的限额。这种限额要通知直接办理贷款给经济机关的国家银行机关,作为发放贷款时的依据。结算贷款和临时需要的贷款,则参照各地区行向国家银行理事会所提出的申请书和计算书而分配给各地国家银行机构。

各地国家银行机构遵照国家银行理事会发下的限额证件和关于具体对象信贷程序的指示,按照各企业完成商品生产和销售计划的情形,并严格地按照合法的贷款对象,把贷款提供给各企业。

第十五章 中华人民共和国的货币流通与信用

第一节 中华人民共和国货币信用制度的建立与发展

中国共产党、毛主席所领导的中国人民革命的伟大胜利，使中国的社会经济制度发生了根本的变革。人民民主的社会经济制度，代替了半殖民地半封建的制度。在新的社会经济制度的基础上，一切的经济范畴都发生着根本的变化，作为这些范畴之一的货币，自然不例外地也发生了根本的变化。在这一章里，我们要简单地说明新中国的货币流通与信用，必须首先略述一下新中国货币的发生和发展的过程。

新中国货币发生与发展的过程，是和中国革命的发展过程分不开的。中国革命发展过程的一些特点，决定了新中国货币发生与发展过程的特点，明了这些特点，才能认识它的特殊的规律性。

在苏联，十月社会主义革命胜利后，苏维埃国家掌握了货币这一经济杠杆并卓有成效地利用它来反对资产阶级残余，卓有成效地利用它来建设社会主义社会。但是中国革命的特点之一，是革命的人民和反革命的统治者之间的长期武装斗争，因此在长期的武装斗争中，革命的人民早在广大的农村中，在中国共产党的领导下，建立了自己的政权，为了适应革命斗争各方面的需要，发行了自己的货币。随着革命战争的不断取得胜利，解放区一天天地扩大和巩固，新中国的货币也不断地日益成长起来。这就是新中国的货币制度在其发生与发展过程中的主要特点。

第十五章　中华人民共和国的货币流通与信用

随着革命斗争形势的不断发展变化，新中国货币发生的过程，大致可以分成两个比较显明的阶段。第一个阶段是1948年12月1日以前，各解放区分散发行货币的时期；第二个阶段是1948年12月1日以后，中国人民银行发行人民币的时期。

先说第一阶段的解放区货币。早在第二次国内革命战争时期，中国的革命人民就开始建立了自己的货币制度，在革命政权所在的苏维埃区域，铸造银币，发行银行兑换券。1935年中央红军经过二万五千里长征，到达陕西北部，与陕甘宁红军部队胜利会师后，又着手建立自己的货币制度。到了抗日战争时期，许多抗日革命根据地都发行自己的货币，直到1948年开始进行统一货币以前，主要有下列几种货币：

解 放 区	银 行	货币名称
冀察热辽边区	长城银行	长城币
晋察冀边区	晋察冀边区银行	晋察冀币
晋冀鲁豫解放区	冀南银行	冀南币
晋绥边区	西北农民银行	西北农民币
陕甘宁边区	陕甘宁边区银行	陕甘宁边币
中原解放区	中州农民银行	中州币
山东解放区	北海银行	北海币
苏皖解放区	华中银行	华中币
东北解放区	东北银行	东北币
旅大地区	关东银行	关东币

由上表可知，这一阶段的特点，是由各抗日革命根据地单独发行地方性的货币，这些货币只能在一定的区域内流通。各种不同的货币，发行的数量既不相同，而其购买力也不相等。例如在肥沃富庶的地区，发行的数量较多，以便适应那个地区的较为发达的经济需要，但在贫瘠地区，则发行货币的规模较小。

当时所发行的这些货币，对于人民革命事业曾经起了很大的作用。首先，由于解放区建立了自己的货币制度，就使国民党反动政府控制下的货币，不可能在解放区内流通。因为旧中国的货币，是帝国主义、封建主义和官僚资本主义掠夺人民的有力工具，所以这样做，就可以保证人民的财富物资不致被敌人搜刮。同时，这样也排斥和肃清了日伪货币的流通。

其次，解放区有了自己的货币制度，就可以利用它来为发展工农业生产服务，并改善解放区人民的生活，只有这样才能支持革命战争，巩固革命政权。

当然，革命人民也利用了自己的货币直接支持财政上的需要，在当时解放区财政颇感困难的情况下，这是非常必要的，而且也是符合中国人民的长远利益的。

这一阶段中，解放区货币具有上述分散发行的特点，按照当时整个革命发展形势的特点来说，是很自然的。

首先，当时各解放区还处于被敌人封锁和分割的情况下，各个解放区还不可能联成一片，因此，分散地发行地方性的货币，是唯一可能的形式。

其次，当时的解放战争是在很艰苦的情况下进行的，每一解放区在军事行动上，暂时的进退是常有的事，假如某一解放区由于军事上暂时的退却，敌人便可以掠夺该区的部分货币，但由于这种货币不能在其他解放区流通，敌人就不可能用以搜刮其他解放区的物资财富，所以按照当时的战争情况来说，分散地发行货币是必要的。

最后，从国民经济的意义上说，当时各解放区之间，交通隔绝，还不可能建立贸易关系，物资的交流可能性很小，因此还不需要统一流通的货币。

解放区的货币制度，与当时国民党统治区的货币制度有根本的不同，因为解放区的货币制度是服务于革命人民的利益，它是作为人民民主革命事业的工具。相反的，旧中国的货币制度是反动统治者掠夺人民的手段。关于这一点，下面还要说明。

解放区的货币制度一开始就是独立自主的，与任何帝国主义没有丝毫的联系。但在国民党统治区，外币在市场上自由流通，外国银行享有在中国的发行权,这些都说明旧中国的货币制度完全是依附于帝国主义的殖民地货币制度。

自1948年12月中国人民银行成立,新中国的货币制度,进入了一个新的阶段,即由分散发行的地方性货币,开始演进成为统一发行的全国性的货币。这一次币制统一工作,是由华北、山东、晋绥、陕甘宁各解放区政府,代表着各解放区广大人民群众的要求,协商决定的。经过协议,把上述各解放区原有的银行——华北银行、北海银行、西北农民银行合并为中国人民银行,并由中国人民银行发行统一的货币——人民币,定为华北、山东、西北三区的本位货币。上述各解放区的旧币——冀币(包括鲁西币)、边币、北海币、西北农民币等均停止发行,逐步收回旧币,但在旧币未收回以前,仍准其继续流通。同时决定了过渡期间新币和旧币的交换比价:人民币对冀南币、北海币均为一比一百,人民币对晋察冀边币为一比一千,人民币对西北农民币为一比二千。

这一次币制统一工作,在实施之前,各解放区曾进行了一系列的准备工作,因之在实行以后,便能一举成功。

1948年1月,西北解放区停止了陕甘宁边区银行货币的发行,使西北农民银行货币成为西北解放区(包括陕甘宁和晋绥两个边区)统一的货币。

同年4月,晋察冀和晋冀鲁豫两大解放区合并为华北解放区,于是北面的晋察冀边币与南面的冀南币即同时宣布以十比一的比价互相通用。

同年10月5日,山东的北海币与华北的两种货币,宣布相互通用,规定北海币与冀南币等价,与晋察冀边币的比价为一比十。

同年10月20日,西北农民币与华北的货币相互通用,规定冀南币1元合西北农民币20元,晋察冀边币1元合西北农民币2元。

同年11月15日,北海币和华中币又宣布等价通用。

这样,由于一系列的措施,华北、华东、西北三大解放区的货币,便完成了初步的统一工作。经过上述"固定比价,相互流通"的整理步骤后,便使种类繁复的各解放区货币变得较为简单了,这为中国人民银行发行统一的新币创造了条件。至1948年12月1日，中国人民银行发行人民币，就使新中国货币初步统一的工作得以胜利实现。

为什么新中国货币在1948年年底发生这样一个飞跃的变化呢？正如上面所指出过的一样，这一变化是和整个革命形势的发展分不开的。随着人民解放战争的顺利进展，到1948年，我们的地区首先是华北解放区，已经完全巩固，并联成一片。由于这样一个新局面的出现，在货币流通方面也产生了新的要求，简单的可从两方面来说。

首先是军事上的需要。随着军事形势的发展，各大野战军兵团协同作战的供应采购工作，如果没有统一发行的货币，便会遭到莫大的困难，并且这种大兵团作战的供应，也远非是某一解放区的力量所能承担的，因之在军事上迫切需要发行一种统一的货币。

其次是经济上的需要。由于各解放区联成了一片的新局面，各地区间的贸易联系、物资交流便日益发展起来了，但各地货币的不统一，货币比价不固定，这便成为贸易发展中的极大障碍。另一方面，对于后来解放的许多大城市，必须迅速肃清敌伪货币，建立本币市场，稳定物价，恢复经济，不统一的货币在这方面也是很大的障碍，所以发行统一的新币，按照当时革命发展的形势来说，已经是迫在眉睫了。

所以正如当时新华社社论所指出："我们的货币统一，是为了使我们的货币制度更简单，更巩固；是为了更便利于物资交流和经济发展；完全是从人民的利益出发的。因此可以预料新币的发行，必将促成各解放区市场的更统一，更繁荣。"①

以上是新中国的货币初步完成统一的情形。

到了1949年，解放战争又取得更辉煌的胜利。3月间为了配合我大军渡江，中原区又开始发行人民币，此时华北发行人民币已达3个月，已打下了信用基础。中原区遂于此时停止了中州农民银行中州

---

① 1948年12月7日《人民日报》。

币的发行，并按一比三的比率，固定了人民币与中州币的比值，并逐渐收回中州币，遂完成了人民币统一中原的局面，而奠定了"票子过江"的基础。

1949年4月我大军渡江，人民币亦随之南下。6月后，在全国范围内开展了收回旧币的工作，到年底，除东北币、内蒙币及关东币外①，遂完成了人民币统一的基本工作。

有关统一币制的一个重要措施，就是肃清国民党反动政府的货币，这个工作是从北京和天津解放后开始大规模进行的。金元券实际上只是一张废纸，人民政府予以收兑，主要是为了减轻新解放区人民的损失。在北京和天津收兑时，对于工人、农民和学生订有优待的条件，例如在北京收兑时，人民币对金元券的比率，普遍为一比十，而优待的比率为一比三。

有关统一币制的另一重要措施，是金银外币的处理问题。在新解放区的大城市中，除金元券外，还有金银外币在流通，假如我们不把它们从市场上肃清，则不但阻碍人民币占领流通的阵地，而且会影响金融物价的稳定。因此，人民政府严厉地禁止金银外币的流通，并规定金银外汇的买卖为人民银行的特权。

人民政府对于金银和外币的管理，采取不同的办法。对于金银，允许人民持有，但不准流通，这是因为金银具有真实价值的货币商品，具有贮藏手段的职能。自然，人民银行也按照一定的牌价，予以收兑。至于外币流通，完全反映着旧中国的半殖民地的性质，是和我们建立独立自主的货币制度的任务根本不相容的，同时，这些外币不过是帝国主义者掠夺我国财富的证据，其本身毫无价值，因此，政府规定，外币不但不允许流通，而且也不允许持有。

在禁止金银外币的过程中，阶级斗争是异常剧烈的。所有帝国主义分子，反革命分子以及投机分子，都企图破坏人民政府禁止金银外币行使的措施，他们采取种种手段，比如暗中捣卖金银，非法贮藏外

---

① 关东币于1950年6月由东北币收兑，比价为东北币270元合关东币1元。

币，以破坏金融物价，破坏人民币。尽管敌对分子是如此的险恶，但在党和人民政府的正确领导和金融工作人员的积极努力下，仍然逐步肃清了金银外币的流通，基本上消灭了金银外币的黑市。

至于东北币之统一于人民币的工作，是较迟才实现的。1951年4月1日，中央人民政府政务院发布命令，规定三项办法，其中第一项是：

"自1951年4月1日起，责成中国人民银行限期以人民币收回东北银行和内蒙古人民银行所发行的地方流通券。收兑比价仍照现在牌价，即东北银行和内蒙古人民银行地方流通券每九元五角兑换人民币一元。"①

为什么东北币在这样长的时期内没有和人民币统一呢？《人民日报》的社论说得很明白："东北区币制在中央人民政府成立时之所以没有与人民币统一，是根据当时的必要。因为东北全区解放较早，物价已首先稳定，而此时关内解放战争尚未完全结束，稳定物价尚待努力。为了使东北地区不受关内的战争及物价不稳的影响，能够及早恢复生产进行建设，以便更好地在财政经济上支援全国，故在那时决定暂时保持东北原来的独立币制。事实证明，当时这一措施是完全正确的，不仅有利于东北区经济的迅速恢复与发展，而且也给全国经济发展创造了重要的有利条件，这是符合于全国人民利益的。"②

但是，到了1951年4月那时候，情况就不同了。在"……全国物价稳定、工农业迅速恢复并有若干发展、人民购买力普遍提高、全国物资迫切需要顺利交流的情况下，东北区保持独立币制已成为物资交流的障碍，因此，决定统一东北和内蒙古币制，是切合时宜的"③。

1951年11月又统一了新疆的货币，至此，除了在西藏还在流通银元和少数地方币（但已停止发行），台湾还被蒋介石集团盘据外，

---

① 1951年4月1日《人民日报》。
② 1951年4月1日《人民日报》。
③ 1951年4月1日《人民日报》。

全国币制已经完全统一了。这是中国历史上从来没有过的货币统一的局面，只有在新中国才可能实现。

以上说明了我国货币制度的建立和发展过程，下面再谈信用制度的建立与发展。

远在第二次国内革命战争时期，中央苏区和各苏区均曾设立银行，以支援当时的革命战争。到了抗日战争及第三次国内革命战争时期，各革命根据地和解放区的银行制度，有了很大的发展，1948年前后，各解放区已有十余家银行。

由于当时革命根据地还处在被敌分割的状态下，因而当时的银行只能是"统一领导，分散经营"的，还没有建立统一集中的信用制度的条件。但是，这些银行利用发行货币及贷款业务，对于支援革命根据地的财政供应，对于保障农业生产，对于进行敌我货币斗争，都起了巨大的积极作用。所以说，革命根据地内的信用制度，乃是新中国信用体系的先驱。

随着革命战争的胜利，各解放区由扩大而联成一片，这就为统一的信用制度创造了条件，终于在1948年12月建立了中国人民银行，而各解放区银行则逐步同它合并起来。中国人民银行的成立，标志着新中国统一与集中的信用体系的开端。

在中国共产党、毛主席的领导下，人民革命战争终于赢得决定性的胜利，国民党的反动统治被推翻，1949年10月1日中华人民共和国宣告成立。此时，党和人民政府又面临着一项新的任务，就是要摧毁四大家族官僚资本的反动金融机构，并对民族资本的私人银行采取适当的政策措施。

中国共产党根据马克思列宁主义的革命原理，早在人民革命胜利以前，即曾提出银行国有化的经济纲领。例如毛主席在《新民主主义论》中，即提出"大银行、大工业、大商业，归这个共和国的国家所有"[1]。在银行国有化的纲领下，对于四大家族官僚垄断资本的金融机构，必须采取没收的政策，因为四大家族的官僚垄断资本，控制

---

[1] 《毛泽东选集》，第二卷，第2版，第671页。

了主要的工矿企业、交通运输和银行，掌握了旧中国的经济命脉；而四大家族的金融机构乃是这种官僚垄断资本的一个有机组成部分。

对于民族资本的中小银行，则采取利用、限制和改造的政策，这是因为，基于旧中国的经济特点，民族资本没有充分发展，在国家的严格监督和管理下，民族资本的中小银行不足以操纵国计民生，同时，它们经过社会主义改造，还可能起一些有利于国计民生的积极作用。

随着各大城市的解放，逐步实现了银行国有化的政策。首先，人民政府直接接管了四大家族官僚垄断资本的全部金融机构：旧中国的中央银行、省市银行和其他官僚资本银行的所有机构，均被合并于中国人民银行，这就根本改变了这些银行的本质，成为社会主义的国营经济成分。官僚垄断资本的交通银行和中国银行，则分别被改组为新中国的长期投资银行和经营外汇业务的银行。

根据党对民族资本的银行的政策，合法经营的私人银行和钱庄，是被保存了，但予以严格的监督和管理。不过，旧中国的民族资本私人银行，主要是替封建买办和官僚资产阶级服务的，其活动主要是经营股票、债券、黄金、外币、地皮等投机业务，它们的资金一般比较薄弱，和工商业的联系较少。它们这些特点，是不能适应人民民主经济的要求的，因而，随着社会主义改造的逐步扩大与深入，这些私人行庄逐渐被淘汰而减少。

自1950年以来，国家在进行对资本主义工商业的社会主义改造的同时，也进行了对私营行庄的改造。首先是在国家银行的指导下，各地私营行庄开始建立联营机构，走上国家资本主义的道路。到了1952年年末，通过各行庄的协商和国家银行的领导，成立了全国性的公私合营银行，走上国家资本主义的高级形式。

与此同时，农村中则普遍建立了信用合作组织。

远在第二次国内革命战争时期，在红色区域内，经过分配土地，确定地权之后，农民群众的劳动热情普遍高涨。在此基础上，出现了我国农村互助合作运动最初的萌芽。据1933年9月江西、福建两省

17个县的统计，共有各种合作社1423个。当时最为发展的是消费合作社和粮食合作社，其次是生产合作社，信用合作社也开始有一些活动。到了抗日战争和第三次国内革命战争时期，在革命根据地内，建立了农业生产上的互助合作组织及各种形式的供销合作组织。至于农村信用合作，原是属于综合性合作社内的一个部门。1945年以后，太行区、太岳区和陕甘宁边区等地农村，逐步建立了专业性的信用合作社。据1947年调查，以上三个地区的信用合作社和综合性合作社内的信用部，一共有八百多个。① 解放以来，由于伟大的土地改革运动，推翻了数千年的封建土地所有制，土地回了老家，农民群众的生产积极性大大提高。在这种情况下，农村中迫切需要在资金上互相调剂有无，解决部分农民生产或生活上的困难。为了满足农民群众的这种要求，并为了通过互助合作运动对农业实行社会主义改造，党对农村信用合作组织予以极大的关怀和援助，从而有了很大的发展，据1953年年底的统计，全国已有各种形式的信用合作组织共二万多个。②

综上所述，目前我国的信用系统，包括四个主要的环节：国家银行，专业银行，公私合营银行及农村信用合作组织。其中国家银行即中国人民银行，是社会主义的国营经济，也是国家的经济管理机构，它在整个信用系统中居于领导地位。

新中国货币信用制度的建立与发展过程中的另一重大的成就，就是制止了通货膨胀，保持了金融物价的长期稳定。

1949年是完成全国胜利，也是解放战争在大陆上基本结束的一年，但同时也是我们财政开支最困难的一年。由于国民党反动派的长期掠夺和破坏，工业生产的产量达于极低的水平。"一九四九年的生产量与历史上的最高年产量比较，煤减少了一半以上，铁和钢减少了百分之八十以上，棉纺织减少了四分之一以上，总的来讲，平均减产

---

① 参见《学习》，1954年第1期，第15页。
② 参见1954年1月5日《人民日报》。

将近一半。"①农业生产方面，由于反动政府的连年摧残破坏，该年又发生了一次大水灾，"到一九四九年粮食产量已经降到战前水平的百分之七十四点六，棉花降到百分之五十二"。②

财政支出很庞大，因为要支持全国的解放战争，同时对于不抵抗的旧军队与旧政府人员采取"包下来"的政策，重点恢复运输，救济灾民等，而财政收入则很少，因此财政赤字占支出的三分之二。

在这种情况下，当时还不得不暂时以发行货币来弥补，因此物价也发生了 4 月、7 月、11 月 3 次的波动。全年物价上涨约 75 倍。

这种情况说明：为了争取和实现货币的稳固，还必须进行一系列的斗争。

自 1949 年 10 月 1 日伟大的中华人民共和国中央人民政府宣告成立以来，在反对帝国主义的经济侵略，废除封建剥削，没收官僚资本等方面，实行了一系列的重大的社会改革，并在全国范围内进行工业、农业与交通运输之逐步恢复与重点的发展。所有这些措施，都是促成金融稳定的基本条件。

我中央人民政府充分估计到这种情况，在 1949 年 12 月间制定 1950 年度的概算时，即规定收支不敷的预算赤字只占 18.7%。贯彻执行这个预算，对于货币的稳定就有直接的巨大的作用。

1950 年年初，国家由战时经济开始过渡到和平建设，为了创造恢复和发展生产的前提，贯彻 1950 年度预算，2 月间中央决定统一国家财政经济的管理与领导，其内容是：统一财政收支，统一物资调拨及现金管理。努力争取财政收支、物资调拨和现金收支的平衡，稳定金融。

财政收支的统一，可以集中财政的收入，节约财政的支出，对于财政收支的平衡有很大的作用。实行的结果，1950 年 3 月份的赤字

---

① 李富春：《三年来我国工业的恢复和发展》，载《三年来新中国经济的成就》，人民出版社版，第 119 页。

② 李书城：《三年来新中国农业生产上的伟大成就》，载《三年来新中国经济的成就》，人民出版社版，第 128 页。

缩小了很多，接近于平衡。

物资调拨的统一，由中央集中调节全国主要物资的供求，国家集中地掌握了大量的商品，适当地投入市场，借以稳定通货。

至于现金管理，根据陈云主任所说："统一全国现金管理的办法，是把所有属于政府的但是分散在各企业、机关、部队的现金，由中国人民银行统一管理，集中调度，这就不但避免了社会上通货过多的现象，而且大大增加了国家能够使用的现金。"[1]实行现金管理的结果，吸收了大量存款，使大量货币回笼，保证了现金收支平衡的实现，有力地制止了通货膨胀，稳定了物价。4月间物价开始下跌，即充分说明了这一点。

在制止了通货膨胀，基本上实现了货币的稳定以后，人民政府对于为进一步巩固通货的稳定而斗争，是一贯予以深切的关怀的。一方面，进一步巩固通货的稳定，是争取财政经济根本好转的一个条件，另一方面，又唯有在经济情况好转的条件下，才有货币金融稳定的基础，这两方面又是密切地结合在一起的。

由于中国共产党、毛主席的正确领导，全国人民的积极努力，自中华人民共和国成立以来，仅仅三年的时间，我们已经达到财政经济的根本好转，工农业生产不仅全部恢复，而且已超过解放前最高水平，国家财政收支已完全平衡，金融物价已完全稳定了。

随着我国人民民主制度日益巩固，财政经济状况已根本好转，有计划的经济建设已开始实施，为了进一步健全我国的货币制度，整顿货币流通，为社会主义建设和社会主义改造事业的进行，为人民生活水准的逐步提高，创造更有利的条件，自1955年3月1日起，发行了新的人民币，并按照规定的比率收回旧的人民币。这一措施，标志着我国货币制度发展过程中的新阶段，是我国财政经济战线上的又一个重大胜利。

---

[1] 陈云：《中华人民共和国过去一年财政和经济工作的状况》，载《中央财经政策法令汇编》，第2辑，第21~22页。

第二节　人民币的本质与作用

我们知道：在存在着敌对阶级的社会里，货币是一部分人占有别人劳动的工具、人剥削人的工具。货币的这种阶级的本质，到了资本主义社会获得高度的发展，特别是在帝国主义时期和资本主义总危机条件下，垄断资本家不但利用货币作为剥削本国人民的工具，而且还作为掠夺殖民地半殖民地国家的劳动人民的工具。

马克思列宁主义教导我们说，无产阶级革命胜利后，要剥夺资产阶级对于货币流通的控制，以摧毁资本对劳动的统治；同时无产阶级国家应充分掌握货币这个工具，使之为社会主义建设服务。马克思列宁主义这一光辉的原理，首先在十月社会主义革命胜利后的苏联，完全证实了。

在旧中国的半殖民地半封建社会制度下，货币也是一种剥削工具，但是和发达的资本主义国家有所不同，在发达的资本主义国家，货币主要是资本剥削劳动的工具，但在旧中国，货币不仅是资本剥削劳动的工具，而且更重要的是帝国主义、封建主义和官僚资本主义掠夺劳动人民的工具。

中国人民解放战争和人民革命的伟大胜利，已使帝国主义、封建主义和官僚资本主义在中国的统治宣告结束。同时，作为他们压迫和掠夺我国劳动人民的手段的货币制度——法币、金元券、银元券等，均已陆续崩溃。更由于中国共产党和人民政府实行了禁止外币（主要是美钞等）流通的政策，并以收兑方式肃清了在国内流通的外币，因而彻底地消除了帝国主义利用发行钞票的办法掠夺我国人民的情况。同时，由于废除了国民党反动派向帝国主义所借的外债，这样就使帝国主义不可能利用这种货币资本来掠夺我国人民。此外，由于土地改革和没收官僚资本的实行，消灭了封建阶级和官僚资本主义，因此，货币这一经济杠杆再也不会是他们的剥削工具了。

货币是一个经济范畴，它的本质是随着经济关系的不同而有所改变，而不能看成是不依存于周围经济条件而永恒不变的东西。因此，正确地了解现阶段人民币的性质，必须首先了解我国现阶段人民经济的基本特性。

自从中华人民共和国成立以来，我国就开始了向社会主义过渡的过渡时期，而现阶段的人民经济就是逐步过渡到社会主义社会的过渡时期的经济。我国过渡时期主要有四种生产资料所有制：国家所有制，即全民所有制；合作社所有制，即劳动群众集体所有制；个体劳动者所有制；资本家所有制。由于存在着不同的所有制，因而也存在着多种经济成分，即社会主义的经济成分和非社会主义的经济成分。人民经济就是以社会主义国营经济为领导的多种经济成分结合起来的经济，就是社会主义经济不断扩大，不断向非社会主义经济成分进行社会主义的改造，而最后导致社会主义经济在整个国民经济中完全占统治地位的经济。

根据上述多种经济成分的存在，可知在过渡时期的经济中，一方面有社会主义经济的因素，这个因素是整个社会经济的基础和领导力量；另一方面，还有以生产资料私有制为基础的个体经济和资本主义经济，这些都是非社会主义的因素，这种情况是合乎过渡时期的发展规律的。当然，在过渡时期中不能不充满着社会主义因素与资本主义因素的斗争，并以社会主义因素取得决定性的胜利，资本主义因素逐渐被消灭而告结束。

在这里应该着重指出下列各点：

第一，几年来，我国社会主义经济成分在整个国民经济中所占的比重不断地增长，非社会主义经济成分的比重，则逐步地下降。例如，国营工业的产值在工业总产值中的比重，在1953年年末已由1949年的34%上升为53%。而私人资本主义工业的产值在工业总产值中的比重则由63%降至38%①。

预计到1954年年底，国营、合作社营和公私合营工业的产值，

---

① 参见《经济周报》，1954年，第3期，第7页。

将占工业总产值的71%，而私人资本主义工业将只占29%左右。同时，在私人资本主义工业中，还有很大一部分已经接受国家的加工、订货、包销和收购，据1954年上半年在上海、天津等八个大城市的统计，这种资本主义工业的产值，已占这些城市中资本主义工业总产值的80%左右。在商业方面，在1954年9月，国营和合作社营商业在社会商品零售总额中的比重已占50%左右，在批发总额中的比重已占80%左右。在农业方面，在1954年9月，参加互助组和合作社的农户，已经达到全体农户的60%。①

第二，目前新中国的商品生产范围仍相当广泛。广大的个体农民、互助组和农业生产合作社，它们的产品大部分还是商品，虽有一部分是自给自足的，但也在逐渐向着商品生产发展。个体手工业和工场手工业几乎全是商品生产。在近代工业中，一部分是资本主义的商品生产。国营工业的产品中，一部分是消费资料，仍然要向市场出售；另一部分是生产资料，其中也有很小的一部分是要向市场出售的。

第三，处于过渡时期的我国，有着社会主义的国营经济，同时又有私人资本主义经济和广大的个体经济；与这些经济成分相适应的经济法则，均将在我国国民经济中起一定的作用。在各种经济成分中，社会主义的国营经济已经取得国民经济中的领导地位。因此，社会主义的经济法则，如社会主义基本经济法则，国民经济有计划（按比例）发展的法则，不但支配着我国的国营经济，且在整个国民经济中起着主导作用。但另一方面，在我国国民经济中个体经济仍占很大比重，私人资本主义经济亦仍占有相当重要地位；这些建筑在生产资料私有制基础上的小商品生产和资本主义商品生产，是不能不受价值法则的支配的（虽然价值法则或多或少地受了限制）。价值法则对国营工业的生产也有一定程度的影响。

---

① 参阅周恩来总理：《政府工作报告》，人民出版社版，第7、13、16~18页。

第十五章 中华人民共和国的货币流通与信用

大家知道，货币是与商品生产有关，与价值法则有关的经济范畴。在有商品生产的地方，就不能不有价值法则的作用，而商品经济的存在，又是以作为一般等价物的货币之存在为其前提。

既然目前我国还存在着广泛的商品生产，价值法则还在一定范围内起着调节作用，生产与消费间、城市与乡村间的经济联系，主要还是通过商品交换的形式，那么一般等价物就有存在的必要，而人民币就起着这种一般等价物的作用。

必须强调指出：虽然人民币也起着一般等价物的作用，但是它的本质和任务是和资本主义国家的货币根本不同的，和旧中国那种半殖民地半封建社会中的货币也根本不同。不明白这一点，就要犯严重的错误。在论证这个问题的时候，斯大林同志《在联共(布)第十四次代表大会上关于中央委员会政治工作的总结报告》中对于苏联从资本主义到社会主义的过渡时期中，苏维埃货币的职能与任务的经典言论，给予我们以明确而深刻的启示。

斯大林同志在第十四次党代表大会上，对于那些把商业、货币、银行等经济范畴，在资本主义条件下的职能和任务，与在工人阶级专政、经济命脉已由社会主义国家集中掌握的条件下的职能和任务，加以同等看待的资产阶级复辟"理论"，曾予以彻底批判。斯大林同志说：

"问题全不在于商业和货币制度是'资本主义经济'底手段。问题在于我国经济中的社会主义成分在与资本主义成分作斗争时利用资产阶级底这种手段和武器来克服资本主义成分，问题是在于社会主义成分卓有成效地利用着这种手段和武器来反对资本主义，卓有成效地利用着这种手段和武器来建成我国经济底社会主义基础。因而也就是说，由于我国发展进程底辩证律，这些资产阶级工具底机能与用途已经在原则上有所变更，已根本有所变更，已变更得有利于社会主义而不利于资本主义了。"①

---

① 斯大林：《在联共(布)第十四次代表大会上关于中央委员会政治工作的总结报告》，人民出版社版，第97页。

根据斯大林同志的上述指示，应用到我国过渡时期人民币的本质与作用的问题，我们可以说：人民币乃是工人阶级领导的国家手中所掌握的、对物质生产和分配进行计算和监督的工具，是扩大商品流转、联系城乡经济的一种手段。我们国家已经并正在卓有成效地利用这种工具，服务于国家的社会主义工业化和社会主义改造事业。

如上所述，目前我国国营经济领域内，价值法则对生产还有一定的影响，因此，产品生产中社会劳动的耗费，必须利用价值法则及其各种形式来计算，也就是通过货币来计算。货币的这种作用表现在：我们国家自觉地利用货币，计算和计划着国营企业产品的成本和价格。

必须指出，人民币的这种作用，与资本主义社会的货币有着本质的不同。在资本主义社会，货币形式的劳动计算，是在生产者背后通过价格的盲目波动进行的。通过这种盲目的波动，使大部分的小生产者遭受破产，资本家依靠掠夺工人阶级和劳动人民而发财致富。

在我国，由于国营经济和合作社经济的迅速增长，由于国营经济领导地位日益加强，国家就可能根据有计划（按比例）发展的法则，控制国内的物价水平。对于国营和合作社商业占优势的商品，如纱布、煤炭、食粮等，其价格基本上是由国营商业部门通过批发牌价的形式来计划和掌握。至于按计划在国营企业内部调拨分配的物资，虽然实质上已经不是商品，但仍然保留着商品的形式。对于这类调拨物资，国家还是要利用货币作为计算和计划的工具，有计划地规定它们的价格。在这里，价格的形成不是自发的盲目的，而是自觉的有计划的。

人民币的这种计算和计划工具的作用，有着巨大的国民经济意义。因为通过货币的核算，便于国家对企业的活动进行监督，促使降低成本，厉行节约，巩固经济核算制，改进生产经营，并为国家积累资金。在这里，人民币被用来发展和壮大社会主义经济，它是"有利于社会主义而不利于资本主义的"。

人民币又是扩大商品流通用以满足人民需要的手段。在我国，广大的职工农民生活必需品的取得，都要借助于货币。这在形式上好像和资本主义社会的货币相同,而本质上则完全不同。因为在资本主义社会中,商业是操纵在垄断资本家手里,他们利用这种工具剥削着广大的工农劳动群众,在这里,货币被用来作为赚取最大限度利润的手段。在我国,国营商业和合作社商业的范围内根本没有剥削存在,同时服务于扩大商品流通,推动工农业进一步地发展。随着国家对粮食、油料和棉布的计划收购和计划供应,对棉花的计划收购的实行,随着私营商业向国家资本主义的发展,无组织的自由市场日益缩小,有组织的市场逐步扩大。这就意味着商品流通方面社会主义因素迅速增长,人民币的扩大商品流通,满足人民需要的作用,也就更为扩大和加强了。

此外,我国财政信贷系统,广泛地利用货币,实现国家的财政政策和税收政策;组织现金管理,划拨结算,发放国民经济中的短期贷款。通过这方面的活动,对人民经济中物质生产和分配的进程实施监督,并促进各经济部门合理地、节约地运用国家资金,增加积累,加速社会主义工业化的实现。关于这一点,在本章第三节中再作详尽的说明。

在我国全民所有制的国营经济和劳动群众集体所有制的合作社经济的范围以内,由于生产资料公有制的确立,雇佣劳动的消灭,货币资本化的过程是根本不可能发生的。这也体现出人民币的本质不同于资本主义条件下的货币。

不过,现阶段人民币的本质与作用,还不能完全等同于社会主义经济中的货币。这是因为,现阶段我国人民经济,乃是逐步过渡到社会主义的过渡时期经济,它本身还不是单一的社会主义经济。从经济生活的实践加以考察,由于我国现阶段还有私人资本主义经济存在,则在一定范围内货币还有可能作为资本,资本家还可以利用货币这个工具去剥削工人的劳动。同时,在个体经济中,因为商品生产的发展,货币也可能被利用去雇佣劳动力,当然上述两方面的作用已受到很大的限制,其范围已日益缩小。

随着国家对资本主义工商业进行社会主义的改造,人民币资本化的作用日益受到更大的限制。例如,经过国家资本主义的各种中级形式如加工、订货、统购、包销，国家逐步地加强了对大部分资本主义工业的原料供应和产品销售的掌握，在不同的程度上将它们的生产纳入国家计划的轨道，在不同的程度上限制着它们的生产无政府状态的破坏作用，发挥了有利于国计民生的积极作用。经过这些形式，企业中工人群众的劳动主要地是为国家的需要而生产，只有较小部分是为资本家的利润而生产。公私合营企业中，企业每年的利润，在依法缴纳所得税后，应当就企业公积金，企业奖励金和股东股息红利三个方面，加以合理分配。股东的股息红利加上董事、经理和厂长等人的酬劳金，共占全年盈余总额的25%左右。因此，在私营工业转变成不同形式的国家资本主义经济以后，由于剩余价值法则的作用受到不同程度的限制，在资本主义条件下货币的资本化，扩大资本积累和加速资本集中，从而盲目地扩大再生产的过程，亦已受到了很大的限制。

在我国目前条件下，即在私营企业中，资本家也不能够无限制地通过货币资本化的作用去剥削工人，因为我国是工人阶级领导的国家，决不能允许资本家任意延长劳动日，提高劳动强度或降低工资，加强对剩余价值的剥削。在私营企业里的工人群众，发挥了国家主人翁的态度，反对资本家非法谋取暴利的行为，并加以监督。同时，我们国家的租税制度以及私营企业暂行条例所规定的利润分配办法，也在一定程度上限制了剩余价值法则的作用。

在农业方面，由于生产合作、供销合作、信贷合作的发展，由于国家对富农经济采取限制和逐步消灭农村中的资本主义的政策，雇工剥削、商业剥削和高利贷剥削，也受到很大的限制，货币作为剥削工具的作用，当然也受到极大的限制。

必须指出：在过渡时期的我国，由于工人阶级领导的人民民主政权的建立，生产资料公有制的确立和国营经济在各种经济成分中居于领导的地位，货币的本质与作用根本不同于资本主义的货币，它是工人阶级领导的国家用以实现社会主义建设，不断地发展社会主义经济的一种工具。这是人民币的本质的基本方面。不仅在过渡时期是这样，将来社会主义在我国建成以后也是这样，虽然目前在一定条件下

(受限制)和一定范围内(私人资本主义经济及国家资本主义经济)货币还可能作为资本剥削劳动的手段,但这正是国家对私人资本主义经济实行利用、限制和改造政策的一种反映。对人民币的本质来说,这不是主要的方面,在我国社会主义建成以后,随着资本主义所有制转变为全民和集体所有制,人民币的资本化的作用必然归于消失。

现阶段人民币这种双重的性质,是符合于过渡时期经济的发展规律的。斯大林同志在《苏联社会主义经济问题》中,总结了苏联建设社会主义社会的经验,并指出货币与银行,在苏联保留下来的主要是形式,实质上,它们已经根本改变得与社会主义国民经济发展的需要相适合了。在苏联的条件下,货币在其发展过程中已有了显著变化。社会主义社会的苏联货币与多成分的过渡经济时期的苏联货币不同。货币的本质与作用在社会主义时代完成了根本改变过程,苏联货币的社会主义内容,随着社会主义建设而获得了充分发展。在社会主义社会中货币已不再表现它们曾在过渡经济中所表现过的那种阶级对抗关系。

我国今天正在向着社会主义社会过渡,货币保存了旧的形式,而渗入了新的社会主义的内容。毫无疑问,人民币的社会主义内容,必将随着我国社会主义建设而获得充分的发展。通过过渡时期,必将完成货币的本质与作用之根本的改变过程。

第三节 中国人民银行及其在国民经济中的作用

中国人民银行是新中国的国家银行。国家银行是国家的管理经济的机关之一;它组织和领导国家的金融事业,执行国家的金融政策;并且又是社会的簿记机关,产品生产与分配的统计机关,它成为国家机器的一个构成部分。[①]

人民银行的这种性质,归根到底是由于它是社会主义性质的国家

---

① 参见陈仰青:《关于国家银行的性质问题》,载《中国金融》,1953年第21期。

银行。大家知道，在社会主义下，国家银行乃是全国范围的簿记机关，是全国范围的生产与产品分配的统计机关，无疑的，新中国的国家银行，正是实现这种全民的计算和监督机关。

但是，国家银行也有不同于一般的国家机关的地方。这首先是因为，国家银行不仅通过行政管理工作实现自己的机能，而更重要的还通过业务往来的形式来实现其机能，当然，不能把这些业务视同一般企业的营业活动。国家银行是组织和管理金融事业的国家机关。

人民银行通过普遍全国的分支机构，与国民经济各部门、各经济成分发生广泛的联系。截至1952年年底，人民银行共有分支机构11089处，其中有8456处在农村。按其分支机构的数目来说，人民银行是世界上最大的银行，其特点是广大的分支机构网分布在农村。

人民银行是全国唯一的发行货币的机关，除个别少数民族地区外，全国币制已经完全统一。人民币的发行，过去曾经有力地支援了解放全国的财政开支，目前在财政收支业已平衡的条件下，成为满足国民经济中信贷投资的补充来源。

人民银行的现金出纳业务，也有巨大的国民经济意义。人民银行对国家机关、企业及合作社实施现金管理。它们所有的现金，除一定限额的库存外，必须全部存入人民银行。它们的一切支付，也只有在一定范围内才能支付现金，如发放工资，采购农产品，对私营企业的支付等。由于这样，将大量的分散在国家机关、企业及合作社的现金，集中到银行，促进了国家资金的合理使用，缩减了流通中现金的需要，从而有利于货币的稳定。

此外，人民银行还通过存款方式，吸收私营工商业的闲歇资金，扩大了银行的现金出纳业务，对于疏导游资，稳定金融市场，也有很大的作用。

在现金管理工作的基础上，人民银行逐步建立了现金出纳计划制度。1951年9月银行内部开始实行自上而下布置现金出纳指标，为现金出纳计划工作，做了初步准备。1952年10月，全国货币管理会议拟订了现金出纳计划编制办法草案，会后又经过征询各方意见并作数次修订后,根据中央人民政府政务院财政经济委员会关于加强现金出纳计划工作的指示,自1953年第三季度全国正式开始试行(东北地区实行在前)。试行以来,截至1953年第四季度,全国除个别分行外均已开始按照规定编制计划。

根据苏联货币流通计划工作的理论和经验,国家银行的现金计划,乃是国家计划与调节货币流通的重要武器之一,是以卢布监督商品生产与商品流通过程的工具之一。通过货币流通计划化,就能够按照社会主义经济的需要组织货币流通,并保证苏联货币的稳定性。

在过渡时期的我国,由于社会主义经济成分在整个国民经济中确立了领导地位,整个国民经济的计划化,包括货币流通计划化,都是可能的。同时,为了使银行现金工作配合国家计划的完成,适应建设的需要和巩固市场的稳定,必须有计划地进行现金的投放与回笼,使现金流通与商品流通相适应。只有通过现金出纳计划工作,才能达到这些目的。

根据现行现金出纳计划编制办法,人民银行总行,各省(市)分行,各县(市)支行,应分别编制全国的,全省(市)的,全县(市)的综合现金出纳计划。同时,国营企业、合作社、机关、部队及团体等单位应编制单位现金出纳计划,省级主要财经主管部门应编制包括所属机构的系统现金出纳计划或提供有关计划材料,以供银行编制综合现金出纳计划时之依据。

现金出纳计划是用平衡表方法编制的,它的收入部分反映银行出纳部门的现金收入来源,支出部分则反映银行付出现金之一定目的的用途,这样,在计划期内通过人民银行的全部现金收支,都整个的反映在综合现金出纳计划上。

现金出纳计划是分项目编制的,收入方面包括零售商品收入、批发商品收入、各种税收等,支出方面包括工资支付、粮食收购、经济作物土特产收购等。其所以要按项目编制,是因为根据收支项目可以反映货币流通的经济渠道,根据各项目收支统计资料结合国民经济情况,就可以分析研究货币流通规律。

现金出纳计划中收入和支出的平衡是一个很重要的问题。由于人民银行是国家发行货币的机关,所以银行现金收支的差额,与货币的发行或回笼直接联系着。现金出纳计划中收入超过支出,表示计划期内将有相当数额的货币回笼,也就是流通中货币的减少,反之,现金出纳计划中支出超过收入,则反映计划期内要增加货币的发行,也就是流通中货币的增加。

因此,为了正确组织货币的发行与回笼,以适应国民经济的需要,并巩固货币流通的稳定,在现金出纳计划的编制和执行过程中,应当注意发掘现金收入来源,减少不必要的现金使用,加速现金周转。根据现金计划所决定的货币发行额或回笼额,必须与国民经济所必需的货币流通量相适应,如果货币的发行过多,则应进一步通过扩大商品销售量,推迟或削减某些次要物资的收购,吸收储蓄,收回农贷,调整税收收款时间等,以平衡现金收支,保持市场稳定。

人民银行实行现金出纳计划工作以来,为时虽然不久,已初步获得成效。特别是在国家实行粮食计划收购以后,现金出纳计划成为保证收购的现金需要和组织货币回笼的有力工具。不少行处,都能根据收购后货币投放和商品供应情况进行分析研究,并结合商业、合作社等单位提出了适当增加供应、增加货币回笼等措施,因而保证了收购的现金需要,也保证了市场的稳定。①

随着现金出纳计划工作的逐步开展,现金调拨工作亦相应的有所改进。人民银行从1953年8月份起,开始试行《银行现金调拨暂行办法》(后来又在该办法的基础上,制订《发行——现金调剂办法》,于1954年7月份起试行)。按照这个办法,各级行要根据批准的现金出纳计划,结合当地财经情况,按旬编制分期收支匡计表,上级行据以进行掌握调拨现金,这就使现金调拨与现金出纳计划结合起来,并促进了现金出纳计划的提高。同时,由于各级行发行或回笼货币必须根据上级行的命令,这就保证了货币发行统一政策的贯彻。

---

① 参见《现金出纳计划工作座谈会综合记录》,载《中国金融》,1954年第6期。

在国家实行有计划的经济建设时期,由于基本建设投资的扩大,主要农产品的计划收购和对私营企业的加工订货收购日渐增加,与这些措施有关的现金支出必然相应地扩大,这就会引起国民经济中货币流通的增长。因此,今后为了稳定市场,有计划地发行货币,并及时组织货币回笼,必须充分发挥现金出纳计划的作用,作为有计划的调节货币流通的有力武器。

中国人民银行在国营企业、合作社、机关、部队、团体间,组织划拨结算,逐步实现国民经济中的结算中心。如所周知,在苏联国民经济中,现金流通和非现金结算的范围,是有明确划分的(见本书第十三章)。我国国民经济中的货币结算关系,基本上也是划分为两类:一类是非现金结算,包括国营企业、合作社以及它们与财政信贷系统的结算关系,这里的结算是采取划拨转账方式;另一类是现金流通,主要包括国营企业、合作社、财政信贷系统与居民之间,以及居民相互之间的结算关系。至于国营企业、合作社、财政信贷系统与私营企业之间、以及私营企业相互之间的结算,则可能是转账,也可能是现金,这是目前我国同苏联不同的地方。随着私人资本主义进行社会主义改造,它们将逐步变为国家资本主义企业,因而这个领域内的划拨转账,是逐步扩大的。

在社会化部门组织非现金结算,首先是由国营企业与合作社企业之社会主义的经济本质所决定的。大家知道,这些企业是属于全民所有制或集体所有制,绝无破产和丧失清偿力的可能,而且它们的生产、经营与财务活动,基本上是按照国家的计划来进行的,它们之间的经济联系是非常密切的,因而在支付关系上没有使用现金的必要。

根据1950年关于实行现金管理的规定,上述各单位之间的往来须使用转账支票,经过人民银行转账。1951年政务院规定各单位间在本埠、埠际及国际间的一切支付,全部通过人民银行划拨清算。在此后一段时期内各地人民银行为逐步推行划拨结算制度,曾创造了二百多种不同的结算方式,取得了一些经验,为开展工作打下了基础。1952年货币管理会议后,人民银行根据过去所创造的各种结算方式,吸取苏联先进经验,制定了包括八种不同方式(支票、保付结算、托收无承付、计划结算、托收承付、电信拨、特种账户、信用证)的新结算办法。

新结算办法的基本精神，在于：第一，组织划拨结算的目的，是要通过银行办理结算，促使交易及时支付，避免相互拖欠，以巩固支付纪律，同时，通过交易双方相互监督及银行监督，贯彻交易合同，加速资金周转，从而巩固经济核算制。

第二，为了达到上述目的，银行办理结算必须根据三个基本原则：(一)凡属交易往来性质者，必须在交易成立以后，进行结算，这就防止了预付和拖欠的发生，使货币的运动与商品运动密切结合，财务活动与产销计划密切结合，从而保证国家资金之有计划的再分配；(二)一般商品劳务结算方面付款必须取得付款单位的同意，银行一般不代扣，这就使购货企业对供应者的监督成为可能，便于监督合同纪律的遵守。(三)必须付款单位在银行的账户内有足够余款，银行才能办理结算，如自有资金不足，须事先向银行申请贷款，否则银行不垫付，这也是为巩固经济核算制和加强支付纪律所必须的。

第三，为了实现划拨结算的监督作用，保证有计划的调节货币流通，所有一切结算凭证，包括支票在内，一律禁止流通转让。

第四，适应支付的不同性质，规定不同的结算方式，在八种结算方式中，托收承付，托收无承付，信用证，特种账户，保付结算和计划结算，因为基本上是与实际商品物资流转相结合的，故适用于商品劳务的结算，这样才能发挥划拨结算的监督作用。至于支票和电信拨因为基本上是与实际商品物资流转脱离的，故限于在资金调拨方面使用。

自1953年开始实行新结算办法以来，已经取得一定的成效，在加速资金周转，贯彻合同执行，巩固支付纪律，保障交易双方利益上，起了一定的监督与促进作用。例如上海中国百货公司中央站，在实行异地托收承付结算以后，内部发货处理时间，由原来的3至6天逐步缩短为1至2天；资金周转率由原来的81.43天缩短为62.38天。① 又如本溪钢铁公司与矿务局间实行计划结算以后，每四天结算

---

① 参见《中国金融》，1953年第20期，第12页。

一次，供应者（矿务局）资金被占用时间，即由原来的平均16天缩短为4天。此外，由于推行划拨结算，银行集中了大量的资金，用以发放短期贷款，适应国家经济建设的需要。

但是，由于划拨结算实行的时间不久，经验比较缺乏，因而在实际执行上还存在一定的问题。这首先表现在，支票和电信拨在整个结算业务中的比重还相当大，而托收承付等所占比重较小，而且支票结算在商品交易方面还普遍的使用，这就削弱了组织划拨结算所应有的监督作用。其次，企业占用于在途物资和结算过程中的资金，数额相当大，相互拖欠的现象也还存在，这也说明了结算工作还未能适应经济发展的要求。今后应逐步加强支付纪律的遵守，克服相互拖欠的现象，并在新结算办法的基础上，逐步改进同城与异地间的结算工作，更大地发挥国家银行作为国民经济结算中心的作用。

几年来，在国民经济发展，财政收支增加及人民生活改善的基础上，人民银行通过现金管理，划拨结算，吸收储蓄存款及代理国库收支等业务，集中了大量的存款，大大地增强了国家银行的资金力量，保证了社会主义工业化及社会主义改造事业所必需的资金。仅以储蓄存款来说，1949年年底全国储蓄存款总数仅1007亿元，到1953年年底即增加到127000多亿元，为1949年的126倍。这笔127000多亿元的资金如用于工业投资，即可建造5万纱锭的大纱厂38个。① 由此可见国家银行动员大量资金，支持国家经济建设方面的巨大作用。

人民银行利用从各方面动员起来的资金，对国民经济的生产和流通方面实行贷款，首先是以大量的贷款投资支持国营企业和合作社的发展。几年来，国家银行的贷款数额是逐年增大的。银行贷款在国营工业流动资金中所占比重，逐年有增加的趋势，如东北地区，1949年信贷占企业资金1.2%，1950年占企业资金20%，1951年占11%，1952年占31%，1953年占32%。② 今后随着国家社会主义工业化的

---

① 参见《中国金融》，1954年第4期，第16页。
② 参见《金融通讯》，1954年第6期，第2页。

不断发展，对国营工业的信贷必将日益扩大。

不过，就过去数年和目前情况来说，人民银行的信贷投资中，对国营商业和合作社商业的贷款，仍然占着较大的比重，在1952年人民银行的信贷投资中，有四分之三以上是投入国营及合作社商业。

这种情况，一方面是由于在国民经济恢复时期，通过商业以推动工农业生产的发展；在目前，通过国营商业向私营工业加工、订货、收购以实行社会主义改造，都需要资金方面的大力支持。另一方面，国营商业的流动资金中，由预算拨付的只是一部分，而在工业方面，实际上全部是由预算拨付的，从而，商业方面对银行贷款的需要更大。

人民银行对国营企业和合作社的贷款，基本任务是，一方面解决其生产和商品流通中资金周转的需要，另一方面还要通过信贷工作，监督生产计划和商品流通计划的完成与超额完成。而这两方面又是相互联系的，不可分割的。

根据苏联社会主义信贷制度建设的经验，为了实现上述的基本任务，短期贷款，必须建筑在下列四个原则的基础上：（一）银行直接信贷，取消商业信用；（二）按计划和有目的地贷放；（三）贷款要有物资保证；（四）贷款要按期归还（参阅本书第十四章）。这些原则，对我国也是完全适用的。

但在过去时期中，由于国营企业在计划管理，财务管理等方面条件尚不具备，人民银行对于信贷工作，经验比较缺乏，因而未能完全实现上述的原则。虽然早在1951年即已提出集中短期信用，1952年全国货币管理会议后，制订了包括五种放款的信贷办法，但或者由于当时条件尚不具备（如集中短期信用），或者由于某些地方不符合当时具体情况（如对国营商业的五种放款办法），因而未能顺利地推行，例如对国营商业的信贷实际上仍然实行按企业财务收支差额进行贷款的办法，就是说，信贷不是以企业商品流转计划中所规定的商品库存情况为根据，而是以其财务差额为根据。这种办法显然是不符合上述的原则，因而不利于国家商品流通计划的完成，不利于国营商业推行经济核算制。

第十五章　中华人民共和国的货币流通与信用

随着国家计划经济建设的开展，国营经济的迅速壮大，要求进一步改进信贷制度，1954年，在苏联专家的帮助下，人民银行首先就国营商业信贷方面，制订了新办法，并决定自第三季度起，在中国煤建公司系统试行。

新的国营商业贷款办法的主要特点是：（一）明确了商业贷款的基本任务是为不断扩大与加速商品流通服务，保证国家批准的商品流通计划的顺利完成；（二）取消商业信用，贯彻了信贷的四大原则——直接贷放，计划目的性，保证性，期限偿还性，使银行信贷与商品物资相结合，加强信贷的服务与监督作用；（三）划分企业自有资金和银行贷款，充分发挥企业的主动性和积极性①。

由此可见，人民银行对国营企业和合作社提供了大量贷款，大力支持了国营经济及合作社经济的发展，壮大了社会主义经济的力量，并在此基础上，逐步改进信贷办法，逐步加强银行的监督作用，以服务于国家的生产计划与商品流通计划的完成。

人民银行不仅对工业和商业部门发放贷款，同时也对农业提供信用援助，在国民经济恢复时期，国家发放了100000亿元的农贷。农贷数额是逐年增加的，如以1950年为100，则1951年为228.4，1952年为516.5，而1953年则为1137.7。②

目前农贷工作的任务，在于"积极扶持国营农业、农业互助合作的稳步发展；帮助贫困农民解决生产资金周转困难，并逐步引导其走上互助合作的道路；加强扶持农村手工业生产，增加对农村生产和生活资料的供应；使农业贷款为实现党和政府发展农业生产和逐步实行对小农经济的社会主义改造而服务。"③

目前农贷的较大部分，用于帮助解决互助组及个体农民的一般生产资金需要，如耕畜，农具，肥料等。对农业生产合作的贷款，主要

---

① 参见《新商业贷款办法的基本特点》，载1954年8月26日《大公报》。
② 参见《中国金融》，1954年第13期，第2页。
③ 《中国人民银行关于一九五四年上半年发放农业贷款工作的指示》，载《中国金融》，1954年第6期。

是用于一般生产资料方面的需要，以及增加生产设备，这种贷款随着农业生产合作社的发展，将逐渐增加。对国营农业贷款，目前所占比重很小，但无疑的今后也要随着国营农业的发展而增加。

除农贷外，组织和领导农村信用合作，也是国家银行一项很重要的工作。"根据一九五三年年底的统计，全国已有信用合作社九千四百多个，社员近六百万人，还有二千多个附设在供销合作社内的信用部和大量的信用互助组，共有股金一千二百多亿元，吸收存款累计达七千四百多亿元，发放贷款七千七百多亿元。"①

发展农村信用合作，就能够大量吸收农村闲散资金，以适应农业发展过程中日益增长的资金需要。这是国家财政援助以外集聚农业生产资金的重要来源。同时，又能够打击高利贷活动；限制农村资本主义自发势力的发展，促进农业生产和互助合作的发展。例如，华北区信用合作组织在1954年春耕生产中发出的贷款，相当于同期国家银行贷款41%以上。

此外，为了配合国家粮食计划收购政策，银行吸收农村储蓄，特别是举办购粮储蓄，对于稳定市场，帮助农民积聚生产资金，也有重大作用。

人民银行也对私营工商业发放贷款，银行对私营工商业的工作，是党和国家对资本主义工商业的利用、限制、改造政策的一种工具。在上述政策的指导下银行通过现金、结算、信贷以及金融管理等工作，促使私营企业通过国家资本主义道路，逐步实现社会主义的改造。

积极组织私营工商业的存款业务是银行的重要工作。几年来，国家银行开展私营工商业存款基本上是直线上升的，1953年年底余额比1950年年初增加了7倍。② 由于对私营工商业实行加工、订货、收购、经销、代销等，私营企业的资金，是可能产生浮存的，因此，

---

① 《积极发展农村信用合作》，《人民日报》社论，见《中国金融》，1954年第19期。

② 参见《中国金融》，1954年第4期，第18页。

银行疏导这部分闲散资金，转入生产，借以打击投机，稳定金融，就有着特别重大的意义。

为了体现国家对私营工商业的政策，银行的贷款是按照一定的原则，分别处理的。对于公私合营企业，在放款条件、利息和其他方面，较之私营企业予以适当的便利和优待，同时，贷款要根据企业所承担的生产计划及其业务财务情况，以便进行必要的监督，促使其改进财务管理，协助其完成生产计划任务，节省资金使用。

对国家资本主义中级形式的加工、订货、统购、包销的企业，贷款的目的主要是帮助其完成生产任务，保证国家控制其产品，在充分利用其自有资金的条件下，才能贷放，以防止其套用国家资金。事实上，这些企业的流动资金需要量，较之自产自销时期，业已大大减少，因而银行的贷款将逐步缩减。

对国家资本主义的商业，有的基本上没有贷款的必要（代销），有的贷款的需要已经减少（经销、批购）。但是如有实际需要时，联系国营各公司业务予以贷款，还是必要的。①

"对国家目前暂不需要，或其本身尚未具备条件走向国家资本主义而从事自产自销的私营工业和资本主义手工业，应根据国家对其利用、限制的程度，在产品有销路，原料有来源，以及不是为了扩大设备的原则下，银行可以根据当时市场情况适当扶助。目的是为了帮助其生产人民所必需的商品。"②

与信贷工作有密切关系的一个问题，就是利率政策。人民银行对于利率，有两个基本的方针。首先是逐步降低利率。在解放之初，由于国民党反动统治所遗留下来的通货膨胀，当时的利率是很高的，如1949年市场放款利率为月息60分。1950年3月通货稳定以后，人民银行即迅速地促使其下降。1950年秋和1952年夏，又曾逐步的降低。1953年12月，又作了一次幅度较大的调整。无疑的，利率的降

---

① 参见《中国金融》，1954年第14期，第3页。
② 《国家银行对私营工商业业务的性质与任务》，载《中国金融》，1954年第1期。

低促进了经济的恢复与发展。

根据国家总的政策，对各种不同的经济成分与不同的经济部门规定不同的放款利率，也是一个主要的原则。只有这样，才符合国家优先发展社会主义经济成分，以及国民经济各部门按比例发展的要求。这种差别是：工业低于商业，国营企业低于私营企业，而合作社又低于国营企业。

以上所述，就是人民银行的现金、结算和信贷等工作的一般情况。

最后，人民银行通过外汇业务，执行国家对外汇收支的统一管理政策，并利用收兑外币，吸收侨胞汇款所动员的大量的外汇资金，用以支援国家对外贸易事业的发展。人民银行还组织对苏联和人民民主国家的国际结算工作，由于这种新的结算关系的建立，便利了我国与苏联及人民民主国家间的贸易及其他联系，促进了相互间的友好合作事业日益发展和巩固。